新时代"一带一路"古文明文献萃编

杨共乐　主编

古代希腊文明文献萃编

倪滕达◎编译

华夏出版社
HUAXIA PUBLISHING HOUSE

图书在版编目（CIP）数据

古代希腊文明文献萃编 / 倪滕达编译 . -- 北京 : 华夏出版社有限公司, 2023.4

（新时代"一带一路"古文明文献萃编 / 杨共乐主编）

ISBN 978-7-5080-9979-8

Ⅰ . ①古… Ⅱ . ①倪… Ⅲ . ①文化史—古希腊—文献—汇编 Ⅳ . ① K125

中国版本图书馆 CIP 数据核字（2021）第 186397 号

古代希腊文明文献萃编

编　　译	倪滕达
选题策划	潘　平
责任编辑	李春燕
责任印制	周　然
美术设计	殷丽云

出版发行	华夏出版社有限公司
经　　销	新华书店
印　　装	北京汇林印务有限公司
版　　次	2023 年 4 月北京第 1 版　2023 年 4 月北京第 1 次印刷
开　　本	710×1000　1/16
印　　张	19
字　　数	300 千字
定　　价	88.00 元

华夏出版社有限公司　地址：北京市东直门外香河园北里 4 号　　邮编：100028
　　　　　　　　　　　　网址：www.hxph.com.cn　　电话：（010）64663331（转）
若发现本版图书有印装质量问题，请与我社营销中心联系调换。

总　序

2013年秋天，中国国家主席习近平在出访哈萨克斯坦和印度尼西亚期间，先后提出共建丝绸之路经济带（The Silk Road Economic Belt）和21世纪海上丝绸之路（The 21st Century Maritime Silk Road），简称"一带一路"倡议（The Belt and Road Initiative）。"一带一路"倡议的主旨是：世界各参与国，通过全方位的交流合作，携手打造政治互信、经济互惠、文化包容的利益共同体、命运共同体和责任共同体。这一由中国发起的倡议得到了国际社会的高度重视。经过近十年的努力，至今已有一百多个国家和国际组织参与了"一带一路"建设。相关的建设项目也从无到有，由小而大，取得令世人羡慕的成绩。"一带一路"倡议始于中国，但惠及世界，必将有力促进人类文明事业的发展。

"一带一路"倡议有深厚的历史渊源和人文基础。早在两千多年前，我们的先人就开通了陆上和海上丝绸之路。丝绸之路把尼罗河流域、底格里斯河和幼发拉底河流域、印度河和恒河流域、黄河和长江流域连接起来，将埃及文明、两河流域文明、印度文明和中华文明的发祥地连接起来。世界不同的文明经过丝绸之路交流互鉴、紧密相连。通过丝绸之路，中国的丝、漆、瓷器、铁器以及它们的制作技术被传到西方，西方的苜蓿、胡椒和葡萄等也传到了中国。通过丝绸之路，拜占廷的金币、波斯的器皿及阿拉伯的医学等传入中国，中国的造纸术、印刷术、火药和指南针等重大发明也由此传向世界并对世界产生重大影响。[1] 通过丝绸之路，源自印度的佛教、大秦的景教等传入中国。源自中国的儒家文化，也被推介到西方，受到德国莱布尼茨和法国伏尔泰等思想

---

[1] 参阅杨共乐："人类文明进程中的中华文明"，《光明日报》，2021年12月31日。

家的赞赏。他们推崇儒家的道德与伦理并以此来丰富自己的思想学说。

当今中国首创的"一带一路",既承继历史传统,又立足世界未来,应时代之需,顺全球发展之势,赋丝路以全新之内涵,为人类进步提供极具价值的中国智慧。

当然,要通过"一带一路"与世界建立"互联互通",我们还需加强对世界上主要古文明进行的更为深入的研究。因为产生这些文明的几大古国大多分布于"一带一路"沿线,其文化对后世的影响既广泛又深远。从源头上厘清各文明的发展特点,有助于我们更好地认识"和平发展""开放包容"和"文明互鉴"的重要意义,有助于我们更深刻地理解"一带一路"倡议的重大价值。为此,从2013年年末开始,我们专门组织专家学者编纂了一套《"一带一路"古文明书系》(六卷七册),试图回答下述系列问题:(1)世界古代的文明成果主要体现在哪些方面?(2)多源产生的文明有何特点?(3)各文明区所创造的成果对后世有何影响?(4)各文明古国的国家治理体系如何构建?政治治理如何运行?(5)国家的经济保障主要体现在哪些方面?居民的等级特点与国家政权之间的关系如何?(6)在古代埃及、两河流域有没有像公元前8—前3世纪的中国、印度和希腊那样出现过精神觉醒的时代?(7)各文明古国所实行的文化政策有何特点?其对居民有何影响?(8)古代文明兴起的具体原因以及个别文明消亡的关键因素是什么?(9)中华文明连续不中断的原因究竟在哪里?等等。[①]《"一带一路"古文明书系》得到北京师范大学出版社的大力支持,已由2018年11月出版。出版后,社会反响良好,至今已连续重印两三次。

与此同时,我们又组织相关学者集中精力,协同攻关,对世界上主要文明地区留下的文献资料进行精选、翻译。经过近八年的努力,我们又完成了《"一带一路"古文明书系》的姊妹篇——《新时代"一带一路"古文明文献萃编》(七卷十册)的编译工作。

《新时代"一带一路"古文明文献萃编》以"一带一路"沿途所经且在历

[①] 参见杨共乐总主编:《"一带一路"古文明书系》总序,北京:北京师范大学出版社,2018年版。

史上有重要影响的古文明文献为萃编、译注对象，以中国人特有的视角选择文献资料，展示人类文明的内涵与特色。让文献说话，让文献在当代发挥作用，是我们这套丛书的显著特色。《新时代"一带一路"古文明文献萃编》共七卷十册，分别是《古代美索不达米亚文明文献萃编》《古代埃及文明文献萃编（上、下册）》《古代印度波斯文明文献萃编》《古代希腊文明文献萃编》《古代罗马文明文献萃编（上、下册）》《古代中国文明文献萃编（上、下册）》和《古代丝绸之路文明文献萃编》。范围涉及北非、西亚、南亚、东亚和南欧五大区。我们衷心希望《新时代"一带一路"古文明文献萃编》能为学界提供一种新的、认识古代世界的视角，为我国的"一带一路"建设贡献微薄的力量。

杨共乐

北京师范大学史学理论与史学史研究中心

2022 年 2 月 15 日

目　录

序言 …………………………………………… 001

演说 …………………………………………… 001

　　修昔底德《伯罗奔尼撒战争史》……………… 003

政治学 ………………………………………… 075

　　亚里士多德《雅典政制》……………………… 077

名人传记 ……………………………………… 125

　　普鲁塔克《吕库古传》………………………… 127
　　狄奥多罗斯《亚历山大传》…………………… 158
　　阿里安《亚历山大远征纪》…………………… 256

序　言

古代希腊是西方文明的摇篮。古希腊人在这里创造了灿烂的文化。然而，古代希腊并非当今意义的国家，而只是一个地理概念，最初仅指传说中希腊人的始祖希伦及其部族所聚居的色萨利南部弗提奥提斯地区。至古风时代，随着希腊各地政治、经济、文化的交融，"希腊人"成为希腊各部族共同的称谓，"希腊斯"则成为古希腊人对其活动区域的通称。不过，古希腊人自称"Hellenes"。罗马人则将希腊人在南意大利和西西里岛的殖民地统称为"Magna Graecia"，而现今英文中使用的"Greece"便由此而来。[①]

古代希腊总体上经历了爱琴文明、荷马时代、古风时代古典时代和希腊时代五大阶段。爱琴文明指公元前3000年代末至2000年代末存在于南希腊和爱琴海岛屿上的文明，中心地在克里特岛与迈锡尼，故又称"克里特—迈锡尼文明"。爱琴文明时期，出现了精美的陶器以及线型文字A和线型文字B。迈锡尼文明时期国家开始形成。

随着多利安人的入侵，迈锡尼文明毁灭。希腊进入一个封闭、倒退的时期。昔日精美的陶器为简单的几何陶所取代，往日繁华景象不再。有关这一"黑暗时代"的少量信息几乎全部来自《荷马史诗》，因此这一时期又被称为"荷马时代"。荷马时代较迈锡尼文明落后，社会退回到了父系氏族公社时期。

公元前八世纪到公元前六世纪，古希腊由黑暗的荷马时代进入古风时代。在这一时期，希腊形成了许多小国寡民的国家，希腊人称之为πόλις，即：polis，中文将其译为"城邦"。在希腊，典型的城邦通常以某一城市为中心，

[①] 易宁　祝宏俊　王大庆等著：《古代希腊文明》，北京师范大学出版社，2014年，第1—2页。

逐渐联合附近数个乡村，以山河、海洋等为主要自然界线。城邦是"公民集体"，同一城邦的人在血缘、语言、习俗和宗教等方面明显具有共性。古代希腊两个最具代表性的城邦是雅典和斯巴达。

雅典通过德拉孔立法、梭伦改革、克里斯提尼改革等，一系列围绕着贵族与平民的斗争展开的政治变革，使人民的力量不断增强，直至在伯里克利时代发展出了典型的雅典民主政制。而斯巴达从吕库古[①]改革开始，就逐步形成了其特有的政治体制，使其长期傲立于希腊城邦之林，称雄于希腊战场。

公元前五世纪到公元前四世纪中叶，希腊进入古典时代。古典时代的主要内容是两场人类历史上的著名战争：希波战争和伯罗奔尼撒战争。波斯的对外扩张，以及希腊人的大殖民运动，使得二者不可避免地发生联系和碰撞。希波战争以波斯的扩张和希腊城邦的反抗为主要过程。最终，由于波斯劳师远征，后勤供给困难，而希腊人为自己的独立而战，属于正义之师，战争以希腊的胜利告终。希波战争一方面让波斯帝国走到了由盛转衰的转折点，另一方面为希腊政治、经济趋向极盛创造了契机。同时，战争也改变了希腊城邦之间的关系。斯巴达一家称霸的局面被打破，雅典发展成为与之抗衡的地区霸主，从而导致分别以两国为首的提洛同盟与伯罗奔尼撒同盟之间发生战争。

伯罗奔尼撒战争的结果是两败俱伤。各城邦都因战争而加剧了内部矛盾，从此陷入连绵不断的危机中。这为希腊新秩序的出现创造了条件。地处希腊北部的马其顿，在公元前四世纪中叶开始登上历史舞台。经过腓力二世及其子亚历山大两代国王的努力，马其顿从一个默默无闻的小邦发展成为地跨欧亚非的庞大帝国，将整个希腊囊括其中。公元前323年亚历山大去世，希腊历史进入希腊化时代，亚历山大帝国分裂为马其顿、托勒密和塞琉古三个王国，并最终被罗马吞并。地中海地区进入罗马统治时期。然而，古代希腊人创造的辉煌的历史，璀璨的文明，却在后世广为流传，经久不衰。

[①] 吕库古是斯巴达著名改革家。他为斯巴达订立法制，组织了一系列政治改革和社会改造活动，使斯巴达逐渐形成其特有的国家制度。根据普鲁塔克的记载：关于"吕库古的事迹，真是没有一件事没有争议的。他的出身、游历、去世的情况，尤其是作为立法者和政治家的所作所为，都存在着截然不同的叙述。"见普鲁塔克《吕库古传》，I。

本分卷所收集的资料主要反映了公元前八世纪到公元前四世纪希腊的政治、军事和社会文化的发展状况。因为古希腊早期传世文献有限，所以本分卷所收录的资料主要出自公元前五世纪之后的作品，如修昔底德、亚里士多德、普鲁塔克、狄奥多罗斯和阿里安的著作等。上述作品虽然在时间上距其记述对象较为遥远，部分内容准确性值得商榷，但它们是后人研究古代希腊文明非常重要的信息来源，具有极高的史料价值。

本卷所选资料大致可分为三部分。

第一部分为古希腊演说辞，收录了修昔底德《伯罗奔尼撒战争史》中的演说辞。演说是希腊政治活动的重要内容。演说辞为后人保留下大量的历史信息，反映了古希腊人的政治思维和文化传统。

第二部分为古希腊的政治学，收录了亚里士多德的《雅典政制》，叙述了雅典的政制简史和亚里士多德时代的雅典政治制度。

第三部分为古希腊名人传记，主要收录了普鲁塔克的《吕库古传》、狄奥多罗斯的《亚历山大传》和阿里安的《亚历山大远征纪》的节选，并以人物传记为线索展现了古代希腊不同时期的历史文化风貌。

上述资料主要选自下列材料：

1. [古希腊]修昔底德:《伯罗奔尼撒战争史》，徐松岩等译，上海人民出版社，2012年。
2. 郝际陶:《〈雅典政制〉汉译与研究》，高等教育出版社，2016年。
3. 《普鲁塔克〈吕库古传〉》，倪滕达译。
4. 《狄奥多罗斯〈亚历山大传〉》，武晓阳译。
5. 《阿里安〈亚历山大远征纪〉节选》，张弩译。

演　说

修昔底德《伯罗奔尼撒战争史》

1）文献简介[①]

修昔底德（Thucydides），约生活于公元前460—前396年，是古希腊著名历史学家、文学家。他生于雅典阿里摩斯（Alimod）德莫的一个富裕的贵族家庭。修昔底德与当时著名的政治家客蒙、伯里克利等人大概有亲缘关系。修昔底德少年时代接受了良好的教育，后经历了伯罗奔尼撒战争的爆发和雅典大瘟疫，于424年当选为雅典十将军之一；同年冬，因安菲波利斯陷落而遭到诬陷，被雅典民众放逐，二十年后才又重返雅典。修昔底德在被放逐的二十年里广泛游历，实地考察，搜集史料，最终著成伟大的史学著作《伯罗奔尼撒战争史》。

《伯罗奔尼撒战争史》共八卷，按照时间顺序展开，第八卷内容在写到公元前411年时戛然而止，因此最后一卷内容并不完整。该书系当代人记当代事，作者秉持了求真和客观的精神，以严谨的态度记录和求证其所记述的历史事件。《伯罗奔尼撒战争史》中记录了大量的演说。在处理这些重要演说时，修昔底德坦诚交代哪些是其亲耳所闻，哪些是间接获得的。他的处理方法是："一方面使演说者说出我认为各种场合所要求说的话，另一方面当然要尽可能保持实际所讲的话的大意。"[②] 由此可见，修昔底德的作品具有极高的史料价值，为学者研究伯罗奔尼撒战争期间的地中海地区历史提供了重要的资料。

[①] 相关信息参见［古希腊］修昔底德著，徐松岩译：《伯罗奔尼撒战争史》，上海人民出版社，2012年新版译序。刘家和、廖学盛主编：《世界古代文明史研究导论》，北京师范大学出版社，2010年，第163—164页。

[②] ［古希腊］修昔底德著，徐松岩译：《伯罗奔尼撒战争史》上册，上海人民出版社，2012年，第50页。

2）译文

伯罗奔尼撒战争酝酿阶段

（1）在伯罗奔尼撒战争之前不久，爱皮丹努斯城发生内部纷争，引发了科基拉与科林斯之间的战争。科林斯初战失利，为复仇而扩军备战。科基拉因此感到恐慌，决定投向雅典。科林斯派使团前往雅典阻止二者结盟。在雅典公民大会上，双方代表发表演说。

科基拉人发言如下：

[32]"雅典人啊！如果一个民族在过去从未对他们的邻人做出重大贡献和援助，他们站在邻人面前，正如现在我们站在你们的面前一样，要求你们做出回报，请求你们援助，那么，你们自然会要求他们满足某些先决条件。他们应当说明，首先，请求你们援助对你们是有利的，至少是无害的；其次，他们将永世感激你们。如果他们在这几点上都不能说服你们的话，对于他们出使的失败，他们一定不会感到诧异。现在科基拉人相信，在请求你们援助的时候，在这几点上能够给你们满意的答复，所以他们才派我们前来。非常巧合的是，我们向你们请求援助，实际上是与我们的政策自相矛盾的，在目前危急情况下也是不合乎我们的利益的。我们说自相矛盾，是因为一个邦国在其整个历史上从不愿与任何一个邻邦结盟，而现在又主动请求与别国结盟。我们说对我们不利，是因为在目前我们与科林斯[①]人的战争中，我们处于完全孤立的地位。过去我们认为不与别国结盟似乎是一种聪明的选择，因为它使我们不致被卷入由别人的选择所导致的危险之中；现在已经很清楚，这是愚蠢之举，也是我们软弱的原因。

[①] 又译"柯林斯"，古代希腊城邦的寡头制国家，在伯罗奔尼撒战争当中站在斯巴达一方对抗雅典。科林斯东西临海，是往来希腊各地的交通枢纽，因而商贸发达且善于造船。科林斯于公元前146年被罗马将军卢修斯·穆米乌斯摧毁，一个世纪后又重建。

"不错，在最近的海战中，我们单独地把科林斯人从海岸线击退了。但是，现在他们已从伯罗奔尼撒和希腊其他地方纠集了更庞大的军事力量。我们知道，没有外援，我们完全无力对付他们，而屈从于他们意味着巨大的灾难。因此，如果我们改弦易辙，改变以前政治上完全不结盟的政策，希望能得到你们的谅解。我们过去的原则没有任何不良企图，而是由于判断失误所致。

[33]"如果现在你们答应我们的请求，对于你们而言，有许多理由说明它是一件好事。首先，你们援助的是一个没有危及别国利益的城邦，它是其他城邦不义之举的受害者；其次，在目前这场较量中，我们的处境极其险恶，在这生死攸关的时刻，你们欢迎我们加入同盟，我们是会从心里永远感激你们的；第三，在希腊，除了你们以外，我们是最大的海上强国。更重要的是，我们自愿投于你们的麾下，不致引起任何危险，不会花销任何费用；你们的慷慨好义，会使你们名扬世界；你们的国力，也将大大提高。难道你们不认为这本身就是一种难能可贵而且是令敌人沮丧的幸运吗？一个民族同时得到这些利益，这在全人类历史上都是不多见的；同样在历史上不多见的是，要求入盟的邦国处于这样的地位，它可以向请求入盟的邦国所提供的安全和荣誉绝不会少于它将接受的。

"但是需要强调的是，一旦发生战争，我们对于你们是有用的。如果你们当中有人认为战争还是遥不可及的事，那就大错而特错了。他们没有看到拉栖代梦人①因为对你们有所畏惧而要发动战争，科林斯人对他们是最具影响力的；同时，切记他们都是你们的敌人。现在科林斯力图首先征服我们，接下来再向你们进攻。科林斯不想让我们两个国家联合起来，成为它的共同敌人，科林斯为取得初步优势，想采取以下两个方法中的一个来对付你们：要么消灭我们的势力，要么吞并我们以增强其自身势力。但是我们的政策是先发制人——对于科基拉来说是主动请求加入同盟，对于你们来说是接受它入盟。事实上，我们应当制定攻击他们的计划，而不是坐等他们制定出攻击我们的计划后再去挫败它。

---

① 又称"拉西第梦"或"拉西第蒙"，即古代斯巴达。斯巴达所处的拉哥尼亚地区，三面环山，一面临水，中间是小平原，欧洛达河自北向南流经其间，斯巴达人的五个部落便坐落在河谷的中部地段。由于河谷地段又称作"凹陷的拉西第梦"，所以斯巴达的别名又叫"拉西第梦"。

[34]"如果科林斯人说你们没有权利接受他们的一个殖民地加入你们的同盟,那么,你们要让他们知道,任何一个受到良好待遇的殖民地都是会尊重它的母邦的,只有在受到不公正待遇的情况下,它才对母邦疏远。派到国外去的移民不是留在母邦的人们的奴隶,而是他们的平辈。科林斯显然对我们有所伤害。我们请求他们以仲裁的方式解决爱皮丹努斯的争端,他们不是以公平的裁断加以解决,而是想用战争来实现他们的要求。我们是他们的同族人,他们对我们的行为应该使你们警惕,你们不要为他们的诡计所迷惑,也不要听从他们的那些直截了当的要求。对敌人的让步只能使你们陷于自责而难以自拔,让步越小,安全的机会越大。

[35]"如果有人强调说你们接受我们加入同盟,是破坏了你们和拉栖代梦已有的条约。回答是:我们是一个中立的国家,那份条约中已有明文规定,任何中立的希腊国家可以自由加入同盟的任何一方。令人不能容忍的是,科林斯不仅从它的同盟者诸邦,而且还从希腊其他地方招募海军兵员,其中从你们的臣民中招募的人数就不少;而我们则完全被孤立起来,既不能成为任何一个同盟的成员国,也不能从任何其他地方得到援助,甚至你们同意我们的请求,他们也谴责你们,说这种做法是政治上的不道德行为。另一方面,如果你们不同意我们的请求,我们将有更大得多的理由来埋怨你们;我们身陷险境,我们不是你们的敌人,而你们拒绝我们的请求;科林斯人是侵略者,是你们的敌人,而你们非但不阻止他们,反而允许他们从你们的属地获取战争资源。这是不应该的。你们应当禁止他们在你们的领土上招募军队,或者你们应当也给予我们你们认为适当的帮助。

"但是你们的上策是允许我们公开加入你们的同盟,使我们能获得你们的帮助。我们在演讲开始时就已提到,这样的政策对你们有很多益处。我们仅提一点,也许是主要的一点。事实上你们的敌人也正是我们的敌人,这是我们得到完全信任的保证。同时,这些敌人完全是有能力制服那些叛离者的。拒绝一个陆地国家加入同盟和拒绝一个海上强国加入同盟,是不能相提并论的。你们的头等大事,如果可能的话,就是除你们以外,任何邦国都不得拥有海军;如果这一点做不到的话,最好是确保与当今最强大的海上强国保持友好关系。

[36]"虽然你们当中有人承认我们以上所说的是对你们有利的,但是你们又害怕如果付诸实施就至少会使你们与拉栖代梦人所订立的休战和约遭到破坏。你们务必牢记,一方面,不论你们怕不怕,你们的势力都将使你们的对手有所畏惧;另一方面,不论你们的信心是否来自拒绝我们加入同盟,你们的削弱都会使强大的敌人无所畏惧了。你们还必须记住,你们的决定对于科基拉的影响丝毫不亚于对雅典的影响;而且,如果你们在准备一场行将爆发的甚至是迫在眉睫的战争时仍然患得患失,如果你们在是否吸收足以左右战局的科基拉入盟的问题上依然犹豫不决,这对于你们国家的前景都不是最有利的。由于科基拉地处前往意大利和西西里的海岸航线的有利位置,因而它能够阻截由那里前往伯罗奔尼撒或者从伯罗奔尼撒前往那里的海上援兵。在其他方面,科基拉也是一个理想的据点。无论是从整体还是局部来考虑,用一句最简短的话来说,放弃我们是愚蠢的。须知,希腊有三大海上强国——雅典、科基拉、科林斯。如果你们让其中两者合而为一,让科林斯控制了我们,那么,你们就不得不与科基拉和伯罗奔尼撒的联合舰队作战。但是,如果你们允许我们加入你们的同盟,那么,你们在这场斗争中就将得到我们的舰队的增援。"

科基拉人发言结束后,科林斯人发言如下:

[37]"在我们刚刚听到的发言中,科基拉人没有限于论证你们是不是允许他们加入你们的同盟的问题上。他们还说我们有不义之举,说他们是非正义战争的受害者。因此,在谈及其他诸点之前,有必要说明这两点。这样,你们可以对于我们所提出请求的理由有一个更准确的概念,并且有确当的理由拒绝科基拉人的请求。据科基拉人所说,他们不与任何邦国结盟的传统政策是一种稳健的政策。事实上,采取这样的政策居心叵测,绝无善意的动机。这使得他们不要任何同盟者,以免同盟者成为他们不正当行为的目击者,或者是由于他们耻于请别人共同参与。科基拉的地理形势使其居民与外地居民不相往来。别国的舰船常常(因天气原因)而不得不进入科基拉港,而科基拉的舰船则很少到邻国去。因此,科基拉人侵害别国人民的事件,是由科基拉人自己来审判,不是由相互协商而指定的法官来裁定的。简言之,他们采取一种完全独立的特殊

政策的目的，不是防止参与别人的恶行，而是在于他们自己可以独自作恶——当他们有足够力量的时候，他们就强夺他人的财产；当他们能够逃避别人注意的时候，就欺骗别人；分享他人所得，毫不以为耻。但是，如果他们果真是正直的人，就像他们所伪装的那样，那么，越是没有人直接见证他们的所为，通过他们的适度妥协所展示出来的正直就越是显著。

[38]"但是，他们的行为，无论对其他人还是对我们，从来都是不正直的。他们是我们的移民，但是他们对我们从来都是敬而远之，而今他们居然向我们开战了。他们说：'我们被派遣出来的目的不是受虐待的。'我们说，我们建立殖民地的目的也不是受他们侮辱的，而是要成为他们的领导者，并且要他们对我们表示适当的尊敬。总之，我们的其他殖民地都是尊敬我们的，我们也深受移民们的爱戴；显然，如果大多数殖民地对我们是满意的，科基拉就没有适当的理由说惟独他们不满意；我们对他们作战不是我们的错误，而是受到他们公然挑衅的结果。另外，即使我们错了，他们的正当做法也要得到我们的准许；如果我们无视这样合理的态度，那就是我们的耻辱。但是，他们妄自尊大，依仗财富屡屡对我们无礼，最严重的莫过于爱皮丹努斯事件①。当这个地方遭受灾难时，他们不采取任何措施去调解。但是当我们来此排忧解难之时，他们却用武力攻占了它，并且至今还占据着这个地方。

[39]"他们声称，他们希望这件事首先交由仲裁来解决。显然，稳居优势地位的一方所提出的挑战是不会赢得对手的信任的，只有在敌对行动开始之前，他和对手处于平等地位的时候，这种建议才会被接受。他们的情况是这样的：他们在围攻爱皮丹努斯之前，并未提议交付仲裁；只是在他们终于明白我们决不会坐视不管的时候，他们才想起'仲裁'这个美妙动听的词语。他们在爱皮丹努斯已经犯下过错，现在又到你们这里来，他们不是请求在同盟中并肩作战，而是请求你们共同参与他们的罪恶行动，并且是在和我们交战的时候请

---

① 爱皮丹努斯城是古希腊的一个城邦，科基拉的殖民地。在伯罗奔尼撒战争之前，爱皮丹努斯的平民驱逐了贵族。后者联合异邦人进攻爱皮丹努斯。爱皮丹努斯向母邦科基拉求援，遭拒，遂求助于科基拉的母邦科林斯，引发了科基拉与科林斯之间的斗争。科基拉自知实力不敌科林斯，求助于雅典。雅典人出于对希腊城邦拥有绝对霸权的目的，与科基拉结成同盟，对科林斯宣战。

求加入你们的同盟。他们应当在自己最安全的时候,而不应当在我们遭到侮辱而他们处境危险的时候向你们靠拢。你们在这个时候保护那些过去从来没有要你们分享他们的权力的人,是不合时宜的。这使我们认为你们将和他们承担同样的责任,虽然你们并未参与他们的恶行。因为如果他们希望和你们共命运的话,他们在过去就应当和你们共享他们的权力。

[40]"我们已经阐明了我们怨恨他们是理所当然的;同时,我们的对手的行为是狂暴的和贪婪的。你们还应当知道,你们接受他们的加盟是不公平的。的确,和约中有一条说,没有参加原有和约的任何城邦,可以自由地加入任何一方,但是这一条款不是指那些参加同盟的目的在于伤害其他城邦的城邦,而是指那些并不是因为叛乱而需要保护的城邦,以及那些主张把武力用于和平而不是用于战争的城邦。如果你们不听从我们的忠言,你们的情况将会是这样的:如果你们不帮助他们,就依然是我们的朋友;如果你们参加他们一方的作战,你们将分担我们作为自卫者对他们的惩罚。但是,你们还是有最合理的理由保持中立,否则你们应当参加我们一方来对抗他们;至少,科林斯与你们有过和约;你们与科基拉之间,却从未有过停战协定。你们不要开这样的先例,支持那些叛离者。当萨摩斯人叛离你们的时候,伯罗奔尼撒诸邦对于是否应援助萨摩斯人的问题,意见不一。当时我们是投票反对你们的吗?不是。我们公开地告诉他们,每个邦国都有权力惩治它的同盟者。如果你们接收并且支持那些侮辱我们的人,你们会发现你们的臣民中也将有同样多的人投到我们这边来,你们所开创的这个先例对你们自己的祸害要比对我们的祸害更为严重。

[41]"这是我们根据希腊人的法律,有权利向你们提出的要求。但是,我们还想奉劝你们,并且要求得到你们的报答。既然我们没有危害过你们,我们不是你们的敌人,而我们的友谊也并未达到亲密无间的程度,因而我们认为理应在现在这个关头清算一下了。在波斯人入侵之前,当你们和埃吉那作战的时候,你们缺少舰船,科林斯为你们提供了20艘船。这种友好行为的结果使你们能够征服埃吉那;我们在萨摩斯问题上所采取的措施,成为阻止伯罗奔尼撒人援助萨摩斯人的原因,结果使你们惩罚了萨摩斯。我们采取这些行动都是在危急关头,在人们全力以赴攻击敌人,在人们为了取胜而不顾一切的时候。在

这样的时候，人们会把所有援助他们的人当作朋友，即使他过去曾是你们的敌人，甚至把过去的朋友当作敌人，如果这个朋友反对他们的话。的确，他们专心致志于互相的斗争，而忽视了自己的真正利益。

[42] "我们希望你们认真考虑这几点。让你们的青年向他们的长辈们请教，让他们决定如何对待我们犹如我们过去对待你们一样。你们不要这样理解：'科林斯人所说公正无误，但是战事千变万化，这些话是否明智就另当别论了。'最可靠的政策一般地说就是最明智的选择，而且，科基拉人常常以将要发生战争为由，讹诈你们去做非正义的事，但战争不一定会发生。你们不至于因此而误入迷途，现在就把科林斯视为敌人了。更为明智的做法是努力消除因为你们对麦加拉所采取的措施造成的不利影响。事实上，及时的帮助能够捐弃旧日的嫌隙，其效果超过事实本身。不要因为指望建立强大的海上同盟而误入歧途。有节制地公平对待其他一流强国，将比占有一个表面上暂时有利而实际上却牺牲了长远而稳定的便宜更能成为力量的源泉。

[43] "现在我们转向我们在拉栖代梦时所确立的原则：每个国家都有权处罚它自己的同盟者。现在我们自己的处境和你们当年的处境相同。我们要求你们维持这个原则。那时候，你们从我们的投票中受益，现在我们也不应因你们的投票而受到伤害。你们应当对待我们犹如我们过去对待你们一样。你们应当知道，我们正处于危难之中，援助我们的将是最真挚的朋友，反对我们的将是最凶恶的敌人。对于这些科基拉人，不要吸收他们加入你们的同盟，也不要支持和唆使他们作恶。这样，你们的所为正是我们期待的正当之举，同时这样做也是最合乎你们的利益的。"

科林斯人发言结束。

（译自修昔底德《伯罗奔尼撒战争史》第1卷，第2章）

（2）雅典人与伯罗奔尼撒人，特别是科林斯人，围绕着帕列涅地峡上的波提狄亚又起争端。波提狄亚是科林斯人的殖民地，同时也是向雅典进贡的同盟者。因此雅典人和伯罗奔尼撒人对对方都很不满：科林斯人指责雅典围攻其殖民地，而雅典人则抱怨科林斯人鼓动雅典同盟者暴动。科林斯人邀约同盟者到拉栖代梦，在例行的伯罗奔尼撒同盟代表大会上，对雅典进行控诉：

［68］"拉栖代梦人啊！你们对自己的宪法和社会秩序的自信，使你们在听取我们谴责其他强国时常常持某种怀疑态度。你们因此而显得沉稳，也使你们在处理外交事务时显得孤陋寡闻。过去我们一次又一次地警告你们，说我们将受到雅典的祸害，但是你们从未对我们所说到的那些麻烦加以核实，反而怀疑我们的动机，认为我们所说是为我们自身利益所驱动。因此，你们不在我们受到损害之前召集这些同盟者前来，而是拖延到我们已经受到损害的时候，才召集有关的同盟者前来。在这些同盟者当中，我们是最有资格说话的，因为我们的委屈最大。我们要控诉雅典人的横蛮侵略，控诉拉栖代梦人对我们的熟视无睹。假如雅典人对希腊的权益的危害是在暗地里做的，因而使你们对有关事实不太清楚的话，那么，我们的责任就是把这些事实展示在你们面前。事实上，用不着冗长的发言，你们就能看到，雅典人已经奴役了我们当中的某些城邦，对另外一些城邦特别是我们的同盟者也心怀叵测。雅典人很早就全面地作准备，只等待战争发生的那一刻。不然的话，请问：他们通过欺诈方式接收科基拉加入其同盟，控制科基拉并以武力攻击我们，意欲何为？他们围攻波提狄亚意图何在？波提狄亚是对色雷斯诸城邦采取军事行动的最便利之地，而科基拉则可以为伯罗奔尼撒人提供一支很大的海上力量。

［69］"你们应该对所有这一切负责。在波斯战争以后，是你们首先允许雅典人为他们的城市筑墙设防；后来允许他们修筑长城的，还是你们。无论那时还是现在，你们总是在剥夺那些已被雅典奴役的城邦的自由，同时也在剥夺那些至今还是你们的同盟者的自由。奴役一个民族的罪魁祸首是那些能够解除奴役枷锁的强国对此坐视不理，因为允许他们这样做的强国同样有办法阻止他们这样做，尤其是这样一个强国是渴望享有'希腊解放者'的声誉的邦国。我们终于被召集在一起。我们集中起来实属不易，而且现在我们的目的也不明确。

我们不应当还讨论我们所犯过的那些错误，而应当考虑采取何种手段抵御侵略的问题。他们是拥有成熟计划的侵略者，来对付我们这些犹豫不决者，虽然目前尚未威胁到我们，但他们已经付诸行动了。我们知道雅典人的侵略途径，知道他们是如何狡猾地蚕食邻邦的。他们认为你们麻痹大意，对他们的行动毫无察觉。但是，一旦他们知道你们看见他们的所作所为，而又不加以干涉时，他们就会肆无忌惮地进行下去的。

"拉栖代梦人啊，在所有希腊人之中，惟独你们静观事变，不采取行动；你们的防御不是靠你们采取什么行动，而是靠你们仿佛要采取什么行动；你们等待，直到敌人的兵力两倍于从前，而不是在其早期阶段就予以摧毁。可是，世人常说，你们是可以信赖的，但是我们担心这种说法名不副实。咱们自己都知道，波斯人有时间从大地的远端发兵来到伯罗奔尼撒，你们却还没有找到合适的名义出兵迎击他们。但他们是一个来自远方的敌人。而雅典无论如何都是一个近邻，可是你们对它还是完全忽略；对于雅典，你们宁愿被动挨打，也不主动出击，直等到雅典的势力比原来大有增长之时，才冒险与之斗争。你们也知道，波斯人侵略失败的原因主要是由于他们自己的失误，如果说我们现在的敌人雅典一次又一次地企图消灭我们而未能得逞，我们觉得这是由于他们的失策，而不是由于你们的保护。的确，以前有些城邦因指望你们的保护而遭到毁灭，他们的信念使他们忽视了备战。我们希望你们当中任何人都会把我们的发言当作诤言，而不是当作敌意的言辞。人们对犯错误的朋友进诤言，而对于已经侵害他们的敌人则是严厉谴责的。

[70]"此外，我们认为，我们和任何人一样，有权利指出我们的邻邦所犯的错误，尤其是在我们熟知两个民族的性格大不相同的时候。照我们看来，你们几乎没有觉察到这种差异；从来没有思考过，将来与你们交战的雅典人是怎样的一个对手，他们和你们是多么不同，多么截然不同啊！雅典人热衷于革新，其特点是敏于构想，并立即付诸实施。而你们的天性就是要维持现状，总是缺乏革新意识，在被迫行动时也从未取得过足够大的成就。其次，雅典人的冒险之举超过了他们的实力，他们的胆量超出了他们的判断，危难之中他们仍能保持自信。而你们的习惯是想做的总是少于你们的实力所能做到的；你们总

是不相信自己的判断，哪怕这个判断已经得到你们的认可；你们还总是认为危险是不可解除的。而且，他们的果断和你们的迟疑形成对照；他们总是在海外，你们总是在家乡。因为他们希望远离家乡而扩大其所得，而你们认为任何迁徙都会使你们既得的东西发生危险。他们在胜利时马上乘胜前进，在受到挫折时也决不退缩；他们认为他们要为城邦的事业慷慨捐躯；他们注意培养自己的智慧以为城邦尽心效力。对他们而言，未能实现的计划就是无可争议的失败，一次冒险事业的成功只是他们即将获得成功中的一部分，但如果他们失败了，就马上又充满新的希望。因为只要他们能够做到，想得到一样东西就要得到它，按照他们的方法迅速采取行动。因此，他们一生都是在艰难险阻中度过的，他们忙于收获，却没有机会享受；履行他们的义务是他们惟一的休假时间；对他们而言，和平而安宁的生活比之艰苦的攻城拔寨是更大的不幸。一言以蔽之，雅典人的性格是自己生来就不享受和平安宁的生活，也不让别人过上和平安宁的生活。

[71]"这就是你们的对手雅典人的性格。但是，拉栖代梦人啊，你们还是迟疑不决。你们难道看不出，长久的和平只能与这样的城邦维持：他们毫不迟疑地公正地使用武力，他们决不服从于非正义。相反，你们的正当行为的观念，是建立在这样的原则基础上的：如果你们不去伤害别人，你们就不必使整个邦国冒险来防止别人对你们的伤害。如果现在有一个和你们一样的邻邦，以你们这样的政策也是很难取得成功的；就现有情况而言，正如我们刚刚指出的，你们的习惯与他们的相比是已经过时了的。在技艺上的法则和政治上的一样，新陈代谢是不可逆转的。对于一个没有纷争的公民集体来说，固定不变的习惯尽管是最好的，但连续不断的行动的需要必定是与方法策略的不断改进相伴随的。因此，雅典所拥有的极为丰富的经验，使他们在革新之路上把你们远远地抛在了后面。

"在这里，至少让你们的迟疑不决到此为止吧。目前，你们按你们所允诺的，援助你们的同盟者，特别是波提狄亚；你们应该马上入侵阿提卡，不要让朋友和同族牺牲在他们死敌的手中，不要让我们其他盟邦不得不在失望中加入其他同盟。果真走到这一步，无论是接受我们宣誓的诸神，还是为他们作证的人们，都不会谴责我们。破坏盟约的不是那些被抛弃在危难之中而不得不去寻求新救助的人们，而是那些未给予其同盟成员援助的邦国。但是，如果你们采取行动，我们将站在你们一边；如果这样我们还变心的话，那是违背天理的，我们再也找不到如此意气相投的同盟者了。正是由于这些缘故，请你们做出正确的抉择；努力使你们领导下的伯罗奔尼撒人的声势，不弱于你们祖先所拥有的。"

在这场伯罗奔尼撒同盟代表大会上，恰好有前往拉栖代梦执行其他公务的雅典使者在场。他们站出来发表演讲，希望能够使拉栖代梦人维持现状而放弃诉诸武力。雅典人发言如下：

[73]"我们这个使团到这里的目的不是来和你们的同盟者争辩的，而是来办理我们的城邦委派给我们的事务的。但是我们听到有人激烈地攻击我们，便前来表明立场。我们的目的不是就各邦的控诉做答辩（事实上，你们不是法官，无权听取我们或他们的申辩），而是希望你们在如此重大的问题上，不要太容易听信你们的同盟者的劝告，而采取错误的方针。我们还希望通过回顾对我们的控诉，使你们知道我们所获得的一切是名正言顺的，我们的城邦是值得尊重的。我们不必涉及很久以前的事情，因为那要求助于口舌相传，而不是我们听众的亲身体验。但是，尽管我们对经常提到的波斯战争这个题目已经感到厌倦了，我们还是要提到波斯战争和当代的历史。在波斯战争期间，为了获得某些利益，我们冒着巨大的危险；你们已经分享了这坚实的成果中应有的一份；对于由于光荣而带给我们的利益，你们一点儿也别想剥夺我们的。我们说这些事情的目的不是想消除你们对我们的敌意，而是想向你们证明，如果你们一意孤行就将同雅典发生战争，将证明你们的对手是怎样的一个城邦！你们知道，我们在马拉松前线单独迎击异族人；他们第二次来犯，当我们在陆地上不能抵御他们的时候，我们就登上舰船，和全体人民一起，参加了在萨拉米斯的战役。就是这次战役打退了波斯人，使他们不能逐一征服伯罗奔尼撒诸邦，使他们不能以其舰队来袭掠这些城邦。波斯人当时的舰队的规模之大，使你们这些城邦的任何的联合自卫都是不可能的。关于这一点，最好的证据来自侵略者自己。他们在海战失败后，意识到其军队元气大伤，于是以最快的速度撤走了

大部分的军队。

[74]"这就是那场战争的结果。它清楚地证明,决定希腊命运的是海军。对于这个结果,我们有三个非常有益的贡献:我们提供了最多的舰船,我们派出了最有才智的指挥官,我们表现了最忠诚的爱国主义精神。在全部400艘战舰中,有将近三分之二是我们提供的。指挥官是泰米斯托克利斯,在海峡的战役中,他是主要的指挥官。他是我们事业的公认的救星。事实上,你们自己也因为这一点在接待泰米斯托克利斯时,比接待任何外宾都要尊敬些。我们所表现出来的大无畏的爱国主义精神是举世无双的。我们的后方没有援军,我们的前方各邦都被奴役了;我们放弃了自己的城市,牺牲了自己的财产(而没有抛弃我们其余的同盟者,也没有遣散他们,使他们无法为我们服役),我们有一种精神,登上舰船,直面危险;对于你们不及早前来援助,我们毫无怨言。因此,我们认为,我们所付出的,丝毫不少于我们所得到的。你们所离开的城市都是你们的家园,你们有希望重新享有它们,你们作战的目的正是为了保全它们。你们出兵是因为你们为自己担心,而不是为我们担心。无论如何,一直到我们所有的一切都丧失了的时候,你们才出现。我们给自己留下的城市不再是一个城市,我们冒着生命危险,为的是一个仅仅在虚无缥缈的希望中存在的城市。因此,我们不但拯救了我们自己,还全面参与了拯救你们。但是,如果我们仿效其他诸邦,害怕丧失自己的领土,在你们到达之前就归服波斯,或者,如果我们担心城邦的毁灭造成我们精神崩溃,从而使我们没有勇气登上舰船,那么,你们的那点海上力量也就不必与波斯人进行一次海战了,波斯人的目标就会兵不血刃地实现了。

[75]"拉栖代梦人啊,无论是我们在危难时刻所表现出来的爱国主义,还是我们在谋划中所展示出的智慧,无疑地,希腊人都不至于对我们极不欢迎,至少不应对我们的帝国如此。那个帝国不是我们以暴力的手段获得的,而是由于你们不愿意和异族人作战到底,同盟者到我们这里来,自愿请求我们为他们的领导者。随后的发展首先迫使我们扩充我们的帝国,达到现今的程度。我们的主要动机是害怕波斯人,尽管随后荣誉和利益接踵而至。最后,当几乎所有的人都嫉恨我们之时,当一些同盟者暴动并已被镇压之时,当你们不再成为我

们昔日的朋友之时，当我们成为被怀疑的对象而招致反感之时，尤其是当所有那些叛离我们的同盟者投入你们的怀抱之时，放弃我们的帝国就不再安全了。当一个民族被卷入很大危险中去的时候，谁也不能责备他，说他唯利是图。

[76]"无论如何，你们拉栖代梦人，你们在伯罗奔尼撒行使领导权之时，安排各邦的事务以符合你们的利益。假如在我们现在所谈到的年代中，你们坚持作战到底，并且在行使领导权的过程中招致怨恨的话，我们相信，你们也同样会被激怒的，你们也被迫在建立一个强有力的政府和使你们自己陷于危险这二者之间做出抉择。接下去我们的所作所为就不足为怪，与人类的普遍惯例也没有相悖之处；如果我们确实接受了一个奉献给我们的帝国，而且不肯放弃它的话，那是由于三个最强有力的动机——恐惧、荣誉和利益——的驱使所致。我们也不是这个范例的首创者。因为弱者应当臣服于强者，这一直就是一条普遍的法则。同时，我们相信我们自己居于这种地位是受之无愧的，而且迄今为止你们也是这样认为的。当你们考虑到利益的时候，才开始高喊'正义'的口号——当人们有机会以武力获取更多利益之时，没有人会因为这种考虑而放弃其雄心的。那些没有超乎人性而拒绝行使统治权的人，比那些为形势所迫而不得不注意正义的人更值得称赞。

"我们认为，如果任何人处于我们的地位，我们的中庸之道就会得到最好的证明。然而，我们的公正却使我们遭到责难而不是赢得赞扬，这是极不合理的。

[77]"当我们中止行使按盟约规定与我们的同盟者之间案件的审判权，并且把这些案件提交到雅典由公正的法律加以审判的时候，人们说我们过于好讼。没有人仔细查问，为什么其他那些对待其臣民不及我们温和的帝国没有受到这种责难。其秘密就在于他们使用武力，而不必使用法律。但是，我们的属邦习惯于把我们作为平等者，因此，一旦法庭的判决或者是帝国所授予我们的权力与他们的正当意见相抵触时，他们的任何一点挫折都会使他们不再感激我们允许他们保有大部分的利益了。某个局部的利益的损失都会使他们大为恼怒，但如果我们自始就把法律抛在一边，大张旗鼓地满足我们的贪欲，他们反而没有那么多的怒气。如果我们是这样做的，他们就不会争辩，只说弱者必须

服从于强者了。看来，法律的失误比之暴力的虐待，似乎使人们更觉得愤慨。在第一种情况下，他们觉得是受了平辈的打击；在第二种情况下，他们认为是被一个居于优势者所强迫。无论如何，在波斯人统治的时候，他们千方百计地忍受更大的虐待。但是他们认为我们的统治是严酷的，这是意料之中的事，因为目前被征服者经常承受着沉重的负担。至少这一点是确定无疑的。假如你们推翻了我们，取代我们的地位的话，你们就会马上失去人们因为害怕我们而对你们所表示的好感，如果你们现在的政策还是完全照搬你们领导希腊人反对波斯的短时期内的政策的话。在你们的法规和制度规范之下的国内生活同别国的不相融洽，而且，你们的公民在国外既不遵守你们自己的法规，也不遵守那些为其他希腊人所公认的法规。

[78]"由于事关重大，你们要多花些时间来构想你们的决议，不要为别人的意见和别人的怨言所左右而把你们自己拖入险境之中；在你们投入战争之前，要想一想偶然事件在战争中的巨大影响。随着战事的延续，它就基本上变成了偶然的事件，这些偶然的事件不论是你们还是我们都是不能避免的，我们在黑暗中冒险。当人们开始从事战争的时候，他们的共同错误是开错了头，首先是行动，等灾难临头之时，再来讨论。但是，我们迄今还完全没有误入歧途。我们知道，你们也是如此。因此，我们奉劝你们，当我们双方都还可以自由地做出正确选择之时，你们不要破坏和约，不要背弃你们的誓言；让我们根据条约上的规定，以仲裁的方式解决我们之间的争端。如果你们不这样做，那么我们有那些听见你们宣誓的诸神为证。如果你们要发动战争的话，你们在哪条战线上出现，我们就将在哪里实施反击。"

雅典人发言结束后，拉栖代梦人单独讨论是否该向雅典人宣战。大多数人主战，但是拉栖代梦国王阿奇达姆斯发言如下：

[80]"拉栖代梦人啊，在我的一生中，我曾经历过许多战争。我知道，你们当中的那些我的同龄人，不会因为缺乏经验，而相信战争是一桩有益的或安全的事业而陷于渴望战争的不幸之中。你们现在所讨论的战争，如果你们仔细加以考虑的话，它将是规模最大的战争之一。当我们和伯罗奔尼撒人

或邻邦作战的时候，双方的军事力量是同一性质的，我们能够迅速开赴任何地点。但是，和雅典人作战就不同了。他们住在离我们相当远的地方，还拥有异常丰富的海上经验，在所有其他方面都有最好的准备：无论个人还是城邦都是富足的，他们有舰船、骑兵和重装步兵，人口超过希腊其他任何一个地方，同时还有许多纳贡的同盟者。我们凭借什么敢于贸然发动这样一场战争呢？我们依靠什么毫无准备地投入战争呢？是依靠我们的海军吗？我们的海军处于劣势。如果我们着力建设海军以达到与之匹敌的程度，那又需要时日。是依靠我们的金钱吗？在这方面我们更是极度匮乏的。我们没有公款，也没准备从私人那里得到捐助。

[81] "使我们感觉占据优势的也许是在重装步兵和人口方面，这将使我们能够侵入并蹂躏其国土。但是，雅典人在帝国境内其他地方还拥有大量的土地，能够从海上输入一切所需。另外，如果我们想使其同盟者背叛雅典，我们必须建立一支舰队去支持他们，因为他们绝大多数都是岛上居民。我们将怎样进行这样一场战争呢？除非我们能在海上击败他们，或者剥夺维持他们的海军支出的那些收入，否则我们所面临的简直就是一场灾难。到那时候，尤其是当人们认为争端是由我们挑起的时候，我们甚至无法求得一个体面的和约。我们千万不要以这样一个不祥的希望而得意扬扬，以为只要我们对他们的领土加以破坏，战争就会很快地结束。我所担心的是我们把这场战争作为遗产留给我们的子孙。雅典人的勇气使他们不可能变成他们的土地的奴隶，雅典人的经验使他们不可能被战争所吓倒。

[82] "我并不是要求你们对他们侵害你们的同盟者的行为听之任之，对他们的阴谋诡计视而不见，我是建议你们不要马上开战，而是派遣使者向他们提出口头的抗议；我们不必向他们暗示我们是倾向于战争，还是倾向于妥协。同时，我们要利用空隙抓紧备战。我们的做法是：首先，争取新的同盟者。不论他们是希腊人还是异族人，只要能使我们的海上力量和财政力量有所增强——我主张从希腊人或异族人那里寻求支持，因为根据自我保护的法则，所有像我们这样的为雅典人诡计所害者，都是不应当受到责难的。其次，开发我们国内的资源。如果他们听从我们使者的劝说，那自然更好；如若不然，再过两三

年，我们的地位大大提高，我们就可以在我们认为合适的时候来打击他们了。也许到那时他们看到我们备战的情况与我们所说的话完全一致的时候，他们将倾向于作出让步，因为他们的土地未遭到破坏，他们在进行磋商之时，会考虑到他们仍保留着有利条件，没有遭到破坏。因为可以把他们的土地看作你们手中的抵押物，土地耕种得愈好，抵押物的价值愈高。你们应当尽可能长期地维持原状，不要使他们陷于绝望，在那种情况下，他们将更难以对付。如果在我们尚未有所准备的时候，因我们的同盟者的抱怨就仓促出击，去蹂躏他们的土地的话，要注意不要给伯罗奔尼撒带来更多的耻辱和更大的困难。至于这些抱怨者，不管他们是代表城邦还是代表个人，他们的主张也许是可以调整的。但是，当整个同盟为了局部的利益而宣战，而战争的进展又是无法预测的时候，想求得一个令人满意的结局可不是一件容易的事。

[83] "你们不要以为众多结盟的城邦迟疑观望，不去进攻单独一个城邦就是怯懦的表现。雅典人也有和我们一样多的同盟者，而且是缴纳贡金的同盟者。在战争中，需要金钱甚于需要军备，因为只有金钱才能使军备产生效力。在一个陆地强国和海上强国作战的时候，情况尤其如此。让我们首先检查一下我们的金钱，然后我们就不会被同盟者的言辞所迷惑了。无论战争后果是好是坏，我们将来对战争都要担负最大的责任，因而我们也应当平静地探讨那些不可忽视的后果。

[84] "至于迟缓和慎重——这是别人指责我们最多的——你们不必因此而羞恼。如果我们在没有准备的情况下开战，那么，我们就会匆匆开战而迟迟难以结束战争，而且，我们的城邦自古以来就是自由之邦，著名之邦。他们所批评我们的那些品质，其实那不过是一种聪明的慎重。正是由于我们具备这种品质，因而只有我们在成功的时候的不自负，在遭遇不幸的时候不气馁；当别人以花言巧语来劝说我们走向我们认为是不当的危险中的时候，我们是不会受其迷惑的；当别人想用恶言来激怒我们的时候，我们更不会失去自信而听从他们的意见。我们既尚武又贤明，这是我们的秩序感使然。我们尚武，因为自制是以自尊为主要内容的，而自尊又是以勇敢为主要内容的。我们贤明，因为我们文化程度不高，不会鄙视法纪，我们严格自制，不会恣意妄为；我们接受军

训，不懂得那些无用的技巧——例如，他们知道对敌人的图谋在理论上做出一种貌似有理的批评，但是却不能在实际交战中取胜——我们所受的教育是要考虑到敌人的思想方法和我们自己的想法很相似，变幻无常的偶然事件是难以预测的。实际上，我们为反击敌人所作的准备总是以敌人计划周密为前提的。的确，正确的方针应当寄希望于我们自己扎扎实实的备战，而不应当指望敌人犯错误。我们不应当相信人与人之间存在着很大的差别，而应当相信一个人的优秀品质是在最严酷的考验中培养起来的。

[85]"这些习惯是我们的祖先遗留给我们的，保持这些习惯总是使我们受益，因而不必摒弃这些习惯。我们不必在一天之内匆忙通过决议，它将深深地影响到许多人的生活、许多财富、许多城邦和它们的荣誉，我们必须冷静地做出决定。强大的实力使我们能够做到这一点。对于雅典人，可以派遣使者到那里去，就波提狄亚事件，就你们的同盟者所抱怨他们受到祸害的其他事件进行谈判，特别是因为雅典人有意把它们提交仲裁。把一位主动提交仲裁的人当作罪犯加以起诉，这是法律所不允许的。与此同时，你们不可放松备战。这个决议对于你们自己将是一个最有利的决议，对于你们的敌人将是一个最可怕的决议。"

阿奇达姆斯发言结束后，时任监察官之一的斯森涅莱达斯又作了演讲，想要激发拉栖代梦人的战争激情：

[86]"雅典人所发表的这篇冗长的发言，我弄不懂。虽然他们说了许多赞扬自己的话，但是他们并未否认他们侵害我们的同盟者和伯罗奔尼撒的事实。虽然说他们过去在抗击波斯人时表现优异，但是现在对我们就很恶劣。他们过去是好的，现在却变坏了，对于这类人应当加倍惩罚。同时，我们在过去和现在都是一样的。如果我们是贤明的，就不应当对于别人侵害我们的同盟者的行为坐视不管，不应当把今天的援助受侵害的同盟者的责任推延到明天。别人有很多金钱、很多舰船和很多骑兵，但是我们有很多忠实的同盟者，他们绝不会叛离我们而投靠雅典人。这不是可以用法律诉讼或口舌之争来解决的问题，因为我们所受到的伤害绝不是言辞方面的，我们应当给予同盟者迅速而强有力的

援助。我们不应当让别人批评我们在受到侵害时还在讨论，这种长时间的讨论对于那些图谋发动侵略的人是有利的。因此，拉栖代梦人啊，就战争进行表决吧！这是斯巴达荣誉的需要！不要让雅典的势力继续壮大了！不要使我们的同盟者陷于毁灭！诸神保佑，让我们前去迎击侵略者吧！

（译自 修昔底德《伯罗奔尼撒战争史》第1卷，第3章）

伯罗奔尼撒战争正式爆发

（3）普拉提亚事件后，雅典人和拉栖代梦人都积极备战。拉栖代梦派使者前往伯罗奔尼撒诸邦以及其他同盟国，命令他们做好准备出征。各邦在指定时间集结在地峡一带后，拉栖代梦国王阿奇达姆斯对各邦要人发表演说，内容如下：

[11]"伯罗奔尼撒人及诸位同盟者，我们的前辈们在伯罗奔尼撒境内和境外参加过许多战役，我们当中的年长者对于战争不是没有经验的。但是我们从来没有集合过比今天更多的兵力去远征。我们的人数和战斗力是非常突出的；同样，我们所要进攻的国家的军事实力也是异常强大的。我们不应做我们祖先的不肖子孙，我们要无愧于我们的名誉。整个希腊都在注视着我们现在的行动，都痛恨雅典，同情我们，希望我们取胜。因此，虽然我们进攻雅典的军队人数众多，虽然敌人肯定不敢冒险来与我们会战，但这并不意味着我们在行军时可以有丝毫的懈怠：各邦的军官和士兵应当时刻准备应付出现在自己阵营中的危险。战争的进程是无法预料的，攻击往往是发生于一时的冲动。在数量上处于劣势的军队，常常因为机智灵活，而击败过于自信而疏于警惕的优势敌人。当然，我们的军队应当满怀信心，但在侵入敌国境内时，也要时刻提高警惕。这样的军队，才可能在进攻时勇往直前，在防卫时持重可靠。现在我们所要进攻的城邦绝对不是没有防卫力量的。相反，它在各方面都是装备得最完好的。因此，我们有充分的理由相信，他们将出来和我们交战；纵或在我们进

攻之前，敌人不出来迎战，但是当他们看到我们在他们的领土内蹂躏他们的土地，毁坏他们的财产的时候，他们一定会出来和我们作战的。如果人们经受过去未曾受过的痛苦，而现在又眼睁睁地看着这些痛苦的事情在发生，他们自然是会被激怒的，他们越是静观待变，杀出城来的内心冲动就越强。雅典人这样做的可能性超过其他人，因为他们妄图统治世界上的其他人，他们更习惯于入侵并毁坏邻人的疆土，而很少看到他们自己的领土被别人侵入和毁坏。因此，大家要思量一下你们所要进攻的城邦的军事力量，这个事件可以为我们的祖先和我们自己赢得巨大的荣誉，也可能使我们失去这个荣誉；要记住跟着你们的队伍走，最重要的是遵守纪律，提高警惕，传达给你们的命令要立即执行。如果整个大军纪律严明，步调一致，那是最值得称道的，也是最安全的。"

（译自 修昔底德《伯罗奔尼撒战争史》第 2 卷，第 6 章）

（4）战争开始一段时间后，伯罗奔尼撒人与雅典人分别给彼此以不同规模的骚扰和打击。雅典人要为那些在这段时间中首批阵亡的将士进行国葬。桑西浦斯之子伯里克利在国葬上发表演说如下：

[35]"以前在此地发表葬礼演说的大多数人，都赞颂那位把葬礼演说作为国葬典礼一个组成部分的立法者。在他们看来，对阵亡将士发表演说，给予他们这项荣誉，是很有价值的。我自己原来认为他们在行动中所展示出的价值，也应将通过行动给予荣誉上的充分的奖赏，就像你们刚刚在准备这次国葬典礼中所看见的一样。我原本希望许多勇敢的人的声誉不至于因个别人的说法而受到损害，不至于因他对他们说三道四而有所变化。当发言者无法让其听众相信他所说的就是实情的时候，他是很难说得恰如其分的。一方面，熟悉死者事迹的亲友，以为这个发言还没有他自己所知道的和他所希望听到的那么多；另一方面，那些不熟悉有关情况的人，当听到他们自己的能力所不及的功绩时，会对死者感到嫉妒，会认为发言者过分颂扬死者。颂扬他人，只有在一定限度内，才能使人容忍；这个限度就是他们相信在所列举的事迹

中，他们可以做到；一旦超出这个界限，人们就会嫉妒和怀疑了。但是，既然我们的祖先赞同制订这个制度，那么，我有义务遵循惯例，尽我所能来满足你们各自的期望和要求。

[36] "我首先要说到我们的祖先们：因为在现在这种场合，首先提及他们的光荣，这是公平的，也是适当的。他们世世代代生活在这块土地上，因为他们勇敢无畏，使这片自由的土地代代相传，直到如今。如果说我们的祖先是值得歌颂的，那么我们的父辈们受到赞扬就更加受之无愧了。因为他们还为我们留下了现在我们所拥有的这个帝国，而他们能够把这个帝国传给我们这一代，不是没有付出惨痛代价的。今天我们集合在这里的人，绝大多数正当盛年，我们在几乎在所有方面扩大了我们的版图，我们从各个方面充实了祖国的实力，无论平时或战时，她都能够依靠自己的资源加以维持。

"关于我们用以取得现有势力的军事成就，关于我们或我们的父辈们英勇地击退希腊的或希腊以外的敌人的入侵的事迹，大家已经耳熟能详，在此我就不再多做评述了。我所要说的是，我们是怎样达到今天这种地位的，我们之所以日渐壮大是在怎样一种政体下实现的，我们的民族习惯是怎样产生的。我试图在解答了这几个问题之后，再来歌颂阵亡将士。因为我认为这种主题的演说，在目前场合下是合适的，对于全体与会人员，包括公民和非公民在内，都是有益的。

[37] "我们的宪法没有照搬任何毗邻城邦的法律，相反，我们的宪法却成为其他城邦模仿的范例。我们的制度之所以被称为民主制，是因为城邦由大多数人而不是由极少数人加以管理的。我们看到，法律在解决私人争端的时候，为所有的人都提供了平等的公正；在公共生活中，优先承担公职所考虑的是一个人的才能，而不是他的社会地位，他属于哪个阶级；任何人，只要他对城邦有所贡献，绝对不会因为贫穷而湮没无闻。我们在政治生活中享有自由，我们的日常生活也是如此，当我们的街坊邻居为所欲为的时候，我们不致因此而生气，也不会相互猜疑，相互监视，甚至不会因此而常常给他们难看的脸色，尽管这种脸色不会对他们造成实际的伤害。我们在私人关系上是宽松自在的，但是作为公民，我们是遵守法律的。对当权者和法律的敬畏使我们如此。我们不

但服从那些当权者，我们还遵守法律，尤其是遵守那些保护受伤害者的法律，不论它们是成文法，还是虽未写成文字但是违反了就算是公认的耻辱的法律。

[38] "另外，我们安排了种种娱乐活动，以使人们从辛苦劳作中得到精神的恢复。在整个一年之中，我们都举行各种常规的竞技会和祭祀活动；在我们的家庭中，有华丽而风雅的设施，每天愉悦心目，消除心中郁闷。我们的城邦如此伟大，它把全世界的产品都带到我们的港口，因此，对雅典人而言，享受其他地方的产品，就如同享受本地的奢侈品一样。

[39] "我们回过头来看看我们的军事政策，我们也与我们的敌人有所不同。我们的城市对全世界是开放的，我们从未通过排外条例，以防止外人有机会探访或观察，尽管敌人的耳目不时地从我们的自由开放中捞取好处。我们所依赖的主要不是制度和政策，而是我们公民的民族精神。在我们的教育制度上，我们的对手从孩提时代起就通过严酷的训练，以培养其勇敢气概；在雅典，我们的生活完全是自由自在的，但是我们也随时准备对付和他们一样的各种危险。这一点由下面的事实可以得到证明：当拉栖代梦人侵入我们的领土时，他们不是单独前来，而是带着他们所有的同盟者一起来的；而我们雅典人在向一个邻邦领土进攻的时候，却是由我们自己来完成的。虽然我们在异乡作战，他们是为保卫自己的家乡而战，但我们还是常常击败他们。任何敌人从未遭遇过我们的全部兵力，因为我们不得不关注我们的海军，也不得不派遣我们的公民在陆地上去完成许许多多的任务。因此，当他们与我们的一支军队交战的时候，如果他们获胜，他们就自吹，说他们打败了我们的全军；如果他们战败了，他们就说是被我们全体人民打败的。

"我们宁愿以轻松的心情而不是以艰苦的训练来应付危险；我们的勇气是从我们的风俗习惯中自然产生的，而不是法律强制使然。我们具有双重优点：一则我们没有花费时间来训练自己预先忍受那些尚未到来的痛苦；二则当我们真正遇到这些痛苦的时候，我们的表现和那些经常受到这种训练的人是同样无畏的。当然，我们的城邦值得赞美的优点还不止这些。

[40] "我们热爱高贵典雅的东西，但是没有因此而变得柔弱。我们把财富当做是可以利用的东西，而不是当作可以夸耀的东西。真正的耻辱不是贫穷这

一事实本身，而是不与贫穷做斗争。我们的公职人员，在关注公共事务的同时，还关注自己的私人事务；我们的普通公民，虽长年累月地忙于劳作，但是仍可以对邦国大事做出公平的裁断。因为我们雅典人和任何其他民族都不一样，我们认为一个不关心公共事务的人不是一个没有野心的人，而是一个无用之人。我们雅典人即使不是倡议者，也可以对所有问题做出裁判；我们不是把讨论当作绊脚石，而是把它看作是任何明智行动所必不可少的首要前提。另外，我们在从事冒险事业之前或冒险事业之中，能够做到既敢于冒险，又深思熟虑。其他人的勇敢，是由于他们的无知，当他们反思的时候，又会感到疑惧了。但是，真正勇敢的人无疑应属于那些最了解人生的灾患和幸福的不同而又勇往直前，在危难面前从不退缩的人。我们的慷慨大方同样是与众不同的。我们结交朋友旨在给他人好处，而不是从他人那里得到好处。当然，给予他人好处的人成为双方更为可靠的朋友，他们继续表示友善，以使受惠者永远保持感激之情。但是如果受惠者在感情上缺乏同样的热忱，他们的回报就像是在偿还一笔债务，不是慷慨地赠与。只有雅典人，他们在施惠于别人时从不计较利害得失，而是出于一种慷慨大度的信念，一种勇敢无畏的信念。

[41]"一言以蔽之，我们的城邦是全希腊的学校。我认为世界上没有人像雅典人这样，在个人生活的许多方面如此独立自主，温文尔雅而又多才多艺。这些并不是在这样的场合下的一种自吹自擂，而是实实在在的事实，我们城邦的势力就是靠这些品质获得的。在现有的国家中，只有雅典在遇到考验时，被证明是比它的名声更加伟大；只有雅典，入侵的敌人不以战败为耻辱；它的臣民不因统治者不够资格而抱怨。我们的强大势力并非没有证据，我们现有的那些巨大的纪念物，不但在当代，而且后世也将对我们表示赞叹。我们绝不需要一个荷马为我们唱赞歌，也不需要任何他人的歌颂，因为他们的歌颂只能使我们暂时陶醉，而他们对于事实的印象不足以反映事实真相。我们勇敢无畏地冲入每一片海洋，攻入每一块陆地；我们在各地所造成的不幸，或所布施的恩德，都为后世留下了不朽的纪念。这就是雅典，就是这些人为它慷慨而战，慷慨捐躯的一个城邦，因为他们只要想到脱离这个城邦就会不寒而栗。他们的每一位后人，为此都应当准备忍受这一切痛苦。

[42]"的确,我说了这么多的话来讨论我们城邦的特性,那是因为我要向你们说明,我们的奋斗目标比其他不具备这些特点的人们所追求的目标要远大些;因此,现在我用确切的证据表达了对他们的怀念。现在,关于歌颂阵亡将士的最重要的部分,我已经说完了。因为我已经赞颂了雅典,赞颂了使我们城邦强盛的这些人和类似他们的人的英雄气概,你们会发现,他们不像大多数其他的希腊人,他们的声望是无愧于他们的功绩的。在我看来,像他们这样的死亡是衡量一个人价值的试金石,不管这是他的品质的初次表现也好,最后的证明也罢。公正地讲,他们为祖国而战的坚定信念,应当抵消一个人在其他方面的不足,他们的优点弥补了他们的缺点,他们作为一名公民的贡献超过他们作为个人所造成的祸害。在这些人中间,富人没有为了将来享用其财富而变成懦夫,穷人没有为了将来获得自由和富裕而逃避危难。他们所需要的不是个人的幸福,而是向他们的敌人复仇。在他们看来,这是最光荣的冒险。他们快乐地决定参加对敌复仇,坚信能够击溃敌人,而放弃了其他的一切。他们并没有对难以确定的最后胜利寄予厚望,而是在面临的实际战斗中,勇往直前,相信他们自己。因此,他们宁愿在抵抗中牺牲,也不愿在屈服中偷生;他们没有做不光彩之事,他们在危难面前坚守阵地;霎时间,在他们命运的顶点,不是恐惧的顶点,而是他们光荣的顶点,他们就离开我们而长眠了。

[43]"这些人就这样牺牲了,他们无愧于他们的城邦。你们这些还活着的人们虽可以祈求得到一个较为幸运的结局,但是在战场上你们必须要有坚定的决心。你们不能满足于单单从字面上理解与保卫国家密切相关的这些优点的意义,尽管演说者在面对像现场这样活跃的观众时,仍可以就这些优点撰写出非常精彩的演说词。你们自己必须了解雅典的军事力量,并且时刻都要关注着她,直到对她的热爱充满你们的心头;然后,当你们认识到她所有的伟大之处时,你们必然会想到,这些人之所以能赢得这一切,是由于他们的勇敢精神,他们的责任感,他们在行动中有一种强烈的荣誉感;你们也一定会意识到,在一项冒险事业中,任何个人的失败都不会使他们觉得城邦中失去他们的那份勇气,他们反而会尽可能地把他们最光荣的东西奉献出来。他们无一例外地把生命奉献出来,这使他们每个人都获得了永世常青的声誉。至于坟墓,它不只是

安葬他们遗骸的地方，而且是存放着他们荣誉的最崇高的圣地，它将永远铭刻在人们心中，人们一有机会就将在这里缅怀他们的行为或业绩。因为英雄们把整个大地作为他们的坟墓，甚至在远离家乡的土地上，那里的墓志铭不是铭刻于记功柱上，而是以不成文的文本铭记于人们的心中，成为每个人心目中的圣地。这些人应当成为你们的榜样，他们认为幸福是自由的成果，而自由是勇敢的成果，他们从不在战争的危险面前有所退缩。那些毫不吝惜生命的人并不是可悲的人；这些人不指望以后会得到什么，他们保全生命说不定会带来相反的结果，对他们来说，任何意外的失败，都将导致最可怕的后果。可以肯定，对于一个人的灵魂而言，由于懦弱而引起的堕落，比之在充满活力和爱国主义精神时意外地死于沙场，不知要悲惨多少倍！

[44] "因此，我不吊慰死者的父母（他们也许在场），而是加以抚慰。他们知道，人生无常，充满着变数。但是，像他们这样光荣牺牲，并引起你们的哀痛，这的确是幸运的。对他们而言，生命之旅和幸福之旅同步。我知道，这一点很难说得通，尤其是当你们看见别人快乐的时候，你们也会想起过去一些常常使你们快乐的事情来。一个人不会因为缺少他从未享受过的好事而感到悲伤，而是因为丧失了他长期以来所惯于享受的东西才会感到悲伤的。然而，你们中间那些适龄的人仍要生儿育女，他们必将支持其他人的未竟之愿。这些新生的子女不仅可以使你们逐渐忘却那些死者，他们还将立即充实城邦的力量，保证城邦的安全；因为如果一个公民不是和其他公民一样，有子女作为一般危险担保的话，是不要指望他会做出公平且公正的决定的。至于你们当中那些已过盛年的人，一定要为你们自己幸运地享受了生命中最美好的时光而庆幸，你们将在短暂人生的余年里为死者的美名感到快慰。只有对荣誉的热爱是永恒的，使一颗年老而不幸的心得到快慰的，是荣誉，而不是像有些人所说的，是利益。

[45] "至于你们中间那些死者的儿子或兄弟们，我看到在你们面前有一场艰巨的斗争。当一个人去世的时候，人们都在颂扬他，纵或你们的功绩是卓越超群的，你们仍将发现自己的荣誉不仅很难超过他们，甚至难以接近他们。活着的人往往嫉妒那些和他们竞争的人，而对于那些不再参与竞争的死者而言，

他们总是能够得到善意的尊敬。另一方面，现在你们当中有些妇女已经成为寡妇，如果必须要说说她们的女性的长处的话，那么一切都包含在我这简短的忠告里：你们的伟大荣耀就是丝毫不失女性的本色；妇女的最伟大的荣耀就是极少成为男人们的谈资，不论他们谈论你们的优点还是缺点。

[46] "现在，我的任务已经完成。我是尽全力履行职责的，至少在言辞上我已经依法说出我应该说的话；而在行动上，这些埋葬在此的人已经得到了他们的那份荣耀。对于其他的人来说，他们的子女们将由公费抚养，直到他们成年为止。因而这是城邦拿出重金来奖励那些死者和他们的遗属，就像给予在勇敢竞赛中获得优胜者花冠一样。哪里对于勇敢的奖赏最大，哪里就可以找到最优秀的公民。现在，你们对于亲友已致哀悼，你们可以解散了。"

（译自 修昔底德《伯罗奔尼撒战争史》第 2 卷，第 6 章）

（5）伯罗奔尼撒人第二次入侵阿提卡；雅典城内爆发了恐怖的瘟疫。伯罗奔尼撒人的两次入侵和瘟疫所带来的双重压力，让雅典人谴责伯里克利，说他是一切不幸的根源，而与拉栖代梦人议和的愿望落空，也让雅典人迁怒于伯里克利。于是，伯里克利召开公民大会并发表演说，以期恢复民众的信心，改善雅典人的精神状态。伯里克利的演说内容如下：

[60] "我对于自己成为发泄愤怒的目标，并不是没有思想准备的，因为我知道其中的缘由。我召集这次会议的目的，是想在几点上提醒你们，你们对我发怒，你们在困难面前低头，都是不合理的。我的意见是这样的：公民个人遭受损失而整个城邦繁荣强大，与公民个人财富增加而整个城邦每况愈下相比，前一种情况对公民个人是更为有利的。一个人的个人生活无论是怎样的富足，但如果他的城邦遭到毁灭的话，他也必定随之遭到灭顶之灾。然而，一个蒸蒸日上的邦国总是在为不幸的个人提供摆脱困境的机会。这样说来，公民个人在不幸中能够得到城邦的支持，保卫城邦无疑是每个人的责任，而不是像你们这样不分青红皂白地因为家园遭到劫难，而对城邦的公共安全不管不问；你们还

指责我，因为我曾经主张战争；同时也在谴责你们自己，因为你们自己也曾表决赞成战争。但是，如果你们迁怒于我，我认为你们是对这样一个人发怒，在了解我们的适当的政策或者是能够详尽阐明这些政策方面，他不次于任何人；而且，他不仅是一位爱国者，还是一位正直的人，一位富有见识而又缺乏辩才的人，也许还是一位对问题毫无主见的人，如果他同时拥有这些天赋，却不热爱自己的祖国，那么他是不会成为祖国利益的热情的辩护者的。纵或他是一位爱国者，如果他不能抗拒贿赂的引诱的话，那么任何东西都有可能被按价出卖的危险。所以，在你们采纳我的意见而投入战争的时候，如果你们曾认为我本人在这些品质方面比别人，哪怕只是略胜一筹的话，那么现在你们无疑是没有理由要求我对所犯错误负责的。

[61]"当然，对于那些可以自由选择的人们来说，他们的财产没有受到任何威胁，选择战争是最愚蠢的。但是，如果他们必须在屈服而丧失主权与冒着危险但有希望保持独立之间做出唯一抉择的话，那么，在这种情况下，他宁愿做那个勇敢的冒险者，而不愿意做那个逃避危险的人。至于我，我现在还是和过去一样，没有改变，改变了的是你们。事实上，这是因为你们在没有受到损害时采纳了我的意见；当你们遭遇不幸时，就后悔以前所做的抉择。我的政策的明显失误就在于你们的态度摇摆不定。因为这个政策是会引起痛苦的，你们每个人都正在感受这种痛苦，但是它的优点对于你们所有的人来说是相当长远的，一时还看不清楚；这样，当一个巨大的灾难突然降临到你们头上时，你们精神压力太大，认为无法将以前的决定坚持下去。因为当事情突然、意外发生，出乎人们的预料的时候，人们就胆怯了，撇开其他所有的不幸，瘟疫肯定是这类突发事件之一。但是，你们作为一个伟大城邦的公民，你们所受到的教化和你们的出身是相符的，因此，你们要正视最严重的灾祸，绝不能有损于你们显赫的名声。人们都厌恶那些妄自尊大、佯装有那种他们不配有的声誉的弱者，人们同样要谴责那些和他的声誉不相称的胆怯者。因此，你们每个人应当努力抑制个人的悲伤，致力于维护我们城邦的安全。

[62]"如果你们在战争所必须付出的努力面前退缩，并且害怕它们最终不会取得好的结果的话，那么，你们应当知道我经常向你们说明的种种原因，它

们证明你们的担心是毫无根据的。如果那些理由还不够充分的话,现在我就揭示一下由你们帝国的伟大所产生的一个有利因素。关于这一点,我认为这迄今尚未向你们说明,也从未在我以前的演讲中提及过。若不是我看到在我的周围笼罩着不正常的沮丧情绪,我是不会冒失地谈及这一点的。也许你们认为你们的帝国仅只是囊括你们的同盟者,我要向你们谈谈真实的情况。目前整个世界可分为两个部分:陆地和海洋。其中完整的一部分几乎完全处于你们的控制之下——不仅包括你们现在所利用的海域,还包括更大范围的海域。如果你们有意扩展,那么最终结果就是你们的战舰在海上纵横驰骋,随心所欲,波斯国王或世界上任何其他国家的海军都无法阻止你们。因此,尽管你们会认为丧失土地和房屋使你们遭受了巨大损失,然而你们必须看到,你们的这种海上势力与从土地和房屋所得到的利益是大不相同的。只要你们把二者稍加比较,就会切实地认识到,那些东西不过是装点大宗财富的花园和其他装饰物而已。你们也应当知道,如果通过你们的努力保全自由的话,我们所失去的将轻而易举地得到补偿;一旦屈从于别人,那你们现在所拥有的东西也将化为乌有。你们的父辈们不是从别人手中接受他们所拥有的一切的,而是用他们自己的双手亲自创造的。他们不仅保全了自己的劳动成果,还把它们安全地移交给你们。在这方面,你们一定不会亚于你们的父辈们,要知道,已获得的东西被人剥夺比之在进取中受到挫折更为可耻。而且,你们在面对敌人时,一定要有一种气概,要藐视敌人。就是懦夫,由于幸运和无知,也可能产生自信心,而只有像我们这样的人,才能够确信他们比敌人优越,把对敌人的藐视作为一种有利条件。当双方机会均等的时候,知识使人们勇气倍增——知识使人们藐视他们的敌人,在此基础上建立起来的信心,不是支撑绝望形势的一种盲目乐观,而是基于现有资源的一种判断,因而他们的预见是更为可靠的。

[63]"还有一点,你们的邦国有权要求你们尽职效力,以维护帝国的尊严。对于你们每个人来说,帝国都是可以引以为自豪的共同资源。对你们而言,拒绝承担帝国的责任,同时又企图分享荣誉,这是不可能的。你们还应当知道,你们进行战争的目的不单单是为了享受自由而不遭受奴役,同时也牵涉到帝国的丧失以及帝国在实际管理中所招致的仇恨而产生的危险。此外,假如

在危难时刻你们当中确实有人曾认为放弃帝国是一种正直的行为，那么，如今放弃这个帝国已经是不可能的了。坦率地说，因为你们维持帝国靠的是一种暴政；过去取得这个帝国也许是错误的，然而放弃这个帝国一定是危险的。那些主张放弃这个帝国，并且劝说别人采纳他意见的人们，将很快地使邦国陷于灭亡；纵或他们自己独立地生活着，其结果也是一样的。因为这些离群索居、没有雄心的人们只有在勇敢的保卫者的支持之下，才是安全的。总之，虽然他们可以在一个臣属之邦中安安稳稳地做奴隶，但是这种品质对于一个居于霸主地位的城邦来说是毫无用处的。

[64]"但是你们绝不要被这样一些公民引入迷途，从而迁怒于我。因为如果说我曾投票支持战争的话，你们和我是一样的。尽管由于你们拒绝敌人所提出的要求，他们已经侵入你们的领土，做出了你们所预料的一切；虽然我们在其他方面有所准备，但是瘟疫还是降临了——只有这个事件是我们始料不及的。我知道，我之所以越来越不得人心，主要是由于这一点。这是很不公平的，除非你们准备把将来任何一种意想不到的成功也都归功于我。同时，对于上苍所降临的灾祸要默默地忍受，而对于敌人则要坚决地抵抗。这是雅典的传统习惯，不要因为你们而妨碍这种习惯的继承和发扬。你们还要记住，你们的城邦之所以在全世界享有最伟大的声誉，是因为她从不在灾难面前低头，是因为她在战斗中比其他城邦牺牲了更多的生命，付出了更大的努力，因此使自己成为前所未有的军事强国，人们将永世不忘这样的强国；纵或现在我们被迫屈服的时候到了（因为任何事物都无永不衰败之理），人们仍将铭记的是，我们统治下的希腊人比其他任何一个希腊城邦都要多；我们独力支撑与他们诸邦联军或个别城邦的最重大的战役；我们居住在一个最富足、最伟大的城市中。

"那些没有雄心壮志的人会对这些光荣提出非难，但是那些积极行动的人会努力仿效我们，如果他们没有我们这样幸运的话，他们会嫉妒我们的。所有渴望统治别人的人，都会暂时招致别人的仇恨，会不得人心的。但是追求最崇高的目标的人必然招致憎恨，因此而招致憎恨的人是真正聪明的人。招致憎恨也是暂时的，但是由此而产生的目前的显耀和将来的光荣会使人们永世难忘的。因此，你们要为维护日后的光荣和现在的荣耀而作出决断，为实现这两个目标而付出不懈的、积极的努力；不要派使者前往拉栖代梦；不要表露出任何一点这样的迹象，表明你们在目前的灾祸面前低头了。因为只有那些在心态上最冷静地对待灾难的人，只有那些在行动上最快速地解除灾难的人们，才是最杰出的人，最伟大的公民集体。"

（译自 修昔底德《伯罗奔尼撒战争史》第 2 卷，第 7 章）

（6）伯罗奔尼撒战争第四年至第五年，列斯堡岛上的城邦米提列涅发生暴动，叛离雅典。伯罗奔尼撒的舰队也前来支持他们。雅典人镇压了米提列涅的暴动之后，商讨如何处置这个城邦。起初，雅典人由于愤怒而意欲将带到雅典的俘虏和米提列涅全体成年男子都处死，把妇女和儿童都变为奴隶。但冷静之后雅典人有所动摇，召开了公民大会讨论这个问题。大会上，曾鼓动人民处死全体米提列涅人的克里埃涅图斯之子克里昂发表演说如下：

[37] "过去我常常认为民主制是无法管理帝国的，现在我看到你们对米提列涅问题想法的改变，使我更加坚信了这一点了。因为在你们彼此之间的日常关系中，不受恐惧和阴谋的影响，你们就觉得你们和你们的同盟者的关系也正是这样的。你们从来都没有想过，当你们听从他们的请求而犯下过错的时候，或者是因为你们的同情而犯下过错的时候，对于你们来说，这是充满危险的；你们的这个弱点是不能归咎于你们的同盟者的。你们完全忘记了，你们的帝国是一种对臣民的专制统治，你们的臣民尽是些心怀不满的谋反者；他们服从你们的基础，不是你们的自杀性的让步，也不是他们对你们的忠顺，而是你们靠武力所取得的优越。最使人胆战心惊的是随意改变政策法——我们就面临着这样的危险。我们应当知道，一个城邦有坏的法律而固定不变，比一个城邦有好的法律而经常改变要好些；无知的忠顺比机智的违抗更为有用；普通人管理国家事务通常优于那些天才人物。因为天才人物总是想表示自己的智慧超过法律，因而他们要推翻人们所提出的每一个建议，否则他们觉得他们不能在更重

大的问题上展示自己的才智，因这种行为而导致国家毁灭的例证举不胜举；而那些对于自己的智慧没有那么自信，承认法律比自己更聪明些，承认自己无法批判一个精妙的演说，这些人才是毫无偏见的裁判者，而不是有利害关系的竞争者，他们一般说来是可以成功处理公共事务的。我们应当仿效这些人，而不要因展示自己能言善辩、智慧超群而误入歧途，从而劝说你们的人民去反对我们的真实的想法。

[38] "至于我自己，我没有改变我先前的主张；对于那些建议重新考虑米提列涅问题的人，我觉得诧异，因为这样会导致迟误，而迟误只会有利于犯罪者。受害者经过一段时间之后才来对付作恶者，那时受害者的怒火已经消失了；惩罚罪犯最好的和最适当的办法是马上报复。如果有人反对我的意见，力图证明米提列涅人的罪行对我们是有用的，并且证明我们的不幸也伤害了我们的同盟者，那么，我也觉得诧异。显而易见，说这种话的人一定相信自己的辩才，所以他力图说服你们，把已经最后议决了的事情说成是还没有完全决定的事；或者他一定是受了贿赂，把一些煞费苦心想出来的言辞拼凑起来，利用这种言辞把我们引上歧途。在这种竞赛中，城邦把奖赏给了别人，而它本身却承受着各种危险。这是你们的过失，因为你们愚笨地把这类竞赛制度化了。你们常常是演说词的欣赏者，你们是根据道听途说来确认事实的；你们判断一项计划的可行性是以鼓吹者的花言巧语为依据的。至于过去的事情的真相，你们宁愿相信你们所听到的对这些事实的聪明的责难，而不相信你们亲眼所见的事实；你们宁愿成为新奇意见的受害者，也不愿听从已被广泛接受的结论。凡是司空见惯的东西，你们都不屑一顾，遇着似是而非的新说法，你们就会变成它的俘虏。你们每个人的愿望首先是自己能够演说；其次是用下面的方法与那些能够演说的人竞赛：在别人还没有提出他们的看法之前，你们就喝彩，以表明你们非常赞同他们的看法；你们很快就会知道一个论点的来龙去脉，但是预见它的最终结果却很迟慢。我要说的是，你们总是时时刻刻在寻找普通经验以外的东西。但是就是你们眼前的生活事实，你们也不能直接地考虑；你们就是悦耳言辞的俘虏；你们更像是雄辩家的听众，而不像是一个城邦的议事会。

[39] "为了阻止你们这样做，我要向你们说明，从来没有哪个国家对你们

的祸害比米提列涅人还要大。对于那些因为觉得我们的帝国忍无可忍而暴动的人，或者因为敌人的军事行动而不得不暴动的人，我个人认为是能够原谅的。但是现在我们所面对的是这样一些人：他们盘踞在设防的岛屿上；他们只害怕来自海上的敌人，而在海上，他们自己也拥有海上力量来保护他们自己；他们是独立自主的，是最受你们尊重的——现在他们做出这些事情来，这不是起义，因为起义意味着他们是受压迫者；这是一次蓄谋已久、粗暴无礼的侵略行为，企图帮助我们的死敌来消灭我们。这种情况比他们只为扩充自己的势力而向我们开战还要恶劣得多。他们的邻人曾经发动暴动而被我们征服了。他们却丝毫没有从他们的邻人的命运中汲取教训；他们所享有的繁荣未能阻止他们铤而走险；他们对于自己的前途盲目乐观，因而对我们宣战；他们的期望超过了他们的实力，但是没有超过他们的野心。他们下定决心，先用武力，后讲公理，选择他们认为似乎有利的时机，发起进攻。事实上，当城邦突然意外地获得很大的繁荣的时候，这会导致其人民产生傲慢情绪。一般说来，合理地取得成功的人们总是比不合理地取得成功的人们要安稳些；可以说，维持繁荣比解除困难更为不易。长期以来我们所犯的错误与米提列涅人有所不同：假如我们在很早以前，对待米提列涅人和对待其他同盟者一样，他们就不至于忘记他们自己的身份，因为人性从来就是由尊重而产生傲慢的，正像由态度强硬而导致敬畏一样。因此，他们应该得到他们罪有应得的惩罚。不要只对贵族定罪，而赦免平民。有一点是肯定的，他们全体人民，不论贵族还是平民都来进攻你们，虽然在那个时候，平民是可以转到我们这边来的；果真如此，则现在他们就可以回去管理他们的城邦了。但是，他们并没有这样做，他们认为和贵族分担危难是比较安全的，因而他们就加入了贵族的暴动！因此，请你们想一想：如果你们对那些受敌人压迫而暴动的同盟者和对于那些主动起来暴动的同盟者给以相同的惩罚的话，那么，他们都会利用微不足道的借口举行暴动。因为如果成功了，他们就可以获得自由，如果失败了，也没有什么可怕的后果，难道你们没看出这一点吗？同时，我们还要花费我们的金钱，冒着牺牲生命的危险，向一个一个的城邦进攻。如果我们胜利了，我们将赢得一个满目疮痍的城市，我们从这里再也得不到收入，而这些收入正是我们势力的基础；如果我们不能击败它，那么，除了我们现有的敌人以外，我们不得不对付更多的敌人，我们将把用来对付我们现有敌人的时间用在和我们的同盟者作战上了。

[40]"因此，我们不要使米提列涅人有任何希望，以为我们会受到花言巧语或金钱贿赂的影响，而以他们的错误是人类的弱点为由来宽恕他们。他们所犯的罪过不是偶然的，而是有预谋的、经过策划的；我们只能宽恕那些无意的过错。因此，我现在和从前一样，还是坚持我的看法，不要变更你们第一次所作出的决议。对于一个帝国而言，最为致命的弱点有三个，它们是：同情怜悯、感情用事、宽大为怀。同情只能给予那些和我们相互同情的人们，而对于那些对我们从不报以同情的人们，对于那些自然的和必然的仇敌，则不能有同情心。至于那些用他们的激情使我们愉悦的演说家们，他们应当在讨论那些比较不重要的问题上展开竞赛，而不要在如此重要的问题上展示他们的辩才，因为在这种场合下，虽然演说者自己可以因为他们美妙的言辞而获得美好的酬谢，但是城邦因为这种暂时的娱乐而付出了沉重的代价。宽大为怀，不念旧恶的美德只是用以对待那些将来会成为我们的朋友的那些人，而不是用以对待那些过去是、现在是、将来还是我们的仇敌的人。简言之，我认为，对于米提列涅人，如果你们采纳我的意见的话，你们不仅做得正当，而且是上策之举；如果你们作出和以前不同的决议来，你们不仅不能得到他们的感激，而且你们是对自己宣布了判决；因为如果说他们的叛乱是正当的，那么，一定是你们行使统治权的错误了。但是，如果你们不论是非对错，坚决要维持你们的统治的话，那么，你们就必须贯彻你们的原则，从你们的利益出发，来惩罚这些米提列涅人。如果不这样做，你们就必须放弃你们的帝国，安然地博取仁慈的美名。因此，下定决心吧，以其人之道还治其人之身。逃脱了他们的阴谋而没有受到损害的人，在报复的时候应当比策划阴谋的人更加迅捷；你们要记住，如果他们战胜了你们，他们会怎样做，特别是因为他们是侵略者。那些无故伤害他们邻人的人，就是那些企图置邻人于死地的人，因为他们早已知道，如果让敌人活着的话，那是多么的危险啊！一位无故受到伤害的人，如果他还活着的话，是会比一个公开的敌人更加危险的。因此，不要违背你们的初意。只要你们尽量地回想你们受苦受难时刻的情景，你们就会不惜一切代价来镇压他们。现在，

报复他们吧,不要因为他们当前的软弱而忘记了当初你们大难临头的情景。按照他们罪有应得的方式惩罚他们,给你们的其他同盟者树立一个触目惊心的典型——暴动者只有死路一条。一旦让他们认识到这一点,你们就不会常常因为和你们的同盟者作战而忽略了你们和你们的敌人之间的战争了。"

(译自 修昔底德《伯罗奔尼撒战争史》第3卷,第9章)

克里昂发言结束后,攸克拉底斯之子狄奥多图斯发言,他反对处死米提列涅人:

[42]"我不责难那些建议重新讨论米提列涅问题的人,我也不赞成我所听到的那种对常常讨论重大问题所提出的异议。在我看来,匆忙和愤怒是阻碍深思熟虑的两个最大的障碍,匆忙常常是与愚笨联系在一起的,而愤怒是思想幼稚和心胸狭窄的标志。凡是主张言辞不应是行动指南的人,如果他不是一个无知的人,就是一个有利害关系的人:如果他认为可以通过别的媒介来说明尚不可知的未来的话,那么,他一定是一个无知的人;如果他的目的是想说服你们去做一些可耻的事,那么他知道他不可能为了一个恶劣的目的而作出精彩的演说来,因此他利用一些恶意的诽谤来恐吓他的反对者和听众,那么,他一定是与此有利害关系的人。更令人不能容忍的是,有人责难发言者,说他们是因为受了贿赂而故意炫耀辞令的。如果只是责难发言者愚笨无知,那么当发言者不能说服听众的时候,他可以退出辩论,人们虽把他当做一个不很聪明的人,但是还把他当做一个诚实的人。但是如果他责难发言者受贿,即便他成功了,他也会被人怀疑;如果他失败了,人们将认为他不但愚蠢,而且不诚实。这种情况对于城邦是无益的,因为担惊受怕使城邦失去了这些出谋划策的人。说实话,如果我们的发言者提出这种主张的话,如果他们不能完全表述出来的话,则是城邦的一大幸事,因为,那样我们就会犯更少的错误了。优秀的公民要想取胜,不仅只是通过威胁反对者,还应当在公平的辩论中击败他们。一个贤明的城邦虽然不一定要给予最出色的谋士过于突出的荣誉,但是一定不要剥夺他们应有的荣誉;当一个人的意见没有被采纳的时候,

他不应因此而受到侮辱，更不应因此而受到惩罚。这样，成功的发言者不会发表违心之言，以追求更多的荣誉而博取人心；不成功的发言者也不会用同样的逢迎方法以博取听众的欢心。

[43]"但是我们现在却不是这样做的。如果有一个人提出了一种意见，不论它多么好，只要有一点私利嫌疑的话，我们就怨恨他谋私利（实则完全是没有被证实的），因而使城邦失去了某些利益。于是出现了这样一种情况，一个明显有益的建议和一个有害的建议同样地被人怀疑；结果，主张采取最凶恶政策的鼓噪者必须欺骗人民以博得人民的同情，而最优秀的出谋划策者要想取得人民的信任，也必须说谎。正因为如此，城邦，只有城邦，从来就不能公开地、光明正大地受益。因此，如果有人公开地为城邦作贡献，对于他的劳绩的报酬总是被人疑为图谋私利。尽管如此，当我们考虑一个利益巨大、异常重要的事务时，我们这些发言者必然比你们这些随意作出裁断的人看得稍稍深远一点；尤其是因为我们这些提议者是要对所提建议负责任的，而你们作为我们的听众是不负责任的。如果提建议的人和对这些建议表决的人有同样的顾虑的话，那么，你们在作出裁断时会更加冷静的。事实上，当你们感情冲动，使你们遭到灾祸的时候，你们就迁怒于那个最早提建议的人，而不处罚你们自己；虽然你们是多数，但你们也和他一样是错误的。

[44]"但是，我出来谈米提列涅人的问题不是为了要反对任何人，也不是为了要控诉任何人。事实上，如果我们是有理智的人，现在摆在我们面前的问题不是米提列涅人的罪过问题，而是我们的利益问题。尽管我可以证明他们罪行累累，但是我不会因此而主张把他们处死，除非那样做对我们是有利的；尽管他们理应受到赦免，但是我并不主张赦免他们，除非这样做明显对城邦有益。我认为，我们的讨论对于将来的关系大而对现实的关系小。克里昂的主要论点之一就是说：把他们处死，对于我们将来是有利的，因为可以防止其他城邦的暴动；我也和他一样，是关心将来的利益的，但是我的意见和他相反。我请求你们不要因为他那似是而非的言辞而忽视我的那些实用的想法。你们觉得他的发言是动人的，因为它似乎更切合你们目前痛恨米提列涅人的情绪而显得更公正。但是，我们不是在一个公正的法庭上，而是在一个城邦的公民大会

上；我们所讨论的问题不是公正与否的问题，而是怎样处置米提列涅人对雅典最为有利的问题。

[45]"当然，现在世界各邦对于许多没有这件事这样严重的罪犯都处以死刑。对未来的希望，使人们敢于冒险，如果他在策划的时候没有信心取得成功，他就不会冒犯法的危险了。城邦也同样如此。如果一个城邦不相信它和它的同盟者所拥有的资源是充足的话，它会发起暴动吗？城邦和个人完全一样，都是易于犯错误的。任何法律都不能阻止他们，否则，人们为什么试用各种刑罚，寻求各种法规以防止人们变为罪犯呢？大概古代对于罪大恶极的处罚没有现在这样严厉，有些人对此不屑一顾，于是死刑逐渐被普遍地采用。尽管这样，还是有人犯法。因此，不是我们应当发现一种比死刑还可怕的恐怖，就是应该承认死刑已不足以防止犯罪了。因为贫穷给人们必要的勇气，富足养成人们更喜欢傲慢和蛮横；在其他人生事故中他们依然受到某些致命的激情支配的时候，他们的冲动还是促使他们铤而走险。希望和贪欲到处都有；贪欲在前，希望随后；贪欲产生计划，希望暗示计划可以成功——这两个因素虽然看不见，但是比我们眼前所能看见的危险要严重得多。幸运也很容易使城邦产生非分之想，有时候，人们意外地遇着幸运会引诱他们在条件尚不成熟的情况下去冒险；对于整个城邦而言，尤其是这样的。因为他们是以最大的代价孤注一掷的，他们要么为了挣脱他人的统治，要么为了统治他人；而每一个个人，当他们全都集中在一起，作为城邦的一分子而行动的时候，总是不合理地过分夸大他自己的能力。简言之，一旦人们专心致志地从事某一事业的时候，无论利用法律的力量还是其他任何强制手段去阻止它的进行，这从人的本性来说都是徒劳的，只有那些头脑最简单的人才会否认这一点。

[46]"因此，我们不必因为相信死刑的效力而采取错误的政策；我们亦不应使叛逆者失去悔过的希望，剥夺他们尽早赎罪的机会，而使他们陷于绝境。请考虑一下这一点吧：现在如果有一个属邦已经叛变，后来它知道它不能取得成功，当它还能够支付赔款，以后继续缴纳贡款的时候，它就会投降的。但是如果采纳克里昂的建议，每个属邦不但在叛变时将作更充分的准备，而在被围攻的时候将抵抗到底，因为迟早投降没有什么区别，难道你们不认为如此

吗？现在我们要花费金钱去围城，因为它根本不会投降，这对于我们是很不利的；如果我们攻下那座城市，我们所取得的是一座满目疮痍的城市，我们以后再也无法从这个城市取得收入，而这种收入正是构成我们反击敌人的实力的真正基础。因此，我们绝不能根据我们自己的偏见，像一个严格审查犯人的法官一样，损害我们自己的利益，而应当想出办法来减轻处罚，使我们在将来不会失去来自这些属邦的收入，这些收入正是我们军事力量的基础；我们还必须认识到，我们的安全的基础不在于法律的恐怖，而在于良好的管理。但是我们现在所做的恰好与此相反：当一个被我们用武力征服的自由城邦叛离而宣布独立（这是很自然的）的时候，我们认为一旦制服他们就应当给予严厉的惩罚。但是对待自由人的正当方法应当是，不是在他们叛离之后施以严重的惩罚，而是应当在他们叛离之前严密监视他们，使他们连叛离的念头都不会产生；如果我们不得不使用武力的话，也应当让尽可能少的人承担其罪责。

[47]"你们要考虑一下，如果你们采纳克里昂的意见，你们要犯下多么大的错误啊！在目前的情况下，各城邦的人民对你们是友好的，他们或者拒绝与寡头派一起叛离，或者，即使是被迫而参加了叛离的话，他们也还是会很快成为叛离者的敌人的。因此，当你们和叛变属邦作战的时候，人民大众是站在你们这一边的。米提列涅的人民没有参加叛变，如果他们得到武器，他们就会主动地把城市交给你们；如果你们杀害他们的话，首先，你们是犯罪，你们杀害那些曾经帮助过你们的人，其次，你们所做的正中上层阶级下怀。以后他们在各自城邦发动叛变的时候，他们会立即得到人民的支持，因为你们已经清楚地向他们宣布，犯罪者和无辜者所受到的惩罚是一样的。但事实上，纵或他们是有罪的，你们也应当佯装不知，以使这个惟一与你们保持友好的阶级不至于疏离你们。简言之，我认为对于保全我们的帝国最有利的是宁可让人家对不住我们，而不要把那些活着对我们有利的人统统处死，不管处死他们多么正当。按克里昂的说法，在这种惩罚中，正义和利益可以同时得到实现，但事实证明，这两者在这里是不可能完全一致的。

[48]"因此，我已证明我所提出的建议是最明智的选择。不要太为怜悯和宽容的心情所支配。我和克里昂一样，不希望你们受这些情绪的影响。摆在你

们面前的这些事实的是非曲直是一目了然的,你们要以此为依据,采纳我的建议,从容地审判那些帕基斯认为有罪而遣送到雅典的米提列涅人,让其余的人继续在自己的城邦生活。这种政策对于邦国的将来是最为有利的,现在对你们的敌人来说是最可怕的时刻,因为敌人害怕那些英明的决策更甚于那些盲目的武力出击。"

(译自 修昔底德《伯罗奔尼撒战争史》第3卷,第9章)

(7) 伯罗奔尼撒战争第五年的夏天,普拉提亚人在伯罗奔尼撒人的长期围困下已然山穷水尽,不得不向拉栖代梦人投降,双方达成协议:有罪者应受处罚,但是不经过法律程序不得处罚任何人。随后,拉栖代梦审判官到来,将普拉提亚人召集起来提出一个问题:在战争中,他们是否做过对拉栖代梦人及其同盟者有益的事?普拉提亚提出要求做较长的发言,并推举阿索波劳斯之子阿斯泰马库斯和埃姆涅斯图斯之子拉康担任代言人。他们发言如下:

[53] "拉栖代梦人啊!当我们把城市交给你们的时候,一方面,我们相信你们,我们期盼的不是现在这种情况,而是更加合乎法律程序的审判,根据法律程序,我们不被看作被征服者;另一方面,我们自己同意由你们做审判官,我们认为只有从你们而不是从别人那里,我们才最有可能受到公正的待遇。事实上,在这两方面,我们恐怕都会失望的。我们有充足的理由推测,现在所审判的问题是生死攸关的大事,而你们是否不心怀偏见也是很成问题的。我们的推测是基于以下事实:你们并没有就我们提出的控诉来要求我们答辩,而是使我们不得不自己要求申辩;你们向我们提出的问题是这样简短,如果照实情回答,我们就会受到处罚,如果我们说假话,则只能是自相矛盾。我们左右为难,事实上我们惟一的也是最安全的方针是不顾一切,说出我们心中的实话来。像我们现在这样的处境,如果缄默不语,我们日后会想,如果当初说出来,我们说不定会使自己得救的,因而要自我谴责。而那时候,我们又很难说

服你们了。如果我们彼此不熟悉的话，我们可以向你们提出一些对于我们有利的新证据来。但是事实上，我们只能向你们说出一些你们已经知道的事实来，我们所害怕的不是你们心中已经做出决定，以我们没有履行对你们的义务为由，控告我们犯罪，而是害怕你们为了讨好第三者，给予我们这样的审判，而判决的结果是已经预定好的。

[54] "但是，在这里我们必须向你们申明我们的一些公正的意见，这些意见不仅包括因底比斯人袭击我们而造成的争端，还包括关于你们和其他希腊人的事务；我们要提醒你们关于我们过去的卓越功绩，并且设法说服你们。在回答你们的简短问题——在目前这场战争中，我们是否做过对拉栖代梦人及其同盟者有益的事——的时候，我们认为，你们在问这一问题的时候，如果是把我们当作敌人的话，那么，我们没有帮助过你们，就不是对你们的伤害；如果你们把我们当作朋友的话，那么，你们出兵向我们进攻，就是你们的错了。不论在和平时代，还是在抗击波斯人的时代，我们的表现都是良好的。就目前的情况来说，我们不是第一个破坏和平者，至于过去，我们是参加过抗击波斯人、解放全希腊的惟一一支波奥提亚人。我们虽然住在内地，却依然在阿特密西昂海战中服役；在我们自己的领土上所进行的战役中，我们和你们，和波桑尼阿斯并肩作战；在当年希腊人所从事的所有其他的事业中，我们所负担的份额都是大大超出了我们自己的实力的。另外，你们，作为拉栖代梦人，不应当忘记在斯巴达遭受巨大恐慌的时候——地震之后，黑劳士叛离，居守伊索麦的时候——我们派出了自己公民的三分之一来援助你们。

[55] "这些就是我们在过去重要的历史关头所作出的抉择，尽管后来我们成了你们的敌人。关于这一点，你们是要负责任的。当我们反抗欺压我们的底比斯人的时候，我们请求加入你们的同盟，但是你们拒绝我们入盟，要我们去向雅典提出请求，因为雅典是我们的近邻，而你们住的地方离我们太远。在这场战争中，我们从来没有无理地反对过你们，你们也从来没有受到过我们的伤害。当我们拒绝你们要我们叛离雅典人的要求的时候，我们是没有错的；当你们拒绝帮助我们的时候，是雅典人帮助我们抵抗底比斯人。如果我们再叛离他们，那是不光彩的；特别是因为他们应我们的请求接受我们入盟，获得他们的

公民权，并且从他们那里获得利益。因此，忠实地服从他们的命令是我们义不容辞的职责。此外，不论是你们还是雅典人，在行使盟主之权的时候，如果说有什么过错的话，那么，负责任的也应该是领导者，不应该是随从者。

[56]"至于底比斯人，他们屡屡侵害我们，他们最近一次侵略行为造成我们目前的境况，这件事你们是一清二楚的。他们是在和平时期，而且是在那个月份的神圣节日期间，就企图攻占我们的城市；我们对他们的惩罚，完全是正当的，这是符合抵抗侵略者总是神圣正义之举这一举世公认的法则的。现在我们因为他们而遭受痛苦，这是不合情理的。如果你们把你们的眼前利益和他们对我们的仇恨作为你们判决的标准的话，那么，你们只能证明你们自己是追求自身利益的人，而不是正确明辨是非的人。虽然现在底比斯人似乎对你们有用，但是在过去你们急需帮助的时候，我们和其他希腊人都曾给予你们更大的帮助。现在你们是侵略者，别人都畏惧你们。但是，过去在异族人入侵，我们大家都面临着沦为奴隶的危难时刻，底比斯人是投靠到敌人一边的。因此，我们理所当然地可以把我们当年的爱国主义精神与现在所犯的过错（如果有的话）来比较一下，你们会发现，我们的功绩远远超过我们的过失，而我们的功绩是在这样的情况下做出的：当时，希腊人当中很少有人挺身而出抵抗薛西斯的武装入侵；当时，得到更多称赞的是那些宁愿走上光荣而冒险的道路，而不是只顾自己的安全利益而不抵抗敌人侵略的人。我们就属于这类少数人，并因此而深受人们的尊敬。然而现在我们所担心的恰恰是由于根据同样原则所采取的行动而遭到毁灭，因为我们选择了做对雅典有利的事，而没有明智地选择做对斯巴达有利的事。但是公正地讲，同样的情况应当作出同样的决定，所采取的政策就应当是对于一个良好盟邦的帮助长期保持感激之情，与之密切相关的是适度关注本邦的眼前利益。

[57]"你们也应该考虑到，目前希腊人大都认为你们是有信用和荣誉的典范。但是如果你们在这次审判中作出一个不公正的判决，而这个判决是不能不公开的，因为你们这些审判官都是些德高望重的人，而我们这些被告也不是没有声誉的，所以你们要当心：舆论不单是为那些可敬的人得到这个卑鄙的判决鸣不平，而这个判决却是那些比被告更为可敬的人作出的；同时，舆论还会谴

责那种把从曾经有恩于全希腊的普拉提亚人那里掠夺来的东西贡献给希腊民族的神庙中的行为。一旦你们拉栖代梦人毁灭普拉提亚，这个城邦的名字曾经被你们的父辈们镌刻在德尔斐的三足香炉上，以表彰它在战争中的贡献，而现在你们为了讨好底比斯人而要把这个城邦从全希腊的地图上抹掉，这实在是一件多么令人震惊的事情啊！我们的地位由于如此深重的不幸而一落千丈，在波斯人入侵的时候，我们的城市遭到毁灭；你们过去是喜欢我们的，而现在你们喜欢的是底比斯人。我们遭遇到两个最大的危险：首先，如果我们不举城投降，就将面临因无食物而坐以待毙的危险；其次，现在我们为了活命而受你们审判的考验。所以我们普拉提亚人，过去为了希腊人的事业尽心竭力，甚至超过了我们自身的能力。而现在我们被所有的人抛弃了，我们孤立无援，我们的同盟者没有一个肯帮助我们；我们惟一的希望，就是你们拉栖代梦人，但是我们怀疑这种希望是否真的可靠。

[58]"但是，我们还是以那些曾经主持我们建立同盟的诸神的名义，因为我们在希腊共同事业中所作出的突出贡献的缘故，请求你们发发慈悲，怜悯我们。如果你们已经听从了底比斯人的劝告（这正是我们所担心的），就请求你们改变主意，请你们收回你们已经许诺给他们的礼物，不要屠杀我们，让他们给你们带来耻辱；你们应当得到的是清白的感激，而不是罪恶的感激，不要为了获取别人的感激而身染恶名。你们可以取我们的性命于顷刻之间，但是你们这种行为的恶名将永世难以消除；因为我们绝不是你们理所应当处罚的敌人，而是被迫与你们兵戎相见的朋友。因此，饶恕我们才是正当的判决。如果你们还考虑到我们是自愿归降的，我们伸出手来请求饶命，希腊的法律是禁止在这种情况下杀人的；同时，你们还要考虑到，我们长期以来一直是帮助你们的。请你们看看你们父辈们的坟墓，他们是被波斯人杀害而埋葬在我们的国土上的。年复一年，我们皆以公费向他们致祭，呈献衣服和其他一切适当的祭品，并且把我国四季出产的初熟果实贡献给他们；我们是以来自友好邦国的朋友和同盟者的身份，来向我们旧日的战友奉献这些祭品的。

"但是，如果你们没能作出正确的决断，则你们的行动和我们的正相反。你们只要想一想：当波桑尼阿斯埋葬他们的时候，他认为他把他们安葬在了友邦的领土上，也是在友好的人们之中的。但是，如果你们杀害我们，把普拉提亚的土地变为底比斯人的领土的话，那么，你们将把你们的父辈和亲属遗留在敌人的领土上，也是留在杀害他们的人们中间，从而把他们现在所享有的荣誉都剥夺净尽了。同时，你们也将奴役希腊人在那里赢得的自由的领土，把他们在战胜波斯人之前在那里向诸神祈祷的神庙变为荒凉之地，你们将使那些创立和规范这些祭祀制度的人不能祭祀你们的祖先。

[59]"拉栖代梦人啊！你们这样做不会给你们带来光荣，因为你们违背了希腊人通用的法律，你们亵渎了你们的祖先，你们所要杀害的是我们，是对你们有过贡献的人，我们没有损害过你们，你们只因别人对我们的仇恨而要杀害我们。你们应当宽恕我们，大发慈悲，以一种合乎情理的恻隐之心来对待我们；你们不要单单想到可怕的命运在等待着我们，还要想到这些受害者是些什么人，更要想到命运是多么的变幻莫测，要预料灾祸何时会降临到现在那些平安无事的人们的身上，那简直是不可能的事。因此，我们有权力这样做，因为我们的需要迫使我们这样做，我们恳求你们，我们向所有希腊人所共同崇拜的诸神大声呼吁，请答应我们的请求吧！请不要忘记你们的先辈们所发的誓言，我们现在所祈祷的，正是这些誓言——我们以祈祷者的身份，站在你们先辈们的坟墓前，大声呼吁，他们将使我们不致落入底比斯人的手中，使他们的最亲爱的朋友不致被弃于他们所恨入骨髓的敌人手中。我们还要提醒你们：当年我们和你们的祖先并肩作战，创造最辉煌业绩的地方，今天我们在这里也许会遭遇最致命的灾难。

最后，我们必须结束我们的发言了——这是必需的。但是对于处于我们这种境况下的人来说，是很困难的。因为当我们发言结束的时候，我们的生命亦危在旦夕。因此，最后我们宣布，我们不是向底比斯人投降（与其投降底比斯人，我们宁愿忍受耻辱，饥饿而死），而是相信你们，有条件地向你们投降的。如果我们的言辞未能说服你们，你们应当让我们恢复我们原来的地位，让我们选择自己的道路来面对我们所遭遇的危难，这才是公道的。同时，我们是普拉提亚人，过去曾是希腊的爱国主义者，现在是向你们祈祷的人，因此，拉栖代梦人啊！我们请求你们不要利用我们对你们的信任，把我们从你们的手中交给我们最痛恨的敌人底比斯人,而应当做我们的救命恩人,不要在解放其他希腊人的同时,使我们遭到毁灭。"

(译自 修昔底德《伯罗奔尼撒战争史》第3卷,第10章)

普拉提亚人发言结束后,底比斯人担心拉栖代梦人为普拉提亚人所打动,因此也要求发言,内容如下:

[61]"如果普拉提亚人简明地回答了向他们提出来的问题,而不是拐弯抹角地来谴责我们,在本案涉及范围以外的甚至是与本案主题无关的问题上作了冗长的申辩,同时在任何人都未曾指责过他们的方面夸耀自己,我们是绝不会请求发言的。但是,既然他们已经这样做了,我们必须答复他们对我们的责难,驳斥他们的自夸,以使我们的恶名和他们的美名对于他们都毫无益处,使你们在听到我们双方的真实情况之后,再作出决断。

"我们争端的起因是这样的:我们在定居波奥提亚其余地区之后不久,也定居在普拉提亚和其他一些地方,我们是在驱逐当地混合居民之后才定居于这些地方的。普拉提亚人不遵守最初的协定,不承认我们的盟主之权。他们把自己和其余的波奥提亚人分离开来,他们不恪守他们的民族传统,我们就用强制手段使他们就范,他们因此而投靠到雅典人一边去了,他们在雅典人的支持下,给我们制造了很多伤害,对此我们也给予了报复。

[62]"后来,当异族人入侵希腊的时候,他们声称他们是波奥提亚人中惟——支没有投靠波斯的人,这一点是他们不厌其烦地用以吹嘘自己而辱骂我们的。我们认为,他们之所以没有投靠波斯,就是因为雅典人没有这样做;这正如后来雅典人侵害希腊人而他们普拉提亚人也是波奥提亚人中惟一一支归化为阿提卡人一样。

"你们还应当考虑到,当我们采取这些行动时,我们两国各自的政体是怎样的。那时,我们的城邦所实行的既不是所有贵族都享有平等权利的寡头制,也不是民主制;其政权掌握在一个封闭的小集团手中,这种政体和僭主政治最为接近,与法律和优良的政体相去最远。如果波斯人侵略获得成功,这些人还希望以此扩大自己的势力，因而他们以武力镇压人民，勾引波斯人入城。这不是整个城邦的行动，因为城邦不能自主地作出自己的决定，她在旧宪法未废除之前所犯的错误不应受到责难。你们应当考察一下波斯人撤退和底比斯宪法恢复以后我们所做的事情。当雅典人侵犯其他希腊人，企图征服我们这个地区的时候（由于我们内部竞争，他们已经占领这个地区的大部分），试问：在凯罗尼亚和他们作战并打败他们，从而使波奥提亚获得解放的不正是我们吗？现在，我们积极参加解放其他希腊人的事业，不但提供骑兵，而且是同盟中提供步兵最多的。关于我们和波斯人合作的事，这些已足以使你们原谅我们了。

[63]"现在我们要证明，你们普拉提亚人给希腊人所造成的损害比我们大，你们更应当受到应有的惩罚。按照你们的说法，你们成为雅典的同盟者和公民是为了防范我们。如果是这样，你们应当只请求雅典人来反对我们，而不应当和他们联合起来去侵犯其他人：如果你们真的感觉到他们领导你们去做你们所不愿做的事，你们是有选择的自由的。这正像拉栖代梦曾经是你们反波斯的同盟者一样，这一点也是你们屡屡提及的。这无疑足以使我们不向你们发起攻击，最重要的是允许你们自由选择自己的道路。然而，你们却在无人强迫的情况下自愿追随雅典的。你们说，背叛你们的恩人是可耻的。但是你们背叛了你们的同盟者——全体希腊人，这无疑比单单背叛雅典人要更加可耻，更加不义。因为全体希腊人正在解放希腊，而雅典人正在奴役希腊。因此，你们对他们所做的事既不同于他们对你们所做的事，也是不光彩的。按照你们的说法，你们请求雅典人援助，是因为你们自己遭到压迫，然后你们又变成他们压迫别人的帮凶。尽管知恩不报是可耻的，但是以不正义的行动回报正义的恩情，则比不回报更加可耻。

[64]"同时，你们的行动清楚地证明：过去只有你们没有投靠波斯人，那不是因为希腊人，而只是因为雅典人也没有投靠波斯人，你们希望和他们一起反对其他人。现在你们宣称做了这件好事为的是使邻人受益。这种说法是讲不通的：你们选择的是雅典人，就理当和他们荣辱与共。你们也不能祈求过去结成的同盟，而宣称你们现在应受其保护。你们已经脱离了那个同盟，违背了盟约的条款；你们不阻止，反而帮助雅典人征服埃吉那，以及那个同盟的其他成

员国，你们这样做是出于自愿的；同时，你们的政制，从那时到现在没有变过，没有人来强迫你们，这一点和我们不同。最后，就在你们遭到围攻之前，我们向你们建议，严守中立，不加入任何一方。这个建议，你们没有采纳。你们这些口是心非、想毁灭希腊的人，还有谁会比你们更加招致希腊人的痛恨呢？至于你们自己说，你们过去曾经有过的美德，现在你们向我们表明，这些不是你们的品格；你们的真正品格的特征终于不可避免地昭然若揭了：雅典人走上了非正义的道路，而你们则紧紧地追随他们。关于我们不愿意和波斯人合作以及你们愿意与雅典人合作的事情，我们的解释正如上述。

[65] "你们对我们的最后一个责难，就是你们说我们非法地在和平时期，正当宗教节日的时候侵入你们的城市。我们认为在这件事情上，你们的罪过比我们的还要大。如果是我们自己的主意，以武力进攻你们的城市，破坏你们的土地，那么，我们自然是有罪的。但是，如果说你们当中那些财产和门第均属一流的人物，他们想废止你们和其他城邦的同盟关系，而恢复你们在波奥提亚人中的传统地位，他们主动来邀请我们，又怎么能够说我们是有罪的呢？正如你们所说，犯了错误应当受责难的是领导者，而不是追随者。但是，在我们看来，这绝不是他们的过错，也不是我们的过错。他们和你们一样，是普拉提亚的公民，只不过他们遭受的损失更多些，他们打开了他们自己的城门，把我们当作朋友而不是当作敌人，带进他们自己的城内，使你们中间的坏人不至于变得更坏，使正直的人得到应有的奖赏；他们要求改革你们城邦的政策，不再伤害他们，使你们不再把他们驱逐出境，而是把他们带回到你们的宗族之中，因此他们不会成为任何人的敌人，而是会成为所有人的朋友的。

[66] "我们无意与你们为敌，这一点可以由我们的行动得到证明：我们没有伤害任何人，而只是发表公告，邀请凡是那些希望生活在一个民族的、波奥提亚人的政府之下的人都到我们这边来。这一点，起初你们是很乐意做的，你们和我们订立协议，在你们不知道我们在那里的人数很少时，你们是很坦然的。现在，我们的行动可能似乎是有些不太正当，因为我们进入你们的城市，不是你们的平民所邀请的。但是无论如何，你们对待我们的行动则不是这样的。你们不是和我们一样来避免暴力行动，不和我们商谈退兵之事，而是违反

协约，向我们进攻。我们当中的一些人，在交战中被你们杀害了，对此我们没有那么伤心，因为这样做还有一定的正义性，但是对于其他的人——他们已经伸出手来，向你们乞怜，随后你们也承诺不杀害他们，但你们还是非法地把他们屠杀了。这难道不能算作十恶不赦的罪行吗？你们接连犯下三大罪恶：你们违反协约；后来杀死了这些人；你们拒不履行你们许下的诺言，即如果我们不破坏你们乡村的财产，就不加害我们。尽管如此，你们仍坚持说，我们是有罪的，你们自己是不应当负责的。如果现在这些审判官正当地作出裁断的话，绝不是这样的结果，他们会因为你们所有这些罪行而将你们绳之以法。

[67] "拉栖代梦人啊！事实就是这些。我们详细说明这些事实，是既考虑到你们的利益，也考虑到我们的利益。你们知道，你们严厉惩罚这些俘虏，是正义之举；同时，我们要求复仇，这也是正义的要求。不要让你们的决心因为你们听到他们说起他们过去的善行而软化，纵或他们曾有过善行。过去的善行当然对于那些不该牺牲的牺牲者有所帮助；对于那些做出罪恶勾当的人，只能加重对他们的处罚，因为他们违反了他们优良的德性。不要因为他们痛苦悲伤，因为他们向你们父辈们的坟墓呼吁，以及对于自己孤立无援的境遇的哀叹，而让他们占到便宜。针对这一点，我们可以指出，我们的青年在遭到普拉提亚人屠杀时，遭受着更加可怕的痛苦；他们的父辈们或者为的是使波奥提亚人倒向你们，因为在凯罗尼亚一役中战死沙场，或者年老体衰，孤零在家，苦度残年，他们更有理由要求你们主持正义，处罚这些罪人。对于那些不应当受痛苦而受了痛苦的人，我们感到怜悯。但是相反地，那些罪有应得的就像他们一样应当遭受痛苦的人，不但不能引起怜悯之心，反而是一件快事。至于他们目前这种孤立无援的境况，这是他们咎由自取，因为他们主动拒绝加入更好的同盟。他们的罪行不是因为我们的行动引起的，激发他们作出这种决定的是仇恨，而不是正义；就是现在，我们认为对他们的处罚还不足以抵偿他们的罪行，他们将受到合法的判决的惩罚，他们不是在战斗中伸出手来请求饶恕的祈求者，如他们所说的，而是在根据协议同意投降并接受审判的投降者。

"因此，拉栖代梦人啊！你们要维护已被这些人破坏了的希腊的法律，应当补偿我们这些为他们的暴行所害的人，以作为我们对你们热心服务的奖赏。你们不要为他们的言辞所动而疏离我们，伤害我们；你们要向希腊人作出表率，表明你们所要求的是行为，而不是言辞。善良的行为只需寥寥数语即可说明，但是如果行为是错误的，那么堆砌大量辞藻的发言也不过是掩盖罪行的烟幕而已。然而，倘若盟主之邦都像你们现在这样，把所有的问题总括在一个问题中，然后由此作出裁定，那么，人们就不会寻找美丽的词句来遮盖他们的罪恶行为了。"

（译自 修昔底德《伯罗奔尼撒战争史》第3卷，第10章）

（8）战争第七年，伯罗奔尼撒人及其同盟者在拉栖代梦国王阿基斯的统率下，侵入阿提卡。此时，雅典舰队在将军攸里梅敦和索福克利斯的领导下开赴西西里，在路上占领了派罗斯。在阿提卡的伯罗奔尼撒人听说派罗斯被占领了，便匆匆返回，赶赴派罗斯，力图收复此地。双方因此发生战争冲突。拉栖代梦人失利，于是决定在派罗斯订立休战和约，派使者到雅典谈判以结束战争。拉栖代梦使者在雅典的发言如下：

[17] "雅典人啊！拉栖代梦人派我们来，是来交涉关于那些仍留在岛上的人的问题的，同时，很可能地，就我们现在不幸的情况而言，也会给我们带来荣誉。假如我们的发言长了一些，那并不意味着违反了我们的习惯，相反，尽管我们城邦的习惯是语言简短，不说废话，但是在遇上重大问题需要说明的时候，我们的尺度就会宽松一些。同时，请你们不要用敌视的态度来听取我们的陈述，也不要以为我们是把你们当做知识不足的人来开导。我们今天所要说的，只是提醒你们注意，你们是知道如何作出明智选择的。现在你们可以作出抉择，可以利用你们的成功获取利益，保持你们已获得的东西，同时也赢得荣誉和威望。另外，你们不会像有些人那样犯错误，他们在得到某种异常的幸运之后，尽管其成功出乎意外，但还是得陇望蜀，想得到更多的意外的幸运。而那些饱尝甘苦的人们，知道运气可以好转，也可以恶化，他们最有理由相信好运不是永远存在的；你们的城邦和我们的城邦都不乏这方面的经验，使我们汲取教训。

[18] 为了使你们相信这一点，只需看看我们现在的不幸。我们在希腊各邦中曾享有过最高的荣誉，尽管我们现在来此是要求我们以前更有能力给予别人的东西。然而，其所以如此，并不是因为我们国力衰微，也不是因为我们骄妄乱为而一意扩张所造成的；我们的资源和从前一样，我们的失误在于判断失误，而这种失误是人人都可能有的。因此，你们因为你们的城邦现在所拥有的势力，以及新近所获得的收益，就以为幸运会永远伴随着你们，那是一个不合理的推论。事实上，只有谨慎地处理他们现在的既得利益的人们，才是真正聪明的人，因为他们知道命运无常，这正如他们在身处逆境的时候，头脑也保持清醒一样；在战争中，任何人都不可能只接受成功，拒不接受挫折，命运指向哪里，他就只能跟向哪里。因此，这样的人不会因为军事上的成功而得意自负，他们不大容易遭到劫难；他们在自己走运的时候，只要有可能，就随时准备签署和约。雅典人啊！现在就是你们和我们共同处理事务的好机会；只有这样才能避免将来可能招致的灾难，如果你们拒绝合作的话，假如你们将来失败了，别人会认为你们现在的胜利是侥幸得来的，而你们现在有可能对于自己的势力和智慧都留下一个堂堂正正的名誉。

[19] "因此，拉栖代梦人请求你们缔结和约，结束战争；请求在你们和我们之间达成和平，结成同盟，建立全面的、永久的最友好而亲密的关系。作为酬谢，我们请求你们归还我们那些在岛上的人。这样对双方都比较体面，不至于把事情推向极端——不是那些被围困的人特别幸运地夺路而逃，就是在严密封锁之下坐以待毙。事实上，在我们看来，如果双方要真正了结曾经结下的深仇大恨，那不是通过寻衅复仇和军事征服，或者强迫对方宣誓履行不平等条约所能实现的；更为幸运的一方应当放弃某些特权，以较为温和的心态，以宽大仁厚征服他的对手，以对手料想不到的温和条件与之缔结和约，才能达成永久的和平。在这种情况下，没有暴力所必然遗留下来的冤冤相报，双方会本着以德报德的精神，在保持荣誉的情况下，愿意维护和约的条件。这样，人们对于最大的敌人比对于无关紧要的争执更容易达成和解；对于首先向他们作出让步的人，他们自然也乐于作出让步，因为他们易于被骄慢狂妄所激怒，进而明知对他们不利，也会采取残酷手段来对付其对手的。

[20]"如果把这些运用到我们双方的关系上,在双方都还没有遭遇到不可挽救的灾难的时候,在双方的个人或城邦都还没有到非永世仇视不可的地步,以至于无法接受我们现在所提出的有利条件的时候,双方要求达成和解,现在正是时候。最后的结果还没有确定,你们就已经赢得了荣誉,获得了我们的友谊;在我们的不幸尚未发展到不可收拾的地步之前,让我们达成共识,实现和解。就我们自己而言,我们是选择和平而抛弃战争的,我们愿意让其他所有的希腊人摆脱战乱,恢复和平。果真如此,则他们所感激的主要是你们雅典人。至于他们参与的战争,他们不知道是谁发动的,然而和平的实现是有赖于你们的,他们将会感激你们。作出这个决定,你们就能与拉栖代梦人结成牢不可破的友谊,因为这个友谊不是用暴力夺得,而是我们自己提出,你们好意接受的。请你们想想实现和平所带来的成果:如果你们和我们达成一致,希腊世界的其他诸邦,由于势力弱于我们,将会对我们双方都会表示最高的尊敬。"

(译自修昔底德《伯罗奔尼撒战争史》第4卷,第12章)

(9)伯罗奔尼撒战争第十七年,希腊人在不了解西西里岛及其居民的情况下,决定派遣一支庞大的军队远征西西里。雅典公民大会投票决定派遣60艘舰船到西西里,由克里尼亚斯之子阿尔基比阿德斯、尼基拉图斯之子尼基阿斯和色诺芬尼斯之子拉马库斯担任全权将军。尼基阿斯认为他当选为远征军指挥官违背了自己的意愿,认为雅典的策略有欠考虑,不应该在缺乏充分理由的情况下贸然出征西西里,妄想铸就伟业。他在公民大会上劝说雅典人,发表如下演说:

[9]"尽管这次公民大会的召开是讨论远征西西里的准备工作的,但我依然认为,我们对这个问题还需要慎重考虑,派遣舰船到西西里是不是十全十美之策,我们不应该对这个问题做如此仓促、肤浅的考虑,或者因为我们相信异邦人而使自己被卷入一场与我们毫无关系的战争。还有,就个人而言,我虽然可以从这项事业中获得荣誉,但对于个人的身体健康,我有其他人少有的担

心——我认为适当地照顾自己的身体和财产的人不一定是坏公民,相反,这样的人因为他自己的缘故,比其他人更渴望城邦繁荣昌盛。不过,我从来没有为了赢得荣誉而说过违背我的信念的话,我现在也不愿这样做,但我要说出我认为最好的办法。我的言辞对你们的性格影响甚微,如果我建议你们保持自己的既得利益,不要把实际已属于你们的利益拿去冒险,去争取那些尚无把握的、可能得到也可能得不到的好处。因此,我愿意向你们说明,你们这样的冒险,现在还不是时候;你们的雄心壮志是不容易实现的。

[10]"我敢肯定,你们去远征那个遥远的地方,留下众多敌人在后方;你们在那里也会有敌人的,而且也要应付那些敌人。也许,你们设想你们签订的条约能够提供安全保证,条约在名义上仍将存在,只要你们按兵不动——由于这里的一些人和在斯巴达的某些人的阴谋诡计,条约已经名存实亡了——但是,如果我们在任何地方遭到失败,条约并不能推迟敌人对我们的进攻。首先是因为和平条约对他们而言是因遭受灾难而被迫签订的,和约所带来的荣誉,他们的比我们的更少;其次,和平条约本身还有很多有争议的地方;再次,某些最重要的城邦没有完全接受协议的条款,他们与我们公开作战;其他城邦(因为拉栖代梦还未采取行动)受到每十天续订一次的休战协定的限制,如果他们发现我们力量分散,像我们已在急于分散力量那样,他们会与西西里的希腊人一起向我们发动强有力的攻势,他们与西西里的希腊人过去有同盟关系,他们重视这种同盟关系,这种情况在它与其他城邦的同盟关系中是少有的。因此,这一切都是应该考虑到的。我们国家在这样严峻的形势下,不应当考虑进行这样的冒险;在我们确保现有的帝国获得安全以前,不要冒险去攫取其他帝国。因为事实上,色雷斯的卡尔基斯人叛离我们多年了,我们还没有征服他们;大陆上的其他城邦虽被我们制服,但他们的忠顺是值得怀疑的。同时,如果说我们的盟邦爱吉斯泰受到委屈,我们前去援助他们,那么对于反叛者,我们长期受到他们的委屈,我们还期待着去惩罚他们呢。

[11]"对于这些叛逆者,如果将其镇压下去,就可以控制住局势;对于西西里人,即使我们征服了他们,由于相距太遥远,人口太多,统治他们并非没有困难。现在去进攻西西里人是愚蠢之举,即使我们征服了他们,我们也不能

够控制他们；而一旦遭到失败，给我们的事业留下的将是与出征前完全不同的局面。而且，如果叙拉古人征服了西西里的希腊人，像现在这样控制了他们（爱吉斯泰人特别喜欢以此来吓唬我们），我认为，它对我们所构成的危险甚至会比从前更小。目前，与拉栖代梦保持友好关系的城邦单独与我们作战是可能的；另一方面，一个帝国不大可能攻击另一个帝国，因为如果他们联合伯罗奔尼撒人推翻我们的帝国，他们看到的结局只能是伯罗奔尼撒人以同样的方式推翻他们的帝国。使西西里的希腊人害怕我们的最好的办法就是我们根本就不到西西里去；其次是到西西里去炫耀我们的武力，一有机会就撤离。众所周知，要达到令人叹服的目的，就是让其声誉最大限度地远离考验，尽可能少地接受考验；哪怕我们遭到最小的失败，他们都会立即轻视我们，并联合我们这里的敌人来攻击我们。在你们与拉栖代梦人及其盟邦的交锋中，你们已经有过这种经历，与你们开始时的恐惧相比，你们的成功是出乎意料的，它使你们立即轻视他们，进而使你们渴望征服西西里了。但是，对手的灾祸不应当使你们趾高气扬，你们只有从精神上征服他们，才会使自己感觉到信心十足；你们应该知道，因遭受耻辱而醒悟过来的拉栖代梦人，他们只有一个念头，如果可能，甚至现在他们就想摧毁我们，以洗雪前耻，因为军事荣誉自古以来就是拉栖代梦人最重要的奋斗目标。因此，如果我们头脑清醒的话，我们作战的目的和西西里的土著居民爱吉斯泰人毫无关系，而是怎样最有效地保卫我们自己，反击拉栖代梦寡头派的阴谋诡计。

[12]"我们也应该记住，只是最近我们才从大瘟疫和战争中稍稍恢复过来，因而应当大力充实我们的财力和人力，正确的政策是把这些财力和人力用到我们本国和我们自己身上，而不该用到那些祈求我们援助的流亡者身上。流亡者自己也明白，他们的利益在于撒谎，他们除了为他们自己游说外不做任何事情，他们把危险留给别人；如果他们成功了，他们不会表示感激；如果他们失败了，他们会连累以至于毁灭他们的朋友。而且，如果在座诸位中有人因当选为指挥官而沾沾自喜，他极力鼓动你们进行远征，那不过是为了他私人的目的——特别是因为他还太年轻，不能胜任指挥官的职务——他会想方设法使人们因其所驯养的良驹而钦佩他。但是，因为这是很花钱的，他便指望从指挥官

职位中捞取一些好处,不能允许这种人为保持个人奢华的生活而使邦国承担风险。你们还要记住,当这种人挥霍浪费自己的财产的时候,受危害的往往是公共财政。这是一件重大的事情,不是这种年轻人能决定或立即胜任的。

[13] 我现在看到这位年轻人所召集的一群支持者正围坐在他身旁的时候,我感到很震惊。就我这方面而言,我请求得到年纪较长者的支持;如果他的支持者坐在你们身旁,不要让自己屈服于他们的羞辱,不要因不投票支持战争而害怕被说成是懦夫,但是,你们要记住,单凭主观愿望很难取得成功,要有远见卓识才能经常赢得胜利,远离他们狂妄的征服之梦,作为一个真正的爱国者,现在我们的邦国正面临有史以来最大的危险,举起你们的手来反对战争;投票支持维持我们与西西里的希腊人之间的现有边界(双方都没有对此边界提出异议,即可以在伊奥尼亚海沿岸自由航行和在西西里海中直接航行),投票赞成他们有权拥有他们自己的土地和财产,解决他们自己的争端。在爱吉斯泰人方面,应该告诉他们,由他们自己去结束与塞林努斯人的战争,这场战争在开始时都未曾与雅典人商议;将来我们也不会像过去那样,再与那些在他们需要时我们给予帮助而我们需要他们援助时又得不到回报的人缔结同盟。

[14] "至于你,会议的主席,如果你认为维护邦国的利益是你的职责,如果你希望显示你是一个优秀的公民,就把这个问题提请雅典公民投票,再次征求雅典人的意见。如果你担心再次提议表决这个问题会违背法律,其实法律不能对如此众多赞成表决的人持有偏见;你将作为这个被误导了的邦国的医生对其加以矫治,公职人员的美德,简言之就是尽力为邦国谋福利,或者无论如何要使邦国免遭本来可以避免的祸害。"

克里尼亚斯之子阿尔基比阿德斯坚决主张派遣远征军到西西里,他反对尼基阿斯的观点,他走上前来,向雅典人做出如下演讲:

[16] "雅典人啊,我比别人更有权利出任指挥官——因为尼基阿斯攻击我,我不得不一开始就提出这个问题——同时我相信我自己是无愧于指挥官这个职位的。至于那些指责我的事情,那是给我的祖先和我本人带来荣耀,也是使国家从中受益的光荣之举。希腊人曾经认为我们的城邦已被战争所摧毁,而

今在希腊人的心目中，我们的城邦相当强大，甚至超出其实际情况，原因在于我在奥林匹亚竞技会上代表城邦所展示出的高贵和豪华。当时我有7辆双轮马车入选参赛者名单，过去从未有过私人用这么多的马车参赛，我赢得第一名、第二名和第四名，其他所有的仪式安排都与我取得的胜利相称。在习惯上，人们将这种事情视为一种荣耀，它会给人们留下难以磨灭的印象。再有，我在国内所显示出的富丽豪华，如提供合唱队的花费或其他方面，自然引起我的公民同胞们的妒忌，但在异邦人看来，这与其他事例一样，是邦国实力的一种表现。当一个人花费自己的金钱不仅仅为自己而且也为他的城邦谋利益的时候，这并非是徒劳无益的愚蠢行为。他自视高人一等而拒绝与其他人保持平等地位，这并非不公平。当他遭受挫折的时候，他得独自承受全部苦难，因为我们没有看见有人去与他共患难。按照同样的原则，一个人应该接受成功者的傲慢；否则，让他首先以平等的方式善待所有的人，然后才有权利要求别人以平等的方式对待他。我知道，这种人以及所有因获得各种荣誉而出名的其他人，虽然在他们的有生之年不受其同胞特别是同辈同胞的欢迎，但是到了后世，都竭力声称与他们有亲戚关系，甚至那些与他们没有任何关系的人也是如此；我知道，他们所在的城邦还要遵奉他们为自己的同胞和英雄，而不把他们视为异乡客和作恶者。这就是我的抱负。可是，我在私人生活方面被人指责，问题在于是否有人在管理公共事务的能力方面超过我。我联合伯罗奔尼撒地区最强大的城邦，没有使你们冒很大的危险或花费你们很多钱财，就迫使拉栖代梦人把所有赌注压在了曼丁尼亚仅有的一天的战事上；尽管他们在战斗中取得胜利，但他们迄今仍未完全恢复信心。

[17]"正是我的年轻和所谓的极度愚蠢使我有适当的理由去对付伯罗奔尼撒人的势力，我的处事热情赢得他们的信任和赞赏。现在，你们不要为我的年轻而担惊受怕，我朝气蓬勃，如日中天，而尼基阿斯深受幸运宠爱，从而使你们能够利用我们俩的最大的贡献。不要因为你们将去进攻一个强大的国家而取消远征西西里的决定。西西里诸邦居民是由多种族混合而成的乌合之众，因而我们容易改变其政治制度，采用新的政治制度取而代之；因此，他们没有爱国主义情感，没有用于自卫的武装，也没有自己长期耕耘的土地。他们每个人都

想通过精彩的演说或党派斗争而从公共财政中获得某种好处，一旦大祸临头，就会移居到其他地方，并且作好了相应的行动准备。这样的一群乌合之众，你们不必指望他们会作出一致决定或采取协调行动。但是，当我们向他们提出一些有诱惑力的建议时，特别是像我们听说的在他们因内乱而四分五裂之时，他们可能将单独与我们订立协议。而且，西西里的希腊人并不是像他们吹嘘的那样，有那么多的重装步兵，正像希腊人无法证明每个城邦的军队人数有他们通常所估计的那么多一样。希腊人明显地高估了他们的数量，在这次战争的全过程中，他们几乎一直没有充足的重装步兵。因此，据我获悉的情报，西西里诸邦的情况与我说的一样。我们的优势还不止这些，因为我们将获得很多异族人的帮助，他们痛恨叙拉古人，愿意和我们联合起来，攻击叙拉古人；如果你们作出正确的判断，将发现这些城邦的国内没有阻挡我们的力量。有人说，我们前去远征会把敌人留在后方，我们的前辈们在与波斯人作战时也是将敌人留在后方，仅凭他们的海上优势，就能创建帝国。伯罗奔尼撒人在与我们交战中，从来没有像现在这样，获胜希望如此渺茫。他们从来都没有丧失这样的信心，即使我们的陆军留在国内，他们仍有足够强大的力量从陆地上侵入我们的领土，但他们的海军绝对伤害不了我们，因为我们自己留在后方的海军就足以对付他们。

[18] 在这种情况下，我们自己能有什么理由裹足不前，或者能对西西里的盟邦提出什么理由不去援助他们呢？他们是我们的同盟者，我们有义务援助他们，不要因为我们从未得到他们的援助而加以反对。我们与他们结盟并不是想让他们到希腊来援助我们，而是想要他们袭扰我们在西西里的敌人，阻止他们赶赴这里攻击我们。我们的帝国就是这样赢得的，我们的帝国和其他所有帝国都是这样赢得的，即坚定地援助所有请求援助的人，无论他们是希腊人还是异族人。如果全体国民都无动于衷，或者把他们应该援助的对象加以选择，那么，我们就很少能够扩张我们的帝国，并将使我们已拥有的帝国有丧失的危险。人们不能仅仅满足于抵御占优势的敌人的进攻，还要经常未雨绸缪，使敌人的进攻企图无法实现。我们无法确定我们帝国将扩展到哪里为止，但是，既然我们已经处于现在的地位，那我们就一定不能满足于保持我们现有的帝国，

而必须制定计划扩展帝国；因为如果我们不统治别人，我们自己就有被别人统治的危险。你们也不能站在其他人的角度来看问题，静观事态的发展而不肯采取行动，除非你们准备改变你们的习惯，使之与其他人的习惯一样。

"因此，要相信，我们这次出征海外，定将增强我们的国力，让我们出发远征吧！我们航往西西里，伯罗奔尼撒人看见我们是多么地不在意我们现在所享有的和平生活，他们的傲慢气焰将受到遏制；同时，一旦我们征服西西里的希腊人，或者至少也可以打垮叙拉古人，我们就会很容易地成为全希腊的主人，从而使我们自己和我们的同盟者从中获得利益。如果一切顺利，全体将士可以留在那里，否则就回来；我们的海军可以确保我们的安全，因为我们的海上力量超过所有西西里的希腊人海军力量的总和。不要奉行尼基阿斯所倡导的无为而治的政策，不要让他挑拨年轻人与年长者之间的和睦关系，不要让他的言论改变你们的目标。我们要发扬前辈们的优良传统，年长者和年轻者团结一致，经过他们不懈的努力，才把我们的事业推进到现有的高度，而现在你们要同样努力把国力提高到新水平。你们要知道，无论是年轻者还是年长者，没有彼此间的帮助，都将一事无成，但是，当轻率勇敢、老成持重和深思熟虑的意见综合在一起的时候，就会产生最强大的力量。而且，城邦与其他事物一样，如果长期保持和平状态，她自己就会耗尽自己的力量的，而各方面的技术就会变得陈旧过时了，但是每一次新的战斗都会使她获得新的经验，使她更惯于不以言辞而以行动来保卫自己。简言之，我相信，在本性上富有活力的城邦不应突然采取这样一种无所作为的政策，而使她更快速地走上毁灭自己的道路；最安全的生活的原则，是接受自己原有的性格和制度，纵或这种性格和制度还不是完善的，也要尽可能地依照这种性格和制度生活。"

阿尔基比阿德斯发言后，雅典人更加急切地想发动这次远征了。尼基阿斯便试图通过夸大所需的军事力量来改变他们的决定。他再次走上前来，作了如下发言：

[20]"雅典人啊，我发现你们一心想发动这次远征，我希望我们都能如愿以偿，因此，我将向你们说明我对于目前形势的看法。据我所知，我们所要去

进攻的那些城邦是强大的，他们彼此互不隶属，他们不需要挣脱强加于他们身上的奴役以便过上一种比较轻松愉快的生活；他们至少不会放弃他们的自由，而接受我们的统治；仅以一个岛屿而论，岛上的希腊城邦是很多的。我预料那克索斯和卡塔那会加入我们这一方，因为他们与伦提尼人是同族关系；除了这两个城邦以外，还有七个城邦，他们的军事装备与我们的十分相像，特别是塞林努斯和叙拉古，这是我们这次远征的主要目标。这些城邦可提供很多重装步兵、弓箭手和标枪手，他们有许多战舰，许多可充任桨手的人；他们也有金钱，一部分在私人手中，一部分存在塞林努斯神庙中，叙拉古人也向一些土著居民征收贡赋。他们对我们的主要优势在于他们拥有众多骑兵。还有他们实际所需要的谷物都由本地出产，无需从外地输入。

[21]"对付这样的一个强国，仅靠这势单力薄的海上力量显然是不够的，我们还需要一支庞大的陆军一同远征，如果我们要使我们所采取的行动实现既定目标，而不至于被敌人为数众多的骑兵阻挡于境外的话；特别是，如果这些城邦感到畏惧而联合起来，我们将没有朋友（除爱吉斯泰外）向我们提供骑兵，以用于我们的自卫。由于一开始就缺乏预见，届时我们不得不被迫撤退，或者派人回国请求增援，那将是很不光彩的事。因此，我们在出发的时候就必须准备足够的武装力量，要知道我们将航行到一个遥远的地方去征战；而这次远征与你们过去对希腊本地的臣属之邦所进行的征战完全不同，在征伐你们的臣民的时候，你们得到许多盟邦的支持，你们可以很容易从友好的地区取得给养；但我们这次远征完全断绝了与本国的联系，到达一个完全陌生的地方，在冬季的4个月中，甚至派遣使者到雅典来，都不是一件容易的事。

[22]"因此，我认为我们应当从雅典，从我们的同盟者那里，不仅从我们的臣属之邦那里，还要从伯罗奔尼撒地区，以言辞说服或金钱雇用的办法招募尽可能多的军队，组成一支数量庞大的重装步兵部队；还要招募大量的弓箭手和投石手，以便迎头打击西西里人的骑兵部队。同时，我们必须确保在海上的绝对优势，使我们更加容易地运输所需物资；我们必须用商船装运我们自己的谷物，即小麦和烘干的大麦，从磨坊强制征募与谷物成比例的面包师以为军队提供有薪服务，这样，万一军队被恶劣气候所困，不至于缺少食物；同时，因

为我们的军队人数众多，不是每个城镇都有能力接待的。其他方面的所有需求，我们也一定要尽我们的能力所及，作好准备，以免依赖他人；尤其是我们必须从国内尽量多带些金钱，据爱吉斯泰人说，这笔钱已经准备妥当，但你们应当相信，这笔钱口头上存在，事实上不一定存在的。

[23]"当然，即使我们从雅典带去的军队除了在数量上与敌人的重装步兵不相上下以外，甚至在所有方面都胜过他们，我们还是很难征服西西里或保全我们自己的。毋庸讳言，我们自己将在异乡人和敌人中间建立一个城邦，从事这项冒险事业的人，须在登陆的第一天就准备成为那片土地的主人；至少要知道，如果没有做到这一点，就会陷于四面楚歌的境地。因为我害怕这一点，同时我知道，我们需要很多良策和好运——因为我们是凡夫俗子，很难把握命运——我希望我在启程前尽量少地依靠运气，当我真的要起航的时候，要带领一支强大的能确保我安全的军队出发。我相信，这最能确保我们国家的整体利益，因而也就最能确保我们这些远征将士的安全。如果任何人对此持不同观点，我愿意把军队的指挥权移交给他。"

（译自 修昔底德《伯罗奔尼撒战争史》第 6 卷，第 18 章）

（10）雅典人远征西西里的消息传到叙拉古，很长时间无人相信。在公民大会上，不同的发言者各抒己见，对雅典人出征的消息是否真实各执一词。赫尔蒙之子赫摩克拉特斯发言如下：

[33]"当我把这次远征的真实情况告诉你们的时候，你们也许认为我和其他人一样，在述说一些令人难以置信的事情；尽管我知道，提出或者重复一个令人难以置信的说法的那些人，不仅不能说服他的听众，还被认为是杞人忧天，自讨苦吃。但是，当邦国处于危险之中，当我相信我比其他人更能说出远征的事情真相的时候，我当然不会有所畏惧，不会保持沉默的。尽管事实使你们感到很惊讶，然而雅典人已经出动由陆军和海军组成的庞大军队前来进攻我们了。虽然他们在名义上声称是前来援助爱吉斯泰人和恢复伦提尼人的地位，

但其真实意图是征服西西里,尤其是我们的城邦,因为他们认为一旦征服叙拉古,他们将会轻而易举地占领西西里的其他诸邦。因此,既然知道他们很快就会抵达这里,你们要拿定主意,利用你们现有的资源来筹划怎样最有效地抵御他们,切不可对此置若罔闻,并因此而丧失警惕,也不要因为不相信有这回事而忽略公众利益。同时,凡是相信这个消息的人们,没有必要为敌人的强大或勇猛而担惊受怕。我们对他们的伤害将超过他们对我们的伤害,他们积聚了如此强大的军事力量,这并非于我们不利。事实上,对雅典人的入侵感到惊恐不安的其他西西里的希腊人更愿意加入我们的同盟,这是再好不过的事了;如果我们打败了或驱逐了雅典人,使其侵略野心不能得逞(因为我不担心他们会如愿以偿地征服西西里),那将是我们最辉煌的成就了,照我看来,这并不是不可能的事。无论是希腊人还是异族人,派遣大军进行远离本土的远征,实际取得成功的是非常罕见的。他们在人数上不会超过被侵略的国家及其邻邦,被侵略的国家及其邻邦的人民,因害怕受到奴役,会联合起来抗敌;如果侵略者在国外缺乏给养,他们的作战计划就难以实现,只好将赢得战争胜利的荣誉留给他们的对手,尽管他们受挫的主要原因在于他们自己。正是雅典人的崛起印证了这种说法,雅典人打败波斯人在很大程度上是意外原因促成的,雅典人赢得声誉,仅仅因为雅典是波斯人进攻的目标;这种事情也很可能发生在我们身上。

[34]"因此,让我们满怀信心地在这里做好我们的准备工作;让我们派遣使者前往西克尔人①那里,以取得一部分西克尔人的有力支持,并与其他西克尔人建立友好相处,建立同盟,派遣使者前往西西里其余诸邦,向他们说明西西里人所面临的共同危险;我们还要派人到意大利去,争取那里的诸邦成为我们的同盟者,或者无论如何也要使意大利人拒绝接待雅典人。我认为最好还要派使者到迦太基去,迦太基人一点也不会感到意外的;他们经常担心雅典人有朝一日会来进攻其城邦,他们也许能够想到,一旦西西里成为雅典人的囊中之物,他们自己也很可能遭遇同样的不幸。这样,他们即使不是公开地也会秘密

---

① 居住在西西里岛的中部和北部的非希腊人。最初从意大利渡海来到西西里,打败居住在那里的西坎尼亚人,迫使其移居西西里岛的南部和西部,后将该岛改称"西西里",而不再称"西坎尼亚"。此后,西克尔人在西西里占据最富饶的土地近300年,直到希腊人到来。

地以某种方式来帮助我们。如果他们愿意,他们是当今所有城邦中最能为我们提供帮助的,因为他们拥有大量的金银财富,有了金钱,战争和其他工作就能顺利进行。让我们也派遣使者前往拉栖代梦和科林斯,请求他们尽快派兵到西西里来援助我们,并且使希腊经常保持在战争状态。

"依我所见,你们这些一贯热爱安宁生活的人,目前最应该做的事,你们将会慢慢地明白的,但我必须把实话说出来。如果我们所有的西西里的希腊人都联合起来,或者至少把除我们以外的尽可能多的西西里的希腊人团结起来,只需出动现有的全部海上力量,带上两个月的给养,在塔林敦和伊阿皮吉亚海角迎击雅典人,使雅典人知道,他们在为赢取西西里而战以前,首先必须为通过伊奥尼亚海而战,我们将挫伤雅典军队的锐气,使他们认识到我们有一个友好国家作为防卫基地——因为塔林敦已准备接待我们——而雅典人则要率整个远征军横渡辽阔的大海,由于航程遥远,他们很难保持舰队的秩序,他们在以小型编队缓慢地推进时,又很容易遭到我们的攻击。另一方面,如果他们轻装快进,把划桨最快的桡手集中起来进攻我们,我们可以在他们精疲力竭的时候攻击他们,或者,如果我们不愿意攻击他们,我们仍能退守塔林敦;而雅典人前来只为作战,所带给养极少,他们将在荒芜之地陷入困境,他们或者留在那里而被封锁,或者丢下其余部队力图沿海岸航行,他们不知道哪些城邦愿意接待他们,并会因此而灰心丧气的。我认为,仅仅考虑这些,就足以使他们不敢从科基拉起航;他们会谨慎谋划,并派人侦察我们的人数和行踪,于是季节已过,冬季来临;或者,他们在意外遭受我们的打击后会惊慌失措,放弃远征计划,特别是因为据我所知,他们最有经验的将军是不情愿出任远征军的指挥官的,他会首先以我们所展示的军事实力为借口,放弃这次远征的。

"我认为,关于我们军队人数的情报也应该夸大一些,因为人们易于受传闻的影响而作出决定;同时,那些首先发起突击或者表现出勇于自卫的决心的人们会使敌人更加畏惧,因为敌人知道他们已经对应付突然的侵略有所准备了。这正是雅典人现在所遭遇的情况。他们现在正要攻击我们,并相信我们不会抵抗,他们如此蔑视我们恰恰是因为我们没有帮助拉栖代梦人毁灭他们。但是,如果他们看到我们在战斗中所表现出来的勇气出乎他们的意料,他们将因此而感到惊慌，并将比看到我们实际所拥有的实力更加沮丧。我希望能说服你们无所畏惧，勇往直前。但是，如果你们不愿这样做，无论如何不失时机地全面地做好战争准备；你们人人都应该记住，在实战中所表现出的勇敢精神最能表示对敌人进攻的蔑视，但是，眼下最明智的步骤是进行战争准备，在恐惧的影响下所做的准备工作是最可靠的安全保证；现在我们要像真的处于危急之中那样，行动起来。雅典人正在前来进攻我们，他们已在航行途中，他们很快就会抵达这里——我对此坚信不疑。"

赫摩克拉特斯发言结束后，叙拉古人民反应各异，有疑之者，有笑之者，而信之者却寥寥无几。此时，民主派领袖阿特纳哥拉斯上前发言如下：

[36]"那种不希望雅典人误入歧途而他们可能已身陷其中的人和那种不希望雅典人前来这里变成我们的臣民的人，要么是懦夫，要么是叛国者；至于散布这种消息并使你们如此恐惧不安的那些人，如果他们自以为我们没有看透他们的意图，那么，使我惊讶的不是他们的鲁莽，而是他们的愚蠢。事实上，他们感到恐惧有其自己的理由，他们希望引起举国上下惊恐不安，并以公众的恐慌情绪来掩饰他们自己的恐惧心理。简而言之，这就是雅典人即将来犯的消息的意义所在；这些消息并非自然产生的，而是由那些经常在西西里煽动骚乱的人一手炮制出来的。但是，如果你们明智地接受劝告，你们将不会根据这些消息去猜测那些人所散布的雅典人来犯的各种可能性，而是要考虑一个精明的和富有经验的民族（我认为雅典人就是这样一个民族）所可能采取的行动。现在，雅典人不大可能在希腊战事尚未圆满结束而把伯罗奔尼撒人置于身后，却鲁莽地前来挑起一场和希腊战争规模相当的新的战争。事实上，我认为凭借我们西西里如此众多的人口和强大的城邦，我们不去攻击他们，他们就应该感到万幸了。

[37]"但是，如果雅典人果真如他们所说的那样竟敢来犯，我认为西西里比伯罗奔尼撒更加能够将战争进行到底，因为我们在各方面准备得更好，我们城邦本身就远比想要发动侵略的城邦强大，甚至在兵力规模上相当于他们所传说的两倍。我知道，他们不会带着骑兵来的，也不会在西西里得到任何骑兵，

除非爱吉斯泰人可能提供少量骑兵；他们也不能够带来一支数量与我军相当的重装步兵，因为他们必须用舰船运输；无论他们舰船上运载的物资多么少，经过如此遥远的航行就够他们受的了，更不用说要对付我们这样一个强大的城邦所要运输的其他物品，其数量一定是很大的。事实上，我对自己在这个问题上的看法深信不疑，我认为，即使雅典人带来与叙拉古同样大的另一个城邦驻扎下来，并从我们的边境上向我们发起进攻，我实在看不到他们如何能逃脱被歼灭的厄运；如果所有西西里人都来抗击他们（他们将会这样做的），而他们只有一个用舰船搭建的宿营地，营地中只有帐篷和稀少的必需品，他们害怕我们的骑兵，不能推进多远以采取行动——在这种情况下，他们取得成功的希望就更加小得可怜了！

[38] "但是，雅典人对形势的看法正如我所告诉你们的，我有理由相信他们正在把精力放在他们自己的家园，而这里的某些人却炮制雅典人将来侵略的谣言，这种谣传不是真的，将来也不会变成真的。我注意到，这些人捏造谣言已不是第一次了，当这些人无法以行动达到其目的的时候，就试图炮制这种谣言，甚至其他更可恶的谎言来恐吓你们，以达到他们控制城邦政权的目的——我对此经常保持着警惕。我不禁担心，这些人在这方面孜孜以求，他们的企图总有一天会得逞的。我们的反应不够敏锐，我们在阻止他们的行动上显得太软弱，即使发现了违法者，我们也无力追捕他们。结果是使我们的城邦不得安宁，陷入持久的动乱之中，城邦内部的纷争如同对外敌斗争一样经常发生，更不用说有时会出现僭主政治和声名狼藉的阴谋集团篡夺政权了。但是，如果你们支持我，我将努力不让这类事情在我们这个时代发生。由于得到你们众人的支持，就能惩罚这些阴谋活动的始作俑者，不仅在他们付诸行动之时将其拿获——其行动很难被发现——而且在他们有阴谋企图但尚没有力量付诸行动之时予以揭露；因为不仅有必要对敌人的行为加以惩罚，还要预先对其行动意图加以惩罚，如果不先发制人，就会首先遭殃。我还将谴责、监视和警告那些寡头党人——我认为，这是把他们从邪恶的道路上拉回来的最有效的方法。有一个问题，我经常在问自己，你们年轻人究竟想要什么？马上想做官吗？这是法律所禁止的，法律并不排斥有才干的做官；法律之所以这样规定，是因为你们

还不能胜任。同时，那样的话，你们将不再与广大民众在法律上处于平等地位了！但是，同一个城邦的公民不享有同等的权利，这难道是公平的吗？

[39] "也许有人会说，民主制既不贤明也不公平，财产拥有者最适合成为统治者。我的看法刚好相反，首先，民主制中的"德莫"①或"人民"一词包括全体公民，而寡头制中的管理者仅代表其中的一部分。其次，如果说最好的财富保护者是富人，最好的顾问是贤明人士，那么，他们都不能像大众那样善于听取意见并作出明智的决定；在民主制下，所有这些有才能的人，无论是作为个人还是集体，都享有平等的权利。但是，寡头制会使人民大众分担苦难，而寡头党人则不仅不满足于拥有最大的权益，甚至想独占全部。这就是你们当中的有权势者和青年人梦寐以求的，但在一个伟大的城邦，这种企图是不可能实现的。

"但是，你们这些愚蠢的人，如果你们现在还不知道你们的图谋是邪恶的，你们就是我所知道的希腊人中最愚蠢的人了。如果你们明明知道还竟敢去实施阴谋诡计，你们就是在进行最严重的犯罪。

[40] "甚至现在，如果尚未酿成令人后悔莫及的事件，你们还可以学得明智一些，促使邦国得到利益，这也是我们大家共同的利益。在分享邦国利益的时候，你们这些有功之人不但会分得平等的一份，还会获得比你们的同胞大众更大的一份。但是，如果你们有其他非分之想，你们所有的一切都有被剥夺的危险；不要散布这些谣言了，因为人们知道你们的意图，并且不会容许你们这样做的。即使雅典侵略者来了，我们的城邦也将会以无愧于我们的城邦的方式将他们击退；而且，我们有诸位将军，他们会关注这个问题。如果这些消息像我所认为的那样是无稽之谈，我们的城邦也不会因为你们的谣言而陷于恐慌，也不会选择你们作为它的统治者，而使自己陷于奴役之下；城邦自己对此会加以调查，并且把你们的言论当作法令作出裁断，它不会允许因为你们的一面之词而剥夺城邦的自由，它会时刻保持警惕，采取措施使城邦得到尊重，努力保

---

① 城邦的基本地方行政单位，主要分布在阿提卡地区。"德莫"为希腊语 dēmos 的音译，包括三层含义：一是"行政区划、土地"；二是"土地上的居民"；三是"民众、平民"。该词原指一块土地，后亦指拥有土地的人。因此，德莫既指土地也指公民。

全城邦的自由。"

(译自修昔底德《伯罗奔尼撒战争史》第6卷，第19章）

（11）在西西里的雅典军队进攻叙拉古，虽然在初次交战中遭到反击，但依然是胜利者。随后冬季到来，战争暂时中止。雅典人乘船前往那克索斯和卡塔那过冬。叙拉古人在冬季里积极备战，因听说雅典人派使者到卡马林那，有可能争取卡马林那的支持，于是派赫摩克拉特斯及其同伴从叙拉古赶到那里；攸菲姆斯及其同伴也从雅典出使卡马林那。卡马林那人召开公民大会，赫摩克拉斯特斯想首先攻击雅典人，所以发言如下：

[76]"卡马林那人啊，我们派遣使者来，不是因为我们怕你们因雅典军队的出现而丧失勇气，而是更怕你们在听取我们的意见之前被他们所说服。雅典军队前来西西里的借口你们是知道的，但是他们的真实意图，我们都怀疑。我认为，他们的用意不是为伦提尼人恢复家园，而是把我们逐出我们自己的家园；因为他们的所作所为是完全不合情理的：他们在希腊所要毁灭的城邦，却要在西西里加以恢复；他们爱护伦提尼的卡尔基斯人，因为后者属于他们的伊奥尼亚血统，同时他们却在奴役优波亚的卡尔基斯人，伦提尼人恰恰就是卡尔基斯人的移民。事实正是如此。在希腊，他们所采取的策略使其大获成功，而他们现在又试图故伎重演，在西西里加以推行。雅典人在被推举为伊奥尼亚人和与雅典人有种族关系的其他诸盟邦的领袖，并对波斯人进行报复以后，雅典人就指责一些盟邦没有履行军事义务，一些盟邦互相征战，指责另一些盟邦的理由则视具体情况而定，他们殚精竭虑，以种种貌似有理的借口对盟邦求全责备，直到征服所有盟邦。总之，在与波斯人作战期间，雅典人不是为了希腊人的自由而战，希腊人也不是为了自己的自由而战；事实是雅典人力图取代波斯王国来奴役这些希腊人，战争的结果对希腊人而言只不过是换了个主人而已，新主人确实比旧主人更聪明，但新主人却是更聪明地作恶。

[77]但是，我们现在不是来向熟悉他们的听众历数一个城邦的罪行，公

开指责雅典人的恶行,更重要的是要责备我们自己。我们知道,希腊人在这方面已有前车之鉴,他们因为互不援助而被奴役了;现在我们看到,雅典人正试图用同样的诡辩方法来对付我们了——诸如恢复他们的伦提尼的同族人的家园,援助爱吉斯泰的同盟者——而我们还没有团结起来。我们要坚决地向他们表示:居住在这里的不是伊奥尼亚人,也不是赫勒斯滂人或岛上居民,他们的主人时常更换,却总是为主人效忠,有时效忠波斯人,有时效忠其他人。居住在西西里的我们是来自独立的伯罗奔尼撒,我们是自由的多利斯人。难道我们愿意坐以待毙,直到我们的城邦被逐一征服吗?我们知道,他们没有别的办法能够征服我们,便转而求助于这个诡辩方法,他们巧言令色,在我们的城邦中间制造分裂,他们以与其结盟为诱饵,引诱和唆使我们的某些城邦相互开战,而对其他一些城邦则巧言笼络,然后不择手段地毁灭他们。那些远离我们的西西里同胞们率先遭到灭顶之灾的时候,难道我们还能幻想这种危险不会降临在我们每个人的头上,或者这种灾难只会降临到在我们之前遭难的人的头上吗?

[78]"至于卡马林那人认为雅典人的敌人是叙拉古人,而不是卡马林那人,从而认为卡马林那人几乎没有必要因为我的国家去冒危险,那么,卡马林那人应当记住,如果你是在我国领土上作战,那你是为了自己的祖国而战,正如你为我的祖国而战一样;由于有我们的参与,你在作战时并非孤军奋战,因而你会更为安全;如果我们首先被消灭了的话,你的同盟者就被清除了,而你就不得不单独作战了。同时你也要记住,雅典人的目的并不是要惩罚叙拉古人对他们的敌视,而是把叙拉古人作为一个诱饵,以争取卡马林那人对他们的友谊。至于那些妒忌甚至于惧怕我们的人(强大的国家总是为人所妒忌和惧怕的),因为这个缘故而希望把我们叙拉古的势力削弱,以给我们一个教训,但是考虑到卡马林那人自身的安全利益,依然希望叙拉古能够保存下来,他们沉湎其中的这个愿望是人力不可能实现的。人能够控制他自己的意愿,但他是不能支配其命运的;如果他的设想后来被证明是错误的,他就会哀叹自己的不幸,希望他再次妒忌我们的繁荣。如果你现在把我们作为牺牲品,不肯和我们共患难,这只是一种痴心妄想,因为这种危难不是在名义上的,而是在实际上威胁着你,正和威胁着我们一样的;我们风雨同舟,在名义上保全了我们的势力,

实际上是保全了你自己。可以预料，在世界各国人民中，卡马林那人，我们一衣带水的邻邦，你们将看到，危险紧接着就将降临到你们身上，你们不应当像现在这样对我们三心二意，而应当主动地前来援助我们；现在你们向叙拉古人提供援助，而如果雅典人首先进攻卡马林那，同样可以请求我们的援助，这只会激发我们抵抗侵略者的勇气。可是，直到现在，无论是你们还是其他人都还没有朝着这个方向奋发努力。

[79] "也许畏惧将使你们研究对待我们和对付入侵者的正确策略，强调你们和雅典人有同盟关系。但是，你们建立的那个同盟，不是用于对付你们的朋友的，而是用来对抗可能攻击你们的敌人的；当雅典人遭到其他人的伤害时，你们援助他们，而现在的情况不同，他们正在侵害你们的邻邦。就是瑞吉昂人，虽然他们属于卡尔基斯人，但仍拒绝帮助同为卡尔基斯人的伦提尼人恢复家园。当你们对他们所提出的这个冠冕堂皇的借口的真正含义表示怀疑，并感觉到他们聪明得不合情理的时候，你们却仍以种种不合情理的理由为借口，宁愿支持你们的天生的敌人，加入你们同族的最可怕的敌人一方去毁灭你们自己的同族人，这就使人感到奇怪了。事实上，这不是你们的正确选择；你们应该帮助我们，不要害怕他们的武力，如果我们团结起来，就没有什么事情值得畏惧的，除非我们让其分裂我们的企图得逞，而这正是他们想努力做到的。因为即使在他们单独向我们进攻，并且把我们打败了的时候，他们仍然未能实现其主要目的，而不得不马上撤退。

[80] "因此，我们要团结起来，我们没有理由灰心丧气，而是应当勇气倍增，组织同盟；特别是由于伯罗奔尼撒人会来援助我们的，这样在军事上我们无疑将战胜雅典人。你们认为所采取的谨慎政策是不支持任何一方，因为你们与双方都有同盟关系，没有人会认为这样你们就是安全的，对我们是公平的。实际上，这件事并不像你们自辩的那么公平。如果你们不参加战斗，被侵略军打败，使侵略军取胜，那么，你们不参加战斗的后果，除了使前者因孤立无援而被消灭并使后者不受阻拦地为所欲为外，还会有什么呢？然而你们的更加光荣的事业是，加入受到侵害的同时也是你们自己的同族人一方，这样既能维护西西里的共同利益，又可阻止你们的雅典朋友继续作恶。

"总之，我们叙拉古人认为，对于你们和我们都知道的那些事情，就用不着我们向你们或其他人作详细说明了，但是我们恳求你们，如果我们的恳求无效，我们抗议我们的世仇伊奥尼亚人对我们的威胁，以及我们的多利斯人同胞对我们的背叛。如果雅典人征服了我们，他们将把胜利归功于你们的决定，但是他们将独享胜利的荣誉，并将把帮助他们赢得胜利的那些人作为战利品。另一方面，如果我们赢得胜利，你们必须为此付出代价，因为是你们造成我们的危难。因此，你们要慎重考虑；现在作出你们的抉择：你们或者马上安安稳稳地变为奴隶，或者和我们一道去争取胜利，选择后者可以使你们不受被雅典人统治的耻辱，也不致引起叙拉古人对你们的永世不忘的仇恨。"

雅典使者攸菲姆斯发表演说如下：

[82] "虽然我们到这里来的目的只是重订以前的盟约，但叙拉古人对我们的攻击使我们不得不说说我们的帝国以及我们保有这个帝国的正当理由。当叙拉古的发言者声称伊奥尼亚人是多利斯人的世仇之时，他自己就对此提供了最好的证据。事实也正是如此。伯罗奔尼撒的多利斯人是我们的近邻，人数超过我们，我们伊奥尼亚人要寻求不受其统治的最佳方法。波斯战争以后，我们拥有了一支舰队，而脱离了拉栖代梦帝国，摆脱了拉栖代梦人的统治。他们没有权利对我们发号施令，犹如我们没有权利对他们发号施令一样，除非他们是最强大的城邦的时候；我们成为过去的波斯国王臣属之邦的领导者，其后我们继续担当领导者，我们认为，如果我们有力量自卫，我们就极有可能不再处于伯罗奔尼撒人的统治之下。事实的真相是，我们确实征服了伊奥尼亚人和诸岛居民，但我们的所作所为没有任何不公平之处，这些人就是叙拉古人所说的已经遭受我们奴役的我们的同族人。事实上，我们的这些同族人曾联合波斯人，前来进攻他们的母邦，即进攻我们；他们没有起义的勇气，害怕因此丧失他们的财产，而我们那时却放弃了我们的城市；他们甘愿做奴隶，并且力图把我们也变为奴隶。

[83] "因此，我们应当理直气壮地享有统治权，一则因为我们为希腊人的事业提供了最庞大的舰队，表现了坚定的爱国主义精神，而我们的这些臣民，却准备帮助波斯人以危害我们；二则因为我们力图壮大我们自己，以对付伯罗

奔尼撒人。我们没有用华丽的词句宣称我们有权利统治，是因为我们单独打败了波斯人，或者说是因为我们担当了风险，而这主要是为了我们的居民的自由，而不是为了全体希腊人包括我们自己的自由；为自身提供适当的安全保障，这是无可非议的。我们现在来到西西里，同样是着眼于我们的安全利益，我们觉得这是与你们的利益一致的。这一点，从叙拉古人攻击我们的言辞中，从你们有时过于疑惧的行为中，就可以得到证明；我们知道，那些因恐惧而生疑的人们也许会暂时为富于感染力的雄辩言辞所迷惑，但是到了行动的时候，他们就会按照他们的利益行事了。现在，正如我们所说，恐惧使我们要保持在希腊的帝国，恐惧使我们现在来到这里，在我们的朋友的帮助下，处理西西里的安全事务；我们不想奴役任何人，而想使所有的人都免遭奴役。

[84] "同时，任何人都不应该认为我们关心你们，和我们自己毫无关系。你们想一想，如果你们安然无恙，并且能够成功地抵抗叙拉古人，叙拉古人就不大可能派遣军队去援助伯罗奔尼撒人，以危害我们。因此，你们的行为会受到我们的密切关注；也正是由于这个缘故，我们要恢复伦提尼人的独立完全是合乎情理的，我们并不想使他们作为我们的臣民，就像他们在优波亚的同族人那样，我们要使他们尽可能地强大起来，这样他们可以从其边境骚扰叙拉人，从而帮助我们。在希腊，我们独自对付我们的敌人；至于叙拉古人所说的，我们在希腊奴役卡尔基斯人，而在西西里我们解放卡尔基斯人，这是完全不合情理的。事实上，在希腊，卡尔基斯人被解除武装，只缴纳贡金，这是合乎我们的利益的；而在西西里，我们的利益是让伦提尼人和我们的其他朋友最大限度地独立。

[85] "此外，对于那些独裁者或一个统治着帝国的城邦而言，只要是对自己有利的就没有什么不合乎情理的，亲族关系只有在他们靠得住的时候才存在，是朋友还是敌人则取决于各个时代的具体情况。在西西里，合乎我们的利益的，不是削弱我们的朋友们，而是利用他们的势力去削弱我们的敌人。你们为什么要怀疑这一点呢？在希腊，当我们发现同盟者对我们有利时，我们就对他们行使领导权。开俄斯人和麦塞姆那人拥有自治权，条件是提供舰船；其余的多数同盟者的条件更为苛刻，要向我们缴纳贡金；还有一些人，尽管是岛民，很容易被我们征服，但是他们和我们的同盟者一样享有完全的自由，因为他

们占据伯罗奔尼撒沿岸的战略要地。因此，在我们对西西里的政策中，我们自然也应当以我们的利益，即如我们所说的，以我们对叙拉古人的恐惧为指导原则。叙拉古人的目的是统治你们，他们的目标是利用我们前来所引起的猜疑而使你们联合起来，然后，在我们一无所获地撤离之后，他们通过武力或者利用你们孤立无援而成为西西里的统治者。如果你们与他们联合起来，他们必将成为你们的统治者；因为对我们来说，这样一支庞大的联军将是不易对付的，而我们一旦撤离，他们的势力将足以对付你们了。

[86] "如果有人对这个问题另有看法，事实将证明其看法是错误的。当你们第一次恳求我们前来援助的时候，你们说，你们害怕，如果我们让叙拉古人统治你们，会给雅典人带来危险；现在你们却不相信这同一个论据，而认为这只是用来说服你们的；或者因为我们带来较多的军队反击叙拉古的势力，而对我们产生怀疑，这是不公正的。你们真正应当怀疑的是叙拉古人。没有你们的支持，我们就无法停留在这里；纵或我们不义之至，以至于征服你们，我们也无法维持对你们的统治，因为航程遥远，驻守这样大的城邦，配备大陆城镇所需的军事力量，是很困难的。而他们叙拉古人是你们的邻邦，他们不是住在营帐里，而是住在一个人口比我们带来的军队还要多的城市里；他们经常密谋攻击你们，绝不会放过出现的每一个机会，这正像他们在伦提尼和其他事件中所表现的那样。现在他们好像把你们视为一群傻瓜，竟厚颜无耻地来请求你们援助他们，以反对那些阻止其野心得逞和维持西西里独立的城邦。我们与叙拉古人正相反，我们邀请你们是为了实现更现实的安全，我们请求你们不要背弃与我们双方休戚相关的共同安全，请你们考虑一下，即使没有同盟者，叙拉古人也随时可以单独地攻击你们，因为他们人数众多，像我们这样提供为数众多的援军来帮助你们自卫，这种机会是不会经常遇到的；如果因为你们尚存疑虑，一旦你们让这支军队一无所获或被击败后离去，那么，你们将来会希望看到哪怕是这支军队的一小部分能重新回来就好了。但是此一时彼一时，纵或这支军队重新出现，也不能给你们任何帮助了。

[87] "但是，我们希望，你们卡马林那人和其他西西里人是不会让叙拉古人的诽谤中伤得逞的。我们已经把我们被猜疑的全部事实真相都告诉你们了，

现在我将简明扼要地概括一下，希望能够让你们信服。我们声明：在希腊，我们成为统治者，我们自己不做别人的臣民；在西西里，我们是解放者，以使我们免遭西西里人的伤害；我们不得不干涉很多事务，只是因为我们不得不在很多方面需要加以防范；现在和过去一样，我们是以同盟者的身份前来援助在西西里遭到伤害的人们，我们是应邀前来的，并非不速之客。因此，你们不要把自己作为我们行动的裁判者或监察官，企图改变我们的行动，现在这种企图是很难实现的。在我们的干涉政策和我们的名声之下有一些是合乎你们的利益的，你们应该抓住这一点，利用这一点；你们应该相信，我们这种政策并非对所有的人都同样有害，它对大多数希腊人甚至是有益的。由于我们采取这样的政策，对世界各地的所有人，甚至在我们尚未涉足之地的人们那里都有影响，无论是那些害怕被侵略的人，还是策划进行侵略的人，在采取行动前都会想到这一点。害怕被侵略的人，为了他们的利益，希望我们干涉；策划侵略的人，会因我们的到来而使其侵略行动变得危险。这样，双方都感觉到自己受到约束，后者被迫违背自己的意志，采取有节制的行动，前者也用不着费力而得以保全下来了。这个保证，凡是请求的人都可以得到，你们现在也可以得到，你们不要拒绝这种保证；你们只需像其他人那样，与我们联合起来；不要总是防御叙拉古人的进攻，应当改变你们的地位，最终威胁叙拉古人。"

（译自 修昔底德《伯罗奔尼撒战争史》第 6 卷，第 20 章）

（12）雅典人准备出征西西里期间，雅典城内几乎所有的赫尔墨斯石像的面部都在一夜之间被毁坏了。雅典人对此次渎神事件极为重视，非常焦虑地寻找凶手，并认为阿尔基比阿德斯与这一事件有牵连；同时，他们还以为拉栖代梦人与波奥提亚人的行动是阿尔基比阿德斯指使的。于是，雅典人派出"萨拉明尼亚"号战舰到西西里召回阿尔基比阿德斯及其他被告人。阿尔基比阿德斯和其他被指控的人与"萨拉明尼亚"号一起返回雅典，但航行到图里伊的时候，弃船而逃，流亡拉栖代梦。当叙拉古的使者来到拉栖代梦，希望他们能够帮助自己对抗雅典时，恰好遇到阿尔基比阿德斯也在那里。阿尔基比阿德斯在拉栖代梦的公民大会上，提出了与叙拉古使者同样的请求，并发表演说，煽动拉栖代梦人：

[89]"首先，我不得不说说你们对我的偏见，因为你们对我的怀疑可能致使你们不愿倾听我对公众关注的问题的意见。我的祖先是作为你们拉栖代梦人在雅典利益的代理人而与你们发生联系的，后因某些方面的不满而断绝了这一关系；我本人试图重新担当起这个职位来，为你们效劳，特别是在灾难性的派罗斯事件中竭力照顾你们的利益。尽管我对你们持友好态度，但你们仍选择了和平谈判，并通过我的政敌与雅典议和，这样就增强了我的政敌的力量，使我名誉扫地。因此，即使我转向曼丁尼亚人和阿尔哥斯人，利用其他机会阻挠和损害你们，你们也不应责备我；你们在遭受苦难的时候，有人从此无理地迁怒于我，现在，这些人应该认清事实的真相而改变他们的看法。或者，有人认为我更坏，因为我站在人民一边，现在他也应该知道，这也不是反对我的正当理由。我的家族是一贯反对僭主的，所有反对专制政权的人都可称之为民主党，因此，我们继续成为人民大众的领袖；此外，由于雅典城邦实行民主制，在大多数情况下都必须因循现行的情况。但是，我们不顾当时政治上流行的放任情况，尽力做到温和妥当；过去和现在一样，有些人总是试图把民众引上歧途，正是这些人放逐了我。但我们的党派是由全体人民组成的，我们的信条是，尽力保全业已建立起来的政治体制，在这种政体下，我们的城邦变得空前强盛，享有最充分的自由。至于民主制，我们当中凡是有点见识的人都知道它是怎么一回事，而我也许不至于比任何人缺乏见识，因为我更有理由抨击民主制，但是对于这样一种荒谬绝伦的制度，我提不出什么新的看法；同时，我们认为，在与你们处于敌对状态的情况下，变更这种制度是不安全的。

[90]"这些就是当初你们对我抱有成见的原因。现在请你们注意你们必须讨论的问题，我对这个问题了如指掌，请允许我谈谈我的看法。我们乘船前往西西里，如果可能就首先征服西西里的希腊人，然后再征服意大利的希腊人，最后进攻迦太基帝国和迦太基城。如果这些计划全部或大部分取得成功，我们将带着在那些地区所获得的所有希腊军队，并雇佣大量的土著军队（如居住在

这些地区的伊比利亚人和其他土著，他们以善战而著称于世）来进攻伯罗奔尼撒。除了我们现有的战舰外，还要利用意大利丰富的木材，建造许多战舰；我们用这支舰队从海上封锁伯罗奔尼撒，同时我们的陆军从陆地上发起进攻，有些采取突然袭击的方法，有些采取围攻的方法，攻占这些城市。我们希望这样会很容易地攻占这些地区，以后我们将统治整个希腊世界。同时，顺利实施这些计划所需的金钱和谷物，将在那些新征服的地方获得充足的供给，不需要动用本土的国库储备。

[91]"这样，你们从一个最熟知这次远征的人那里获悉了这次远征的由来和真正目的；留在那里的将军们在可能的情况下将不折不扣地执行这些计划。但是，现在我要向你们说明，如果你们不援助西西里人，西西里诸邦将肯定被征服。虽然西西里的希腊人都缺乏作战经验，但如果他们的军队能够团结一致，就是现在他们仍可能保全自己；叙拉古全军已经在一次战役中被打败了，其海岸也被封锁了，单凭叙拉古一邦是不能抵抗在西西里的雅典军队的。但是，如果叙拉古陷落，整个西西里就会陷落，紧接着意大利也会陷落的。我刚才所说的来自西西里的危险不久将降临到你们身上。因此，你们不要想当然地认为现在讨论的问题仅仅是西西里的问题，伯罗奔尼撒也将遭遇同样的危险，除非你们立即照我说的去做，即派遣一支军队乘船前往叙拉古，这支援军的士兵应当能够自己划船，在登陆后马上能充当重装步兵；我甚至认为比派遣援军更重要的是派遣一名斯巴达人去担任指挥官，去组织那里已有的军队，并且强制那些不甘俯首听命的人服兵役。这样，你们原有的朋友将更有信心，也使那些摇摆不定者受到鼓舞而加入你们一方。同时，你们必须在希腊更加公开地进行战争，让叙拉古人看到你们没有忘记他们，叙拉古人会众志成城，顽强抵抗，同时也使雅典人更难以派兵去增援其远征军。你们必须在阿提卡的狄凯里亚修筑要塞，这种打击一直是雅典人最害怕的，他们认为在这场战争中，只有这个灾难还没有经历过；伤害敌人的最有把握的方法，是找到敌人最担心的地方，选择这个地方予以攻击，因为每个人自然最清楚他自己的弱点，因而这也是他感到畏惧的原因。至于在狄凯里亚修筑要塞对于你们的益处和给你们的敌人造成的不利，我将省略很多次要的，只是扼要

讲讲最主要的。这个地区的所有财产大都将落入你们的手里，有些是可以掠夺取得的，有些是敌人主动交出的；雅典人从劳里昂银矿取得的收入，现在从土地和法庭所取得的收入，马上就都被剥夺了。雅典最重要的收入是其同盟者所缴纳的贡金，他们将不会按时缴纳贡金了；因为他们看到你们全力以赴地投入战争，便不再敬畏雅典人了。

[92]"完成这些事情的热情和速度就全靠你们拉栖代梦人自己了；我完全相信这些事情是可以做到的，我认为我的判断是没有错误的。同时，虽然过去我是一个热爱祖国的人，而现在我又积极地加入它的死敌一方来进攻它，但我还是希望你们中间不要有人因此而认为我是一个很坏的家伙，你们也不该认为这只是流亡者的情感宣泄，因而怀疑我的论点。我被驱逐是因为驱逐我的那些人的不公正，但是他们不能阻止我为你们效力，只要你们接受我的建议；雅典人的死敌不是你们，因为你们只伤害你们的敌人，而是那些迫使其朋友变成敌人的人；我所热爱的雅典不是迫害我的雅典，而是保障我安享公民权利的雅典。事实上，我不认为我现在攻击的邦国仍然是我的祖国，我要努力去恢复如今已不再属于我的邦国；真正热爱他的祖国的人，不是那个非正义地被放逐而不攻击它的人，而是那个渴望要不顾一切，竭尽全力去恢复它的人。因此，拉栖代梦人啊，我请求你们，不要因顾虑种种艰难险阻而不利用我的计策。请你们记住人人都会说的口头禅：如果我作为你的敌人能给你造成巨大的祸害，同样，如果我作为你的朋友，就能给你带来很大的贡献。因为我对雅典人的各种图谋了如指掌，而对你们的战略意图只能推测。我请求你们相信，你们自己现在考虑的是你们最重要的利益；我劝你们要毫不犹豫地派遣远征军到西西里和阿提卡去。只要你们的一小部分军队出现在西西里，你们就将挽救西西里岛上的一些重要城邦，你们将摧毁雅典现在的势力和将来发展的前途；以后，你们就将安享太平生活，并成为全希腊霸主，而这并不是基于武力威慑，而是由于人们心悦诚服、衷心拥戴。"

（译自 修昔底德《伯罗奔尼撒战争史》第 6 卷，第 20 章）

（徐松岩 译）

政治学

亚里士多德《雅典政制》

1）文献简介[①]

　　亚里士多德（Aristotle，公元前384—前322年），古希腊著名思想家、哲学家，生于希腊的斯塔吉拉（Stageira），其父为马其顿御医。亚里士多德因此在马其顿宫中长大。公元前367年，亚里士多德来到雅典师从柏拉图，留在柏拉图学园二十年。柏拉图去世后，他离开雅典，前往小亚讲学。公元前343年，亚里士多德被马其顿王腓力二世聘为亚历山大的老师，从此开始关注政治学，并有相关作品产出。

　　亚里士多德曾与学生一同编写了158篇《政制》，涉及希腊及非希腊国家的典章制度沿革和政权运作模式等内容。公元前4世纪末的作品——《雅典政制》就是其中的一篇，记载和讨论了雅典的政制情况，成为研究古代希腊，特别是雅典历史的重要资料。全书分为两大部分，第一部分从断片开始至第41章，讲述的是公元前403年之前的雅典政制简史，展现了雅典如何依靠部分地改造氏族机构，逐渐通过设置新机构来取代旧制度，并最后发展出真正的国家权力机关。第二部分，从第42章至第69章，阐述的是亚里士多德所处时代的政治制度。

[①] 相关信息参见郝际陶：《雅典政制》汉译与研究，高等教育出版社，2016年，前言；刘家和、廖学盛主编：《世界古代文明史研究导论》，北京师范大学出版社，2010年，第167页。

2）译文

第一部分：公元前 403 年以前雅典民主政制的形成和发展。

（1）贵族国家建立：提修斯改革

在荷马时代，阿提卡有 4 个部落，每个部落有 3 个胞族，每个胞族有 30 个氏族。各部落有自己的管理机构，相互独立，相互作战。大约在公元前 9 世纪末或 8 世纪初，提修斯将这四个纷争不断的部落统一起来，并推行了一系列改革措施。

《雅典政制》断片 3

提修斯解决了这些地区的纷争。他把大家召集来，平等协商。[〈他平等地召集各方到一起，据说："天下众人，尽会于此"〉。] 就是提修斯在召集全民时讲过的。（普鲁塔克《提修斯传》25。）

《雅典政制》断片 4

[如亚里士多德所说，〈提修斯是首先转向大众的人，他废弃了君主一人之治。荷马似乎为此提供了证明。在船表中他仅称雅典人为人民。〉（见普鲁塔克《提修斯传》）]

《雅典政制》断片 5

[如亚里士多德在《雅典政制》中所记，他讲到〈他们仿照一年的季节，形成了 4 个部落；每一部落分 3 部分，以便共有 12 部分，恰似每年的月数，称为三一区和胞族；一个胞族又分成 30 个氏族，恰似一月的天数，每一氏族有 30 名成年男子〉（Lexicon Patm. p. 152，Sakkelion）]。

《雅典政制》断片 6

他来到斯奇洛斯，[〈亚里士多德述及提修斯来到斯奇洛斯考察，可能是因爱琴的亲属关系而来……〉（见欧里庇德悲剧《希波利托斯》的梵蒂冈注本。）] 被吕科密德推下悬崖致死，后者担心他会侵吞这座岛。后来，在波斯战争之后雅典人运回了他的遗骸。[〈波斯战争之后，雅典人遵照神谕，迎回他的遗骸，举行了隆重的葬礼。〉（见欧里庇德悲剧《希波利托斯》的梵蒂冈注本。）]

（2）民主制的逐步建立：德拉孔立法、梭伦改革、庇西特拉图的僭主统治、克里斯提尼改革、伯里克利时代、民主政治的反复。

德拉孔立法：雅典国家初步形成以后，掌握政权的氏族贵族残酷剥削农民和手工业者。在氏族贵族高利贷的盘剥下，农民处境不断恶化。平民和贵族的矛盾日益尖锐，社会动荡不安。公元前632年，雅典发生"基伦暴动"。贵族青年基伦建立起个人统治，但失败被杀。公元前621年，氏族贵族授权作为执政官之一的德拉孔制定法律，以强化贵族统治，史称"德拉孔立法"。

《雅典政制》抄本2
（1）此后，显贵和大众发生抗争，持续了很久。（2）因为无论从哪方面来看，他们的政制确实是寡头政治，尤其是穷人自身及其妻子儿女都受着富人的奴役。他们被称为附庸和六一汉①。因为他们在富人的耕地上劳作按此比率交租（全部的土地都在少数人那里）。如果他们不交租金，其本人和孩子们就会被带走。借贷以人身作保，直到梭伦时才止。因而梭伦是第一位人民领袖。（3）确实，虽然在其他方面也不满意，因为可以说他们所享一无所有；但对大多数人来说，当下政制中最难当、最苛虐的所在就是使他们陷于受奴役境地。

《雅典政制》抄本3
（1）德拉孔之前的古代政制依例设置如下。首先根据出身和财产选官，他们起初任职终生，后来一任10年。这些执政官大员中最高和最早者是王、军帅和名年官②。（2）其中（祖上传下来的）王职最先。第二个设置的是军帅职，

---

① 六一汉：原文意思为1/6。到底是交租5/6，自余1/6，还是反之，争议颇多。
② ἄρχων，又译名年执政官或名祖执政官、执政官。其名关于当年雅典国家文件之上，"某某任名年官之年"是雅典的年名。史家常以此纪年。

是由于有的王在战争中怯懦才增加的，伊翁正是在危急时刻就任此职。（3）最后设置的是名年官职。因为绝大多数人都认为此职建置于麦冬时期。有人却说此职到阿卡斯图斯之时才有。有据为证：9 位执政大员宣誓他们要像阿卡斯图斯时一样履行誓约。可知，科德汝斯家族放弃王位之时，正是得到加诸执政大员特权之日。因而，从时间上讲，到底在何时，两论差异微乎其微。由于名年官是官员中最后建置的，他就不像王和军帅那样掌握任何具有祖传特色的事，而只是负责后来增加的事务。以后，正因为事情渐渐增多，这一官职的权力才渐渐变得重要了。（4）多年之后，随着行政官员任期已经变为一年，设立了司法官记录并保存法规以裁决争讼。正因为如此，官员中只有此职的任期不超过一年。（5）以上便是这些官职彼此相间设置的情况。九位执政大员并不都在一起办公，而是王在现在被称为布科利翁的地方，就在普律塔涅翁附近（这有迹象，因为直到现在，王妻同狄奥尼索斯的婚仪和交合仍在那里进行）。名年官在普鲁塔涅翁，军帅在艾辟吕刻翁（以前称为波莱马海翁，因艾辟吕刻斯任军帅时重修并装潢了这座官邸而名之为艾辟吕刻翁）。司法官在提斯莫提太翁。在梭伦时代，他们就都到了提斯莫提太翁来会晤了。他们有权对讼案作出终审判决，而不是像现在这样只做预审。这便是最初政制的大要。（6）战神山议事会依照惯例，管理绝大多数最重要的国事，对所有犯罪，握有课以刑罚和罚款的全权。因为选举执政官是根据出身和财富，战神山议事会的成员又仅由曾任诸执政官员的人组成，故而此职直到今天一如既往，是终身职。

《雅典政制》抄本 4

（1）这些便是起初政制的概要。此后经过不长时间，在阿里斯忒克穆任名年官时，德拉孔制定了他的律条。（2）其制式为：公民权当然给予能自备武装者。他们从财产不少于 10 明那的自由人中选出 9 位执政大员和众司库官，从能自备武装的自由人中选出其余较低级的官吏。将军和骑督则由财产已经公示不少于 100 明那、并且其合法婚娶之妻所生子嗣业已 10 岁以上的自由人中选出。他们要接受财务审核，审核期间要有 4 位前一年的主席、将军和骑督为之担保。每位担保人的财产等级与将军和骑督相同。（3）401 名议事会议员经抽签自公民中选出。以抽签认定的议事会议员和其他官员均须年逾三十；在所有的人都轮到之前，任何人不得再任，直到新一轮开始。如果议员中有人不出席议事会或公民大会会议时，属于500斗级者，罚款3德拉克马，属于骑士级者，罚2德拉克马，属双牛级者，罚1德拉克马。（4）战神山议事会是法律的保护者，它监督众长官，使之依法行事。一个人受到不公正待遇，便可以向战神山议事会提出申诉，供述他所遭受的不公正待遇所违反的法律。（5）正像上面已经说及的，借贷以人身为保，土地则掌握在少数人手中。

《雅典政制》抄本 5

政制的体系就是这样。多数人被少数人奴役，人民同显贵抗衡。（2）鸡争鹅斗十分激烈，久久互不相让。他们共推梭伦为调解人和名年官，把国家托付给他。他写了一首哀歌，那首哀歌开篇说：

我注目凝神，心中痛苦滋生，

眼见伊奥尼亚最古老的国度，

竟至陷于绝境。

在诗中，他分别代表每一方与对方争论辩白，而后奉劝双方一致停止逞强好胜。（3）论门第和荣誉，梭伦均属头等，但财产和事业只是中等，这被其他人所承认，也有他自己写的诗为证。他劝富人不要贪得无厌。

你们这些财物山积、挥金如土的人，

节制你们傲慢炫耀的心怀，

你们既不会总心想事成，

我们也不会任你们胡作非为。

总之，他总是把内争的责任归于富者；所以在哀歌的开头，他说，他担心溺爱钱财和桀骜不驯，就是引起仇恨冲突的原因。

梭伦改革：作为雅典的第一部成文法典，德拉孔立法对贵族任意解释习惯法有所限制，但其本质上是维护贵族利益的。德拉孔立法没有从根本上解决雅典的土地和债务问题。平民与贵族之间的矛盾依然尖锐。公元前594年，平民准备以暴力推翻贵族政权，梭伦临危受命当选为首席执政官，进行改革。

《雅典政制》抄本 6

（1）当梭伦掌控了局势，他解放了人民，无论目下还是将来，禁止以人身为担保借贷；他颁布法律，取消公私债务，号称"解负令"，意即卸下重负。（2）一些人借此诬陷他。因为事前，在酝酿制定解负令时，梭伦曾对某些贵族提到过。然而，站在人民一边的人说，他是被其朋友以谋胜算了。而想中伤他的人却诽谤他说，他参与了其事。因为他们借钱买了大量土地。之后不久，由于债务的取消，他们都富了起来。据说，后来以祖荫财产称富的那些名家就源于此。（3）但站在人民一边的人们的话更可信。因为，在其他事中，他是如此谦逊大度，公正无私。（4）以至于在他有可能使两派之一听命，自为一国僭主之时，他宁招双方怨恨而始终置道义美德和国家安全于一己利益至上。显而易见，他绝不会因利乘便为蝇头小利玷污自己。因为他有这样做的机会，国家面临的局势可以为证，他自己在其诗中也曾多次提到，且众口如一，足见攻讦梭伦之说是不实之词。

《雅典政制》抄本 7

（1）他立宪并颁布了其他法律。德拉孔的法律条令，除关于杀人的以外，不再有效。法律写在公示牌上。公示牌立在巴西勒斯柱廊里，所有的人都发誓必定守法；9位执政大员通常是对一块圣石庄严宣誓，说他们如果违反任何一条法律，就奉献一尊黄金像。因此，他们至今仍是这样宣誓，（2）这些法律要行之百年不变。其所倡政制是这样的：（3）依以前的分法，按公民的财产总估值分四个等级，即500百斗级、骑士级、双牛级和日佣级；在500斗级、骑士级和双牛级中分官任职，根据财产估值多寡分别任以9位执政大员、司库官、公卖官、十一人警监和财政官。属于日佣等级的人只能出席公民大会和陪审法庭。（4）私产有干、液量计500斗者，定于500斗级之列；有300斗者，即人们所说的能饲养马匹者，定为骑士级，这个名称就带着这一等级的特征，而且还有一个证明，即前人的还愿物。因为在卫城里竖立着一座狄腓卢斯的雕像，上刻：

狄腓卢斯之子安塞密翁献此与神……

他已经从日佣级变为骑士级

一匹马立在旁边，以证明其为骑士级。然而，更可能的是，就如同以财产标准来定500斗级一样，有私产干、液量达200斗者为双牛级；余者为日佣级，不担任任何官职。因而至今在审核欲参加抽签选举任官职的人时，问其位列哪一等级，没有人说属于日佣级。

《雅典政制》抄本8

（1）梭伦规定，要先由各个部落选出候选人，然后再由这些人中抽签来任命官员们，以9位执政大员而言，每一部落先选出10人，然后在他们中抽签任命。自此，就一直实行每一部落抽签选出10人，从中再抽签选任。从今日仍在实行的司库官法可以确知，抽签任命是按财产等级进行的。因为它要求从500斗级中抽签选任司库官。（2）这就是梭伦制定的关于9位执政大员的法律。因为在古代，战神山议事会往往根据自己的意愿，任命每一位称职的官员并授之以一年的统治权。（3）部落一如既往，有四位部落王。每一部落含3个三一区和12个造船区。造船区由造船区长主持，执掌监督临时的征税和支出；因为现已废置的梭伦法中，常常见到"造船区长要征收"和"造船区长要支付造船区基金"的条款。（4）他创立了一个400人议事会，每部落出100人。他一如既往，把监督法律的职责仍然交给战神山议事会。它监督绝大多数最重要的国家大事，惩处犯罪尤其有全权，无论是罚款还是判刑。它又可以将罚款收入补偿卫城的开支，而不必阐明开支的理由。他还审讯阴谋置民主于死地的人，梭伦早有针对他们的公诉法。（5）他看到国家屡屡发生公民派别之争，而一些公民竟然对国事漠然处之，不偏不倚，听其自然。因此，他制定一个针对他们的法条，规定在发生内争时，袖手旁观不投戎任何一方者，将丧失公民权并不得参与国事。

《雅典政制》抄本9

（1）这些便是梭伦所推行的关于官员们的规矩。在梭伦的政制中，似乎有三点最具民主特色。首先而重要的是禁止以人身为担保借贷；其次，允许任何人自愿代表被害人要求赔偿；第三是向陪审法庭上诉的权利。据说，正是这点才使平民有了全权，因为人民有了投票权，也就当家做了主人。（2）但法律仍不简洁明了，犹如关于遗产和女继承人的法律那样。这不可避免引发许多纠纷，而陪审法庭势必要决断所有公、私事务。有些人以为梭伦故意让法律含糊，以便人民有决断的全权。但这不是实情，因为他不可能万无一失尽善尽美；况且仅仅依据目下之实情而不考虑彼时他制定政制之余虑，所言是不合适的。

《雅典政制》抄本 10

（1）这些就是梭伦所制定的法律的民主特色。在立法之前，他解除了全部债务，之后便是提高度量衡和币制的标准。（2）因为，正是在他那个时候，标准变得比斐冬的大。按照规定，从前的一明那重 70 德拉克马，现在增加为整整 100。古代的标准钱币面值 2 德拉克马。他又使币值和衡制相适应，63 明那为 1 塔兰特，而斯塔特及其他衡制也这样分别增加 3 明那。

《雅典政制》抄本 11

（1）梭伦建立了上述政制之后，人们常就他的法律来责怪、质问，使他烦恼。他既不愿改动法律，又不想留下来作众矢之的，便离家去国到埃及经商和游历，并声称 10 年之内不会回来。因为他认为留下解释法律并不对，倒是每个人都应该遵守他的法律。（2）当时，显贵们因其取消债务而与之产生很大分歧。两派也因对他的调处大失所望而改变了态度。因为人民期待他为他们重新分配一切，而显贵们则希望或恢复旧制或少许变革。梭伦自己挨抵双方，当他若随意偏袒一方，就可能成为僭主之时，他却宁愿受双方怨恨，而选择最好的法律，拯救祖国。

《雅典政制》抄本 12

（1）对上述情况不但大家众口一词，而且梭伦自己也这么说：
我给予人民的尊重和承诺足矣，
这些既不会被剥夺也不会触手可得。
对执权又富裕之人，
我谨防他们遭受轻辱。
我置坚盾，均衡双方，
不允许任何一方不公正地占据优势。

（2）另外，他重申应该怎样对待群众。

既不可放纵无度，也不可压抑过分，

这样，人民就会极力追随领导。

若过多使心计不周的人富厚，

餍足就会滋生不逊。

（3）在另一处，他谈到希望分配土地的那些人，

他们为劫掠而来，满怀热望，

每个人都渴求获得巨大财富。

我温和的语言袒露出决意无情的心，

他们的幻想终于落空，

现在都对我恼羞成怒；

横眉冷对，疾如仇敌。

不要这样，我承诺之事，得神之助，

都已完成。

至于其余，不作徒劳，

我不愿用僭主之力希冀成功，

亦不愿尊卑贵贱无序，

在父祖的土地上同甘共苦。

（4）他又谈到取消债务，谈到从前已变为奴隶而在实行解负令后获得自由的人们：

在我集合人民去谋求的目的中，

有哪一个我未果而辍？

在时间作出裁决时，

奥林普斯诸神的伟大母亲——盖娅，

永远是我最好的证人。

是我撤废了她的众多碑碣，

从前她曾为奴，而今已自由。

许多被出卖的人，

我使他们回到了祖国——这神所建的雅典。

他们或无辜被售，或因故卖出，
还有人不堪贫困潦倒，天涯亡命，
不复讲阿提卡语言，漂泊异乡，
也有的就在本乡本土，惨遭卑苦的奴隶境遇，
因主人的任性战栗。
我都使他们自由。
我调整公理和强权，协和共处，
凭此之力，实现我的承诺。
法律面前，尊卑平等，
无偏则人人得享公正。
若是一个诡诈而贪婪的人代我执鞭，
他将不能抑制人民。
因那时我若做了什么使人民的敌人高兴的事，
或做了他们的对手企图做的什么事，
这个国家就会有许多人丧生。
因而我诸方设防，
似孤狼与一群猎狗周旋。

（5）他又谈到后来两方对他的吹毛求疵，责备说：
直言不讳地，我要说，
人民在梦中也绝未曾看到，
他们现在已有的一切……
而那些更强势的人
会赞美我，以我为友。
他又说，若别人获此殊荣，
除却浑水摸鱼，趁机渔利，
既不会息事，也不能宁人；
而我在其中，
恰似在两军中间立起界标。

庞西特拉图的僭主统治：梭伦改革后，雅典的政治斗争继续进行。各种力量经过分裂组合，逐渐在公元前560年左右形成了三个政治派别：平原派、山地派和海岸派。三派名称均从各自主要成员的田产所在地而来。平原派，主要是在平原上占有肥沃土地的贵族，主张维护寡头政治，维护贵族的原有利益。山地派，主要是住在山地的小农、手工业者以及遭受债务奴役的人民，他们主张进行社会改革。海岸派，他们主张温和的改革，希望向海外发展。在斗争中，属于山地派的庞西特拉图，曾三次（公元前560年，公元前552年和公元前546年）依靠非法手段试图夺取政权，实行个人独裁统治，成为僭主。

《雅典政制》抄本13

（1）因而，正是由于这些原委，梭伦才到国外去了。他出国之后，国家纵然仍有扰攘，但平安地过了4年。在梭伦任职以后的第五年，由于纷争，竟然选不出执政官员了。又过了5年，由于同样的原委，再次一年无执政官员。（2）同样一段时间过后，达马西阿斯被任命为名年官，供职两年又两个月，直到被迫离职。之后，由于纷争，他们决定选举10名执政官员，5名选自名门贵胄，3人选自农民，2人选自手工业者。他们在达马西阿斯任职之后那年就任。名年官显然大权在握。因为常常听到为这一官职而发生的斗争。（3）总之，他们继续处在内部混乱的状态。有的人以取消一切债务作为他们骚乱的诱因和口实（因为这使他们陷于穷困）；也有人因为发生巨变而对政制不满；还有人则因为彼此敌视。（4）派别有3个：一个为海岸派，以阿尔克迈翁之子美加克利斯为首，似乎旨在建立一种中庸政制；另一个是平原派，意欲施行寡头政治，吕库古是他们的领导；第三个是山地派，由庞西特拉图掌舵，他似乎是一个倾向民主亲民的人。（5）这派中有两种人，一是无奈的债权被剥夺者；一是怀忧的血统不纯正者。因为，僭主被推翻以后的清查摈除了许多本没有资格却又得到了公民权的人，便是证明。各派所称，依其耕地所在而得。

《雅典政制》抄本14

（1）似乎倾向民主亲民的庞西特拉图，在对麦加拉的战争中声名大振。他自伤自身，佯称是敌派所为，通过阿里斯提翁的动议，劝诱人民准许他设护身卫士。然后，他凭借着这些被称为持棒者的人起而反对人民，并在梭伦立法后的第32年，即扣麦任名年官那年，占据了卫城。（2）据说，当庇西特拉图要求设置卫士时，梭伦曾经表示反对。并说他自己比某些人更聪明，比另一些人更勇敢。因为他比那些不懂得庇西特拉图旨在实行僭主政治的人更聪明；比那些虽然看出了端倪却缄口不言的人更勇敢。当他的话不能使他们信服时，他就把武装陈示在自己的门前，说他已竭尽所能报效祖国（因为他已是年迈之人），并号召其他人也这样做。（3）然而，这次梭伦的呼吁却没得到响应。庇西特拉图取得权力以后，更多的如公民一样齐家治国而不是像僭主般处理公务。但是，他的统治不稳固。在他第一次任职之后的第六年，即赫革西阿斯担任名年官那年，他被赶走了。（4）此后第五年，美加克利斯苦于争斗之扰，向庇西特拉图提出建议，商定在后者同他的女儿结婚的条件下，以一种古老而又非常简单的方式，使其回来。他先散布说雅典娜将带领庇西特拉图回来。然后选一位高个子美女。据希罗多德说，她是派阿尼阿村社的；另有人说她是科吕提斯的色雷斯卖花女，名叫芙伊；把她打扮起来，好像一位女神，让她同庇西特拉图一道入城，即庇西特拉图站在这个女人的身旁，驱车直入。城里的人们惊异地看着，虔敬而友善地迎接他们。

《雅典政制》抄本 15

（1）因而，他就这样第一次回来了。此后，他又第二次被逐，就在他上次回来之后的约第七年，因为他没持久践约。由于他不愿同美加克利斯的女儿一起生活，致畏惧两派争执而悄悄隐退了。（2）起初，他参与建立了一个居地，就在塞尔迈湾附近名为赖刻卢斯的那个地方；由此进至潘该乌山周围地区。他在那里发了财，雇用兵士。第十一年，他又到了埃雷特利亚。至此，他才头一次企图以武力恢复他的统治权。有许多人同他一起干，特别是那些忒拜人、那克索斯的吕格达密斯以及控制埃雷特利亚国政的骑士们。（3）在琶勒尼斯之役获胜后，他攻取了城市并解除了人民的武装。现在，他已稳操僭主之权，且取得那克索斯，让吕格达密斯做统治者。（4）他是这样解除人民武装的。他在提修斯庙举行武装阅兵式，并在公民大会上演讲。他压低声音讲话，当人们喊着听不见时，他便要人们走上卫城的大门，以便听清他的话。他的演说滔滔不绝，拖延着时间。而他预先安排的人便把武器收集起来，锁藏在提修斯庙附近的一座房子里，然后回禀庇西特拉图。（5）于是，他讲完其余的话，让人们不必为武器的事惶惑不安，也不要茫然失措，只要回去干私事而公事则全由他来管。

《雅典政制》抄本 16

（1）庇西特拉图就这样建立了他的僭主政治，以后发生的许多变故亦是如此。（2）有如上述，庇西特拉图处理国事是温和中正的，更多地以宪治而不是僭主政治方式。他仁慈宽厚，对他人，特别是那些有过失的人，宽容大度。他贷款给贫民，扶助他们的产业，以使他们能够自养。（3）他这样做有双重用意，既不让他们在城里无聊地打发时光，又可使他们散居乡村有小康生活。让他们忙于私事，而无暇顾及公事。（4）同时随着土地得到充分耕耘，他的收入也大大增加。因为他从产品中抽什一税。（5）由于他在村社设有法官，他自己又屡屡巡视乡下，考察民事，排解纠纷，从而人们不必进城，荒废农事。（6）有这样一件事，据说是关于一位希墨图斯人的事。庇西特拉图在某次巡视时，看见一个人在田间干活，挖掘出来的全是石头。出于惊奇，他派仆从去问那人得到了什么。回答说："只有疼痛和苦楚，这些疼痛和苦楚庇西特拉图也该抽去什一。"当然，这个人的回答错怪了庇西特拉图。可是，庇西特拉图却非常喜欢他的率直和勤勉，下令免去了他的一切税务，他所耕的田以后就被称作"免税田"。（7）庇西特拉图统治期间，也不在其他方面与大众为难，而总是致力于和平，保持安宁。因而关于庇西特拉图的僭主政治好似克洛诺斯黄金时代的赞誉，就时有耳闻了。因为后来他儿子继任当政时就严酷多了。（8）人们谈到他的一切时，最突出的是他倾向人民，性情温厚。另外，他愿意一切按照法律行事，不让自己有任何特权。一次，他被指控犯了杀人罪，传讯他到战神山议事会受审。他亲自到庭，自行辩护，控告者慑于此，反而溜走了。（9）因此他能够长期保持他的统治，就是被人推翻，也易于恢复。因为大多数有钱有势的显贵和普通人都喜欢他。他以殷勤厚待，博得有钱有势的名人们的拥护，又佐民私事，获取他们的好感，于是同双方都相处得很好。（10）再则，就雅典人来说，当时所实行的对僭主的法律也是宽容的，特别是涉及建立僭主政治的那条。其条文如下："根据雅典的法令和祖训：任何为建立僭主统治而作乱者或参与建立僭主政治者，剥夺其本人与其追随者的公民权。"

克里斯提尼改革：公元527年，庇西特拉图病逝，其子希庇亚斯和希帕库斯继位，后因滥用权力，引起公民不满。贵族出身的克里斯提尼于公元前510年请来斯巴达军队，结束了庇西特拉图家族的僭主统治。此后，平民与贵族的斗争仍在继续。公元前509—前508年，克里斯提尼当选为首席执政官，进行改革，旨在打破按传统血缘关系划分的部落，建立按照以地域划分的部落，削弱贵族在各自所在部落的政治影响，使雅典在世界文明史上首次确立了一套民主体制。

《雅典政制》抄本17

（1）因此，庇西特拉图在位终老，在腓罗涅俄斯任名年官那年，即他首次自立为僭主的第三十三年，染疾去世。他居权位仅十九年，其余时间在流亡。（2）曾有一种说法，说庇西特拉图是梭伦的嬖僮。说他曾在为收复萨拉米而对麦加拉的战争中指挥过，这显然是痴人说梦。因为只要算一算两人的年岁，查一查每个人去世时的名年官，便可以知道，就他们的年龄来说，那是不可能的。（3）庇西特拉图死后，他的儿子们掌握了权力，采取同样方式处理国事。希庇亚斯和希帕库斯这两个儿子是他的发妻所生：另外两个儿子伊俄丰和别号色撒鲁斯的赫革西斯特拉图，是他的阿哥斯妻子所生。（4）因为庇西特拉图曾从阿哥斯娶了一位阿哥斯人的女儿，提摩娜萨。那位阿哥斯人名为戈尔格卢斯。提摩娜萨原本是安普拉吉奥人库普塞利德家族阿基努斯的妻子。因此，庇西特拉图和阿哥斯很友好。琶勒尼斯之役，赫革西斯特拉图曾率领1000阿哥斯人与庇西特拉图并肩作战。至于他与阿哥斯妇人结婚的时间，有人说是在他第一次流亡时，也有人认为是在他任职期间。

《雅典政制》抄本18

希庇亚斯和希帕库斯由于他们的声望和年龄掌握了国事的决定权。希庇亚斯居长，又生就的政治家风度，聪敏而远虑，遂主持了治权。希帕库斯则为人风流倜傥，酷爱文学、艺术（他曾招来阿那克勒翁和西摩尼德斯及其他诗人）。（2）小得多的色撒鲁斯，生活中鲁莽霸道，这就是他一切不幸的源泉。因为他曾爱恋哈摩丢斯，却得不到他的好感而恼羞成怒，蓄意寻机泄愤，最后，借哈摩丢斯的妹妹将在泛雅典娜节游行的队伍中充当一个提篮少女的机会，色撒鲁斯力加阻止，詈骂哈摩丢斯，说他软弱无能，毫无大丈夫气度。哈摩丢斯在盛怒之下，便和阿里斯托盖通以及许多同谋者一起，密谋行动。（3）到了泛雅典娜节那天，他们在卫城上守望着希庇亚斯（因为希庇亚斯在迎接游行队伍，希帕库斯在指挥队伍出发）。他们看见了他们的一个同谋者在与希庇亚斯亲切交谈，就以为这个人是在告密。与其束手就擒，不如提前下手，于是他们走下卫城，不等他们的同谋者，就提前行动了。当时，希帕库斯正在莱奥扣莱翁附近安排游行的队列，便被杀害了。这就破坏了他们的全部行动计划。（4）他们中的哈摩丢斯当下就被持矛侍卫所杀。阿里斯托盖通则被逮捕，经过长期刑讯折磨而死。在严刑胁迫之下，他供出了许多出身显贵且为僭主朋友的人。因为不能立即找到阴谋的证据，就有人说希庇亚斯曾下令游行队伍中的人放下武器，并搜索其中暗藏匕首的人。这显然不是真实的。因为当时在游行队伍中不携带武器。只是后来普通人民才有了那种习惯。（5）据同情人民的人说，阿里斯托盖通供出僭主的朋友，目的在于杀戮无辜，加害自己的朋友从而导致不敬神明，并削弱了自己的力量；但另外一些人则说，他所提名单并非出自虚构，而是揭发了他的真正同伙。（6）最后，当他竭尽全力而仍然不能求得一死时，他就宣称要告发更多的人，欺诱希庇亚斯向他伸出右手，以表示诚意。当他握住希庇亚斯的手时，他又嘲笑希庇亚斯，说他竟然同害死自己兄弟的凶手握手。这使希庇亚斯愤怒得不能自制，抽刀杀死了他。

《雅典政制》抄本 19

（1）此后，僭主政治变得愈加严酷。希庇亚斯为了替他的弟弟报仇，处死并放逐了许多人。他变得怀疑一切，苛刻冷酷。（2）就在希帕库斯死后约第四年，因为城里的形势更糟，希庇亚斯打算在穆尼客阿筑寨设防，以便移居那里。当他正着手此事时，就被斯巴达王克利奥莫尼斯赶走了。由于下述原因，斯巴达人常常得到神谕。要他们去推翻僭主政治,(3)以阿尔克迈翁家族为首的流亡者们知道,没有他人的帮助,单凭他们自己的力量是不可能回国的。他们曾屡遭失败。在他们业已彻底失败的企划中,他们与城里来的人曾一道在琶涅斯山麓建立的雷普绪德里翁,也被僭主围攻夺取了。所以,后来,在宴会的轮唱歌中,他们常提到这次灾难。

啊,雷普绪德里翁,

你辜负了

高贵的勇士;

他们战斗着

光耀了先祖!

(4)他们的各种努力都彻底失败后,便立约重建德尔菲神庙。于是拿钱用于取得斯巴达人的帮助。每当斯巴达人来求神谕时,皮希娅总是谕令他们解放雅典,直到斯巴达人终于做到了这一点。尽管对斯巴达人来说,庇西特拉图家族原本是其朋友;但是,斯巴达人又因为庇西特拉图家族与阿哥斯人之间保持着友好的关系而恼火。(5)因而,他们先派安基摩卢斯率领一支军队由海上进攻。由于色萨利的客涅阿斯率1000骑兵来援,安基摩卢斯兵败身亡。这事激怒了斯巴达人。他们派国王克利奥莫尼斯亲自率领大军由陆上进发。他们战胜了企图阻止其进入阿提卡的色萨利骑兵,把希庇亚斯困在名为珀拉吉扣的堡垒中,在雅典人的帮助下,包围了它。(6)在围攻中,庇西特拉图家族的子弟企图逃走,却被捉住。这些被捕的人以保护儿童安全并在5天内迁走私物为条件投降,将卫城交给了雅典人。这是哈尔芭克提得斯任名年官那年。他们在其父死后保持僭主政治约17年,加上他们父亲的当权期,僭政不到50年。

《雅典政制》抄本 20

(1)僭主政治被推翻以后,派别之争又起。一方领袖是提珊得之子伊萨戈拉斯,另一方是克里斯提尼。前者本是僭主之友,后者属于阿尔克迈翁家族。克里斯提尼在被政治集团击败之后,就转向普通公民,提议将政治权力交给平民。(2)伊萨戈拉斯因而失势,他就求助于朋友克利奥莫尼斯,劝他来驱逐渎神的罪人。因为阿尔克迈翁家族被人看作是一个犯了渎神罪的家族。(3)克里斯提尼秘密撤走。克利奥莫尼斯则用一支小部队驱逐了700户被控的雅典人。完成此事后，他便试图推翻议事会，而让伊萨戈拉斯和他的300名朋友共同执政。可是，议事会起来反对了，大众也集合在一起。克利奥莫尼斯和伊萨戈拉斯的队伍都逃匿到卫城里。人民围攻卫城两天。到了第三天，他们允许克利奥莫尼斯和他的人众在停战的条件下离开，并招回克里斯提尼和其他流亡者。(4)人民掌握了国事，克里斯提尼是他们的领导和人民领袖。因为在驱逐僭主的过程中，主要的发动者几乎就是阿尔克迈翁家族；而且在大部分时间里他们都在坚持不懈地斗争。(5)早前，阿尔克迈翁家族的刻冬[①]就曾攻击过僭主，于是人们在轮唱歌中这样唱道：

给刻冬斟满琼浆，侍者，别忘了；

为善良勇敢的人举杯庆祝。

《雅典政制》抄本 21

(1)正是这个原因使人民信赖克里斯提尼。当僭主被废黜后的第四年，亦即伊萨戈拉斯担任名年官那年，他又成为人民领袖。为了让更多的人参与国家事务，(2)他首先把不同部落的人混合起来，把所有的人划归10个部落，取代原有的4个部落。由此而有了那句针对过分考究氏族的人的套话"部落无分别"。(3)然后，他把400人议事会改为500人议事会，每一部落出50人。以前，每个部落出100人。他之所以不分成12个部落，为的是可以不必使用现成的三一区的区划（因为4个部落共有12个三一区），否则民众就不会完全混合起来了。(4)他又根据村社把全国分为30个区，10区在城区，10区在沿海，10区属于内地。他称这些区为三一区，并用抽签的办法把这些区指定给各个部落。这样就使一个部落在所有这些地区都有一份。他又规定，住在同一村社的人都是乡亲，让他们不用祖名，而以村社名相称呼，以免新公民引人注意。因而，雅典人用村社的名字来称呼自己。(5)他又设置村长，其职责和以前的造船区长相同，因为他已经用村社取代了造船区。他为村社命名，有些因所在地得名，有些取自它们的建立者之名，并非所有的建立者都仍为人知。(6)氏

---

① 刻冬：Κήδων。

族和胞族以及祭司职等事，他允许遵循祖制。他又从皮希娅先前甄选出 100 名护境英雄之名中挑出 10 个名字，作为部落名称。

《雅典政制》抄本 22

（1）这些改革，使政制变得比梭伦的更民主。当僭主政治时期，梭伦的政制因为不用而被人遗忘。克里斯提尼则以争取大众为目的，制定了包括陶片放逐法①在内的另一套政制。（2）在这些政制建立后的第八年，即赫耳摩克勒翁担任名年官那年。他们先制定了 500 人议事会就职宣誓仪式，到现在仍然以此例而行；然后，按部落选举将军，每部落选出一人，但军帅是全军统帅。（3）此后的第十二年，他们在马拉松战役中取得胜利。费尼浦斯任名年官那年，即那次胜利后的两年，当时人民自信无畏，兴致盎然。他们第一次执行了陶片放逐法，制定此法是因为对拥有权力的人的疑虑。因为热衷蛊惑人心的人和将军庇西特拉图曾自立为僭主。（4）陶片放逐法赶走的第一个人是他的亲戚科吕堤斯村社的赫耳穆斯之子希帕库斯。赶走这人正是克里斯提尼制定这法的主要动机。因为雅典人允许在混乱时期没有参与作恶的僭主之朋友留居国内——显示了人民的一贯宽和温柔。而希帕库斯正是那些人的领导和首脑。（5）此后，紧接着的一年，当忒勒西努斯任名年官的时候，他们实行在按部落由村民所选出的 500 预选人中用抽签法选出 9 位执政大员，僭主政治之后第一次这么做。以前的所有执政官员都是用投票选举的。同年，阿罗珀刻村社的希波克拉忒斯之子美加克利斯被用陶片放逐法放逐了。就这样，他们在 3 年中连续放逐僭主的朋友们，这法就为他们而实施。（6）此后第四年，陶片放逐法也被用来驱逐任何威势太大的其他人。第一个与僭主无关而被放逐的人是阿里佛隆之子克珊西普思。（7）此后第三年，尼科得密斯担任名年官之年，马洛尼阿矿被发现，国家因开采该矿而获利 100 塔兰特。有些人建议，将这笔钱分与人民。但是，特米斯托克利从中阻挠。他没说此款的用途，只是提议把钱借给雅典 100 个最富

---

① 陶片放逐法：古代雅典政治生活中一项特别的制度。克利斯提尼首创此法，用以防止僭主再起。陶片放逐法并不是对犯罪行为的惩治，而是用来削弱过度影响的一个富含尊严的手段，放逐十年而不是造成其他伤害。陶片放逐法要公民以投票决定放逐某人。当作票用的陶片上刻有持票人认为应该被放逐的人的名字。

有的人，每人一塔兰特。如果他们用款得当，好处就是国家的；反之，向借款人收回这笔钱。于是，他拿这笔钱建造100艘三列桨战船，由100个借款人每人造一艘。在萨拉米海战中同外邦人作战的就是这些战船。就在这年，吕西马库斯之子阿里斯太德被放逐。（8）3年后，当于普客得斯任名年官那年，由于薛西斯的进犯，允许所有被放逐的人回国。并且规定曾被放逐的人不许住在从革赖斯图斯到斯库莱于谟这条界限以内，违者将永远丧失公民权。

伯里克利时代：希波战争过程中，雅典民主政治得到不断的发展。到伯里克利执政时期，雅典民主政治发展到顶峰。

《雅典政制》抄本 23

（1）其时，随着民主政治的发展国家亦逐渐成长。波斯战争之后，战神山议事会权势重振，主持国政。它取得领导地位并非因为有过什么决议，而是与萨拉米海战有关。在将军们对当时的情况窘困无策，宣布每个人各自照顾自己的安全时，它却拿出了一笔钱，每人分发8德拉克马，让人们上了船。（2）由于这个缘故，将军就不如这个议事会那样受人尊重了。这时期，雅典人被管理得很好，因为当时他们勤于军务，得到希腊人的敬重，并且违背斯巴达人的意志，取得海上领导权。（3）这时期的人民领袖是吕西马库斯之子阿里斯太德和尼俄克利斯之子特米斯托克利。后者熟谙军事，而前者长于政治，且公正超过同时代的人。所以，其一人为将军，另一人为顾问。（4）虽然他们私下里彼此不和，但是城墙之重建是这两位共同主持的；而且阿里斯太德抓住了斯巴达人因波桑尼阿斯①事而不为人信任的机会，促使伊奥尼亚各邦与斯巴达人脱离联盟关系。（5）在萨拉米海战之后的第三年，时值提摩斯梯尼任名年官，他又定下了贡金数额，同时把一大块炽热的铁沉入大海，凭此与伊奥尼亚人立誓，同仇共友。

《雅典政制》抄本 24

（1）此后，举国充满自信，钱财也积累了很多。他就劝告人民抛弃田园，

---

① Πανσανίας，出身于阿基斯家族，约逝于公元前470年。公元前479年普拉提亚之战的指挥，后因粗暴傲慢渐失人心，引起盟国不满，且暗通波斯并许希洛人以自由和公民权来使之助他实现通敌之计。

入居城市，以取得霸权。他告诉他们说，人人都有生计。有的人可以去征战，有的人可以办公务，这样就可以抓住霸权了。（2）人民听从了这些劝告，取得了霸权，而对盟国则愈加专横，唯有开俄斯、列斯堡和萨莫斯除外。他们把这几个国家当作霸国的前哨，允许他们保留自己的政制并统治当时已经归它们的属地。（3）恰如阿里斯太德所设想的那样，他们备下了大量的给养。因为从贡金、税金和盟国捐款的总所得，足以维持两万多人的生活。陪审员6000人，弓弩手1600人，骑士1200人，议事会议员500人，船坞卫士500人。还有卫城卫士50人，国内官员700人，国外官员700人；后来，当他们进行战争时，除这些人外，还要加上重装步兵2500人，护卫舰20艘和其他用以运送抽签选出的2000卫兵的船只；此外还有普律塔涅翁①、孤儿和狱卒，所有这些人都仰承国库。

《雅典政制》抄本25

（1）人民就是这样维持生计的。波斯战争之后17年来，政制依旧，尽管已经逐渐没落。战神山议事会的议员居于领导地位。随着大众力量的增强，索傅尼得斯之子埃菲阿尔特做了人民领袖。他在政治上清廉公正，便攻击这个议事会。（2）第一步，他就战神山议事会的议员在国务管理方面的行为起诉，从而除掉他们中的许多人；然后，在科农任名年官之年，他又剥夺了这个仪式会保护政制的一切附加权力，把某些权力交给500人议事会，另外一些交给公民大会和陪审法庭。（3）他的这些行动，特米斯托克利也参与了。特米斯托克利是一位战神山议事会议员，但因亲近波斯的行为注定要受审讯。他打算破坏这个议事会，一面对埃菲阿尔特说，这个议事会肯定要逮捕他；一面却告诉战神山议事会议员说，他要告发某些阴谋破坏政制的人。他又常常带领战神山议事会所指定的人到埃菲阿尔特所在地，把集聚在那里的人指给他们，并同他们附耳密谈。埃菲阿尔特看到这种情形，惊慌失措，只着内衣就逃去神坛藏匿。（4）所有的人对所发生的事都感到十分惊讶。此后，在500人议事会开会时，埃菲阿尔特和特米斯托克利不断斥责战神山议事会议员；在公民大会开会时也

---

① 指享受在普律塔涅翁用餐的人。其中有杰出的雅典人及其后裔、重大赛会的获奖者、尊贵的外邦客人和归国的雅典外交使者等。普律塔涅翁的位置多有变迁，可能较长时期位于雅典卫城北面。

这样，直到他们把战神山议事会议员权力剥夺了为止。不久之后，埃菲阿尔特就被塔那格拉的阿里斯托狄库斯暗杀了。

《雅典政制》抄本 26

（1）战神山议事会就这样被夺了权。此后，热衷蛊惑人心的人们推波助澜，政制变得更加宽缓了。因为这时，头面人物中没有一个适当的领导，居首的米太亚得之子还太年轻。他参加公众生活只是晚近的事；另外，他们中许多人又在战争中殒命，因为当时之出征大军是按照兵员名册召集的，而指挥他们的将军并无实战经验，仅凭他们父祖的光环荣任。所以往往出征一次，死亡两三千人，使得上上下下无论人民的优秀分子还是令人尊敬的上流人士都精疲力竭。（2）于是，就不像以前那样注意一切依法从事了。虽然对9位执政大员的任命方式毫无改变，但是在埃菲阿尔特死后第六年，决定在双牛级中亦预选担任9位执政大员的人，参加抽签选任。出身于双牛级的第一位名年官是谟涅西塞得斯。在此之前，所有的执政官员都出自500斗级和骑士级。若非法律的某些条款为人所忽略，双牛级仅能够任普通职务。（3）此后第四年，即吕西克拉忒斯任名年官之年，又重新设置了30个所谓村社法官。此后第三年，即安提多图斯任名年官之年，由于公民人数大增，由伯里克利提议宣告，凡非出自父母双方均为公民者，不享有公民权。

《雅典政制》抄本 27

（1）此后，风华正茂的伯里克利成为热衷蛊惑人心的人。他以提出对担任将军的客蒙的账目进行核查而崭露头角。政制变得更民主了。他曾取消战神山议事会的一些职能，而且大力促使国家力量转向海军。结果人民勇气倍增，更多地把政府的一切掌握在自己手里。（2）在萨拉米海战后的第五十年，即皮索多汝斯任名年官之年，伯罗奔尼撒战争爆发了。这时，人民被关在城里，他们已经习惯于靠他们的从军所得谋生。于是，部分出于自愿，部分也是违心地，要亲自管理政府了。（3）伯里克利第一次施行陪审员有偿服务，以对付客蒙财富的诱惑力。因为客蒙的私产足以富敌僭主，所以他先在一般公益出资上很慷慨，同时又供养许多与他同一村社的人。任何一个属于拉吉亚村舍的人，如果愿意，每天都可以到客蒙家来，拿一份相当不错的东西，而且他的田园完全没有护卫，任何人都可以随意从中取用产品。（4）伯里克利的私产却不足以供这样的滥用。所以他就听从俄厄阿的达摩尼得斯（据说这个人给伯里克利提了许多建议，后来因此被放逐）的劝告，取之于民、用之于民，实行陪审员为陪审法庭有偿服务。某些批评者指责说，这样破坏了陪审法庭。因为对于抽签担任这个职务，普通人总是比上流人士更关心。（5）这以后，贿赂的事也开始有了。阿尼图斯在其于派罗斯指挥作战之后，第一个实行贿赂。他因派罗斯失守被人付审，却因贿赂而被无罪开释。

民主政治的反复：雅典为西西里的财富所吸引，远征西西里。在西西里的战争失利后，雅典的贵族派和民主派进行了长时间的斗争，最终以民主政治的胜利告终。

《雅典政制》抄本 28

（1）这样，在伯里克利做人民领袖时，国情尚好。可他一死，事情就变得很糟。因为这时，人民头一次让一个在上流人士中并没有好名声的人做了人民领袖。而在此以前，人民的领导者一直是有好声誉的人。（2）起初，梭伦是第一位人民领袖，第二则是庇西特拉图，他们都是出身显贵的名人。推翻僭主政治之后，阿尔克迈翁家族的克利斯提尼成为人民领袖，在伊萨戈拉斯及其党羽被放逐之后，他就没有了政治对手。接着是克珊西普斯做人民领袖，而米太亚德则是显贵们的首领。然后是特米斯托克利和阿里斯太德。在他们之后，埃菲阿尔特成为人民领袖，米太亚得之子客蒙是富人的首领。再后，伯里克利做了人民领袖，另一方是客蒙的亲戚修昔底德。（3）伯里克利一死，尼基阿斯成为显贵人物的首领，他后来死在西西里，人民领袖则是克利埃涅图斯之子克利翁。克利翁暴烈冲动，被视为最败坏民风的人，而且他还是第一个登上讲坛就吼叫詈骂的人。他总是先把斗篷束起来，再向公众发表演说；而其他所有人都能善自检点、谨慎规矩地讲话。这些人之后就是哈格农之子塞拉麦涅斯为一方的首领，制造七弦琴的克利俄丰为人民领袖，他是第一位提供2个奥波尔津贴的人。这样做了一个时期以后，派阿尼阿村社的卡利克拉忒斯放弃了这种做法。首次应允在 2 奥波尔之外再加 1 个。这两位后来都被处死。因为大众虽然被其欺瞒一时，但最终总是憎恨那些引导他们干不正当事情的人。（4）自克利俄丰以来，人民领袖总是一脉相承，尽是喜欢鲁莽行事的人。他们讨好多数人，唯求取得眼前的利益而已。（5）继早期的一些政治家之后，在雅典，最好的政治家似乎是尼基阿斯、修昔底德和塞拉麦涅斯。关于尼基阿斯和修昔底德，差不多所有的人都一致认为他们不仅是真正的君子，而且是政治家并且好似整个国家的父亲。但对于塞拉麦涅斯，意见相左，因为就在他那个时代，政制混乱。可在并不浅尝辄止、自以为是的人看来，他并不是如误认的那样，是一切政制的破坏者，而是引导一切政制循法。因为他善于在所有政制之下为国效劳，这是一个好公民应该做到的。对不法之事，他绝不让步，而宁愿招致怨恨。

《雅典政制》抄本 29

（1）因此，在战争时期，当局势还平稳时，民主政治就得以保持。然而。西西里灾难发生以后，当拉栖第梦人方面由于与波斯王订立同盟而强大起来的时候，他们被迫改变民主政治而建立起 400 人政制了。墨罗俾乌斯做的提议演说。但决议案则由阿那佛吕斯图斯村社的皮索多汝斯起草。大众之所以默认顺从，主要是因为他们相信，如果他们的政制基于少数人，波斯王就会愿意与他们并肩作战。（2）皮索多汝斯的决议案如下："除已有 10 个起草委员外，人民再从年逾 40 岁的人中选出 20 人。他们先宣誓，要草拟他们认为对国家最有利的方案，然后起草国家安全方案。此外，其他任何人，只要愿意，也可以提出提案，以便可以从中择出最好的一种。"（3）克勒托丰赞同皮索多汝斯决议案的其他内容，又提出当选的委员也应该探索克利斯提尼在其创建民主政治时所制定的那些祖制，以便在听取这些法案之后，审议出最好的法律。因为克利斯提尼的政制与梭伦的近似，不是民主政制。（4）委员们当选之后，首先动议主席们务必把一切有关国家安全的议案付诸表决。而后，他们又废除了对违法提案的申诉、控告和传讯，使雅典公民有权对眼前事件提出建议。他们又规定，如果有人因为别人这样做而企图处罚或传讯他们、或是把他们拘入法庭，他就要被告发而马上被带到将军处，将军应该将他交给

11人警监，处以极刑。（5）之后，他们就制定了下述政制：国家收入，除战争外，不得用在其他任何方面；一切国家官吏在战争期间均无薪俸，唯担任9位执政大员和主席职位者每人每天得领3个奥波尔；在战争期间，所有其他的政府职务应该交给就体魄和财源而论皆属最强的雅典人，其人数不少于5000人；这个集团应该有权力与他们所中意的任何人订立条约；每一部落选出10名年逾40的代表，他们凭洁净的牺牲宣誓，然后提出5000人名单。

《雅典政制》抄本30

（1）当选的委员们所起草的议案便是这样，这些议案被通过了。5000人由他们的成员中选出100人的起草委员会，起草宪法。当选委员们草拟并公布了下列决定:（2）议事会应该由年逾30岁的人员组成，任职一年，没有薪俸；他们中有将军、9位执政大员、圣域记录官、中队长、骑督、部落骑督、卫戍官、雅典娜女神和其他神的神圣基金的10个司库官、希腊司库官以及所有不属于神圣基金的20个司库官、祭祀监和祭礼监各10人；所有这些官职都由议事会先就其本届成员中提出大量的候选人，然后从中选举，但所有其他的官职则用抽签选出，而且无须从议事会成员中选出；希腊司库官管理这些基金，不出席议事会。（3）关于将来，应该由达到上述年龄的人组成4个议事会，并抽签选定其中一个主持议事会，其余的由抽签决定先后，依次任职。百人委员会应该将自己和其他人尽量平均分为4组，从中抽签，中签者组织议事会，一年为期。（4）议事会应按照他们认为最好的方式作出决定，以保证基金的安全并用之于必要。至于其他事情，他们应该尽力妥善处置。如果他们认为某事需要有更多的人，那么，每一委员都可以就他所喜欢的、与他年龄条件一样的人中再请来一位。除非会议有加多的必要，议事会每隔4天开会一次，（5）9位执政大员为议事会办理抽签事宜，主持者凡5人；由议事会成员中抽签选出，从中每天抽签指定一人提出议题。这5个当选的人对于要求提交议事会讨论的事用抽签作出安排。首先是有关宗教的事，其次是新闻发布传达，再次是关于使者的事，第四是其他事。但是，如果有关战争的问题，就不用经过抽签而径行进见将军并进行讨论。（6）议事会的成员在预定开会时间未经议事会许可而不出席者，每天罚款1德拉克马。

《雅典政制》抄本 31

（1）因而，他们草拟的这个政制是为着将来的。针对现实情况又拟出下列条款：议事会应该以祖制由 400 名成员组成，每部落选出 40 人，由各部落成员所选出的年逾 30 的候选人名单中选举之。这些人委派官吏，制定他们宣誓必尊的规则，并处理有关法律、审计和其他他们认为应该做的事情。（2）人们必须执行国家既定的法律，而没有权力改变法律或另外制定法律。现在，将军应该由全体 5000 人中选出。议事会一成立，就要检阅重装部队。选出 10 个人任将军，并为他们设一位书记。当选的人在来年就任，具有自行决断的权力，在必要时，才与议事会商议。（3）此外还要选出一个骑督和 10 个部落骑督。至于将来，议事会则应按照既定的程序，选举这些官职。除议事会议员和将军之外的其他任何官职，同一职位同一人不得连任。一段时间以后，当他们和其他人组成议事会时，百人委员会必须将 400 人分成 4 组，以便他们可以分配到每个部落去。

《雅典政制》抄本 32

（1）这就是由 5000 人选出的百人委员会所草拟的政制，阿里斯托玛库斯将这些议案付诸投票表决，由大众批准。就在卡里阿斯那届议事会任期届满之前，在塔盖留月 14 日它被解散了；400 人议事会在当月 22 日就职；而抽签选出的议事会则在斯奇若弗柳月 14 日就职。（2）就此，在卡里阿斯为名年官时，即约当僭主被驱逐之后 100 年左右，寡头政治便建立起来了，主要的推动者是皮珊得、安提丰和塞拉麦涅斯。这些人都是出身显贵，并且以其非凡的才智与判断能力声名卓著。（3）此政制之下，5000 人不过徒有其名，而 400 人议事会则靠具有独断权力的将军之助，掌握了议事会实权，统治国家。他们又派遣使者，到斯巴达人处，建议依现有的局势停战媾和；然而，雅典若不放弃海上霸权，斯巴达人就不理会此事。于是，他们放弃了这个建议。

《雅典政制》抄本 33

（1）400 人议事会的政制延续了 4 个月，时值塞俄波摸浦斯任名年官之年，其中有两个月是谟涅西罗库斯为名年官，其余的 10 个月则由塞俄波摸浦斯接任。当他们在埃雷特利亚海战中被击败，除奥勒乌之外，整个埃维亚都起而反抗的时候，他们比以前任何一次的灾难都更难受了（因为他们实际上从埃维亚所得到的供应，比之从阿提卡所得到的更多），因此，他们解除了 400 人议事会，把政务交给能自备武装履行军务的 5000 人去处理。同时，他们投票决定，任何公职都无俸禄。（2）发起这次行动的首脑人物是阿里斯托克拉忒斯和塞拉麦涅斯。他们不赞同 400 人议事会的作为，因为他们常以他们一己的决定来处理一切，而不理睬 5000 人。在这危机时期，雅典似乎治理得很好。战争依然在进行，政府在能自备武装履行军务的人手中。

《雅典政制》抄本 34

（1）就这样，人民很快褫夺了那些人对国政的控制权。解散 400 人议事会后第六年，安革利村社的卡里阿斯任名年官之际，在阿基努塞海战发生之后，先是打了胜仗的 10 位将军被一次举手表决全部定罪；其中某些人甚至根本没有参加战斗，其余的人中有的还是被别的船只救起。人民由于激愤而误入了歧途。而后，当斯巴达人建议以保持双方现状为条件，从德凯利亚撤走并媾和的时候，虽然有些人渴望接受这项建议，但大众却拒绝接受。他们受了克利俄丰的蛊惑。克利俄丰以酒壮胆，穿着胸甲来到公民大会，阻止媾和。宣称若斯巴达人不放弃所有的城市，他就不允许言和。（2）结果，这件事处理得很不得当。不久之后，他们就认识到了自己的错误。因为到了第二年，在阿莱克西阿斯任名年官时，他们在羊河之役中遭到惨败。结果，国家落到了吕山德之手。他以下述方法建立了 30 人统治。（3）本来合约的订立是以根据祖制管理政府为条件的，因此人民试图保持民主政治，但属于政治集团的贵族们以及和平之后才由放逐中归国的人，却力图建立寡头政治；而不属于某一政治集团但是在其他方面绝不亚于其他公民的人们，则意属恢复祖制，其中有阿基努斯、阿尼图斯、克勒托丰和佛米修斯以及其他许多人；其主要的领袖是塞拉麦涅斯。吕山德站在寡头政治派方面，人民受其威胁，被迫接受寡头政治，提出这项议案的是阿非得那的德拉孔提代斯。

《雅典政制》抄本 35

（1）于是在皮索多汝斯任名年官时，30 人统治就这样建立起来了。他们既成为国家的控制者，便不顾其他已经通过的关于政制的条例，而从 1000 人中预选出的人里委任 500 个议员和其他官职。此外，还为他们一己之利，选任了比雷埃夫斯港的长官 10 人、监狱长 11 人、执鞭侍从 300 人。他们就这样控制了国家。（2）最初，他们对公民还很温和，假装着遵循祖制。他们从战神山议事会中把埃菲阿尔特和阿刻斯特拉图斯所制定的关于战神山议事会议员的法律去掉，并且删除梭伦法令中尚不明确而有争议的部分，解除陪审员具有的最高权力，宣称修订政制、删除其中含糊不清的地方，例如，关于某人将其财产赠与其所欲赠之任何人的权力，他们毅然执行，而将那惹人厌烦的所谓"若不疯狂或年老、或受女人制约"的限制废除，以使存心诬陷者不再有机可乘。对于其他事，他们也用同样的方式处理。（3）在最初，他们就这样忙着这些事，铲除勒索者和存心不良地讨好人民的人，以及恶人和无赖。国人对于这些措施都很满意，认为他们如此作为，是纯心向善。（4）但是当他们稳固地掌握了国家的时候，他们就不放过任何一个公民，把门第显贵或富于资财或有名望的人都处死，目的是彻底清除这些令其惶惶不可终日的人，同时还想夺取他们的财产。在很短的时间内，他们处死了不下 1500 人。

《雅典政制》抄本 36

（1）眼看国家困难重重日趋没落，塞拉麦涅斯痛心疾首。他敦促他们停止放肆地胡作非为，并要让出类拔萃的人参与国事。最初，他们反对他。但是，当他的这些话散布到大众中间，而公众又自然倾向塞拉麦涅斯时，他们更害怕他会成为人民领袖而推翻寡头政治。于是他们就 3000 公民进行登记，让他们参与国事。（2）塞拉麦涅斯对这个行动又做了批评。他首先指出，他们虽然愿意让那些优秀的人参政，但他们只让 3000 人参加，好像才德只限于这些人似的；其次，指责他们做了两件不相容的事，既滥施淫威苛政又治国无道。但是，他们并未理睬这些劝告，而且把对 3000 人的取舍拖延了很长时间，对于他们所决定的那些人秘而不宣，甚至当他们决定将名单公布的时候，他们又删除一些本来在名单上的名字而换上另外的原本不在名单之内的人。

《雅典政制》抄本 37

（1）时令已届冬日，斯拉绪部卢斯率被放逐的人占领了费利。30 人派去征讨被放逐者的战事又告失败，形势对 30 人很不利。于是他们决定解除其余人的武装，并采取下述方式驱逐塞拉麦涅斯。他们向议事会提出两项法令，要求批准。其一是赋予30人以绝对的生杀予夺权力，来处置任何不属于3000人名单之内的公民。其二，是不许把现行政制下的公民权给予一切曾参与毁坏埃埃提俄尼阿工程①或以任何行动反对过建立了前寡头政治的400人议事会的人。塞拉麦涅斯事实上参与过这些活动。所以，结果是，当这两项法令被批准时，他就不在政制保护之内了，而30人也有权处死他。（2）塞拉麦涅斯被除掉后，他们就解除了除3000人之外的所有人的武装。他们其余的举动就更加残暴和卑鄙了。他们还派遣使者到斯巴达去，毁谤塞拉麦涅斯并请求斯巴达人援助他们。当斯巴达人听到这些时，就派卡利俾乌斯为总督，并率领700兵士来守卫卫城。

《雅典政制》抄本 38

（1）此后，来自费利的被放逐者们占领了穆尼客阿。在战斗中击败了30人派去救援的军队。这些城里来的队伍在战败后，就撤了回去。第二天便在市场举行议事会，废黜了30人，并从公民中选出10个全权委员来结束战争。可是，这些当选的人得到权力后，并不履行职责，反而派遣使者到斯巴达请求援助并借款。（2）他们的这一行动遭到了公民团体的反对。10人怕被免职，就用恐吓手段（这点他们成功了），逮捕一个最显要的公民得玛勒图斯，处以死刑，并紧紧把持要事。同时，卡利俾乌斯和在雅典的伯罗奔尼撒人又积极支持他们。有些骑士集团的人也同样支持他们。因为在全体公民中，骑士中的某些人实在不愿意那些在费利的人回来。（3）但是，占领比雷埃夫斯和穆尼客阿的人们，由于全体人民倾向他们，在战争中总是占上风。最后人民废黜了初选的10个人。再选出他们认为最好的10个人。当这10个人执政时期，由于他们诚心尽力地促进，和解成功，人民回来了。这10人中最杰出的是派阿尼村社的里农和阿刻杜斯村社的法宇卢斯。因为这些人在波桑尼阿斯到来之前，曾不断派人去同比雷埃夫斯的人讲和，而在他来到之后，他们又尽力赞助流亡的人返城。（4）

---

① Ἠετιωνείᾳτεῖχος，是比雷埃夫斯港北边的一个凸出的防波堤，已经动工，却在塞拉麦涅斯的鼓动下被毁。

波桑尼阿斯，这位斯巴达人之王以其本身的努力和随后从斯巴达归来的10个调节人之助，终于实现了和平与妥协。里农及其同伴以其对人民的善意而得到赞赏。他们虽然曾经在寡头政治下谨慎尽责，却经受住了民主政治下的审核。所以无论是本来留在城内的人还是从比雷埃夫斯返城的人，没有一个对他们有任何怨言；反之，里农由于他在这一任的作为，却马上被选为将军了。

《雅典政制》抄本39

（1）和解是在攸克利得斯作名年官时依下述条件成立的："凡留居城内的雅典人愿意迁往埃莱夫西斯者，仍保留他们的全权公民的特权，他们自己有权自主独立，享有他们自己财产的岁收。（2）庙宇为双方共有财产，由刻律刻斯和攸摩普斯族人按照祖先的习俗来管理。但是不允许在埃莱夫西斯的人到城里去；同时，城里人也不许到埃莱夫西斯去，唯举行秘祭时节除外。他们也像其他雅典人一样，就其岁收中交纳共同防卫基金。（3）任何离开的人如想在埃莱夫西斯得到房屋，应劝服屋主；不过他们若是不能彼此成交。每方得选出3个估价者，并接受这些估价者所估定的价。埃莱夫西斯居民中，为移入者所乐意者，可以与他们一起留住。（4）凡遇迁徙者，在国内的人，应在宣誓之后10天内进行登记，在20天内迁徙；而在国外的人，则自他们回国之日算起，享有同等条件的待遇。（5）任何住在埃莱夫西斯的人不得在城里负责任何公务，除非他重新登记，再迁居城内。如果一个人故意杀死或伤害他人，杀人罪的审理依据祖律。（6）除30人、10人、11人警监以及比雷埃夫斯的长官外，任何人过去的事都可以得到彻底的特赦，而这些人如果接受审核，亦可包括在特赦之内。凡在比雷埃夫斯任长官者，应于比雷埃夫斯审核；但在城里者，则应在纳财产税的人面前审核。此外，凡不愿意按这些条件接受审核者，得迁徙。每一方都要分别偿还他们为战争借的款项。

《雅典政制》抄本40

（1）当和解已经根据这些条件成立，曾同30人一起作战的人恐惧起来，许多人想迁移出去。但是，像一般人所常有的情形那样。他们一直想拖延到最后一天才登记；阿基努斯看到这些人众，想留下他们，所以提前截止允许登记的日期，以便在许多人还没有恢复勇气的时候，违心地被迫留下。（2）这似乎正是阿基努斯的治事有方之处。此后，他提出斯拉绪部卢斯的议案违反政制，那个议案允许给所有的从比雷埃夫斯一起回来的人以公民权利，而其中有些人显然是奴隶；第三个行动是当归来的公民中有人开始重提旧怨时，他就把那人带到议事会并控告他，说服议事会，不经过正式审问就处死他。他说，现在正是他们表明是否想保持民主、遵守誓言的时候。因为如果放了这个人，便是鼓励别人也来效法；而如果这样处死他，那么就给所有的人作了范例。（3）事情果然如此，因为他被处死，后来，没有人再不忘前怨的了。反之，无论在私事和公务中，他们对于故事陈迹的处理都最完美地体现了最具政治家风度的精神。因为，不仅屏除前嫌，而且还用公款归还了那30人为战争而从斯巴达人借来的款项，尽管条约上规定在城里的和在比雷埃夫斯的两方各自偿还。他们认为这是争取同心协力的首要步骤。而在其他国家，那些建立民主政治的人不肯从他们自己的财产中付出任何东西，却要重新分配土地。（4）在克塞奈涅图斯任名年官时，即迁徙后的第三年，他们同移居在埃莱夫西斯的人也和解了。

第二部分：亚里士多德所处时代的政治制度

《雅典政制》抄本41

这些事情是在后来发生的；当时，人民已经成为控制国事的主人，制定了一直延续到今天的政制，那是在皮索多汝斯做名年官时，人民已经正当地凭自己的努力使人民的政制得以恢复。（2）这在众多变革中是第十一次。伊翁和他的追随者来居开始发生了第一次变动，因为这时才第一次将人民分为四个部落，并选任部落之王。第二次变动，亦即提修斯时代所发生的改革，是那以后发生的头一次政治体系的变动，这和王者时代已有所不同。以后德拉孔的改革又第一次公布了法典。第三次是在纷争之后的梭伦时代，从此，才开始民主政治。第四次是庇西特拉图的僭主政治。第五次是僭主政治被推翻后的克里斯提尼的改革，它比梭伦的更为民主。波斯战争之后的第六次改革是战神山议事会又当权了。此后第七次是由阿里斯太德草创而由埃菲阿尔特完成的改革。那时，埃菲阿尔特推翻了战神山议事会。这既因为热衷蛊惑人心的人给国家造成了失误，又因为有海上霸权的存在，国家才发生了这次最大的变动。第八次是

400人议事会统治的建立。此后第九次，是民主政治的恢复。第十次是30人和10人的僭主政体。第十一次变动是在费利和比雷埃夫斯的人回来之后。自那时延续至今，人民大众的力量一直在增强。人民使自己成为一切的主人，用公民大会通过的决议和人民当权的陪审法庭来处理一切事情。因为议事会所审判的案件也转到人民手里了。他们这样做，显然是正确的。因为少数人总是比多数人更容易因实惠和偏爱而腐化。（3）最初，没有实行出席公民大会有给制。公民大会召集不齐。普律塔涅斯要不断想方设法诱导大众，来作出表决批准决议。所以，阿菊里乌斯首先给1个奥波尔津贴。在他以后，克拉索墨奈的赫拉克利得斯，外号"王者"，给增加到2个奥波尔，而阿菊里乌斯又增加到3个奥波尔。

（1）公民权

《雅典政制》抄本42

（1）现行政制的条款如下：双亲均为公民者享有公民权，18岁时在他们的村社登记。为他们登记之时，宣誓过的村社成员投票对他们做出决定。首先，看他们是否达到法定的年龄，如果认为未到年龄，他们便复归于孩童之列。其次，看他是否为合法出生的自由人。若投票结果认为他不是自由人，他得向陪审法庭申诉。村民由自己人中选出5人做上诉人；若判决他并无登记权利，国家便把他售卖为奴；若他胜诉，村民就必须让他登记。（2）然后，议事会核检登记者，如果发现有人未满18岁，进行登记的村民便要受罚。每当这些成丁被审查通过时，他们的父亲总是按部落集会，并在宣誓之后，选定年在40岁以上而被他们认为最好且最宜于管教这些丁男的部落成员3人，人民以举手方式再就他们中每部落选举一人为教练官，并由其他雅典公民中选举一个指挥官统帅他们全体。（3）这些人把成丁集结为一体，首先巡行各神庙，然后开往比雷埃夫斯港，其中有的人守卫穆尼客阿，有的守卫海角，给他们选出两个教练和一些教师，教他们重装操练及使用弓，投枪和投石器，并给津贴，教练官每人1德拉克马，成丁每人4奥波尔；每一位教练官支领他自己部落人员的津贴费，为全体人员购备一律的生活必需品（因为他们按部落实行公餐），照管其他一切事。（4）第一年，他们照这样方式生活；下一年公民大会在剧场开会，成丁们就在人民面前进行一次列队表演,并从国家领到一面盾和一支矛;然后巡行于邦畿,并驻守哨所。(5)他们身着短款斗篷,戍御2年,并豁免一切义务:他们无让予权,也无秉承权,为的使他们除涉及遗产、涉及女继承人的案件或具世袭祭司身份者外,没有托词离去。待2年过后,他们便像其他人一样了。

(2)官员的产生、职责与议事会的职能

《雅典政制》抄本 43

(1)这就是关于公民登记和成丁的情况。所有负责日常国务的普通行政官员,除军事基金司库、观剧基金管理人以及水监外,都由抽签任用;这3个官员则由举手选举产生。当选的官员任期自一次泛雅典娜节到下一次。所有军事官员也用举手选举。(2)议事会是抽签选举的,议员500人,每一部落50人。主席团职位由各部落轮流担任,其次序由抽签决定。前4个部落每一部落任职36日,后6个部落任职35日;因为他们按阴历计年。(3)出任主席团的人自己首先从国家领出一笔钱,在圆厅公餐,然后召开议事会和公民大会。议事会实际上除假日外每天开会,公民大会则在每一主席团任期内开会4次。主席团发布议事会待办公事通告、逐日讨论事项以及会议地点。(4)他们还发布公民大会通告。一次是最高会议,对那些据认办事得力的官员投票认可,并讨论粮食供应和国防事宜;这天,任何有意愿的人都可提出对政治犯的指控;要求对没收财产登记册认可;提出有关遗产和女继承人的合法继承申请。通告提醒注意,以免有人疏忽误事。(5)在第六届主席团任期中,除上列的事务外,他们还进行投票来决定是否要实行陶片放逐法;决定那些毁谤者的先期对人控告是否要受理,他们或针对雅典人或涉及侨民,每方各以3案为限;还决定是否要对曾向人民许下诺言而没有实现的案例起诉。(6)另外一次会议是为祈愿人开的。在这次会上,任何有意愿的人都可以在放下一条祈愿树枝后,对民众讲出他所要说的事,不论是公事还是私事。另外两次会议讨论一切其他事件。在这些会议上,法律规定,讨论圣事3件,讨论接见使者和大使3事,还有世俗事件3项。有时,他们并不举行先期投票而办起事来。使者和大使先拜见主席团,所带公文向主席团递交。

《雅典政制》抄本 44

（1）主席团有抽签选出的一个执行主席；他任职一昼夜，不得延长，也不得再度任职。他掌管存有国家金钱和档案的庙宇的钥匙及国玺。他必须同他所安排的主席团的 1/3 成员一起留居于圆厅内。（2）当主席团召集议事会或公民大会时，执行主席就以抽签选出 9 名主持人，每部落一人，唯担任主席团的部落除外。在这 9 人中，他又同样地选任一个执行主席，而后把程序单交给他们。（3）他们接到程序单之后便负责执行议程，提出讨论事件、监视投票、解决其他一切事，并有权解散会议。任何人不得在一年中担任两次执行主席，但是他在每一届主席团期中可以担任一次主持人。（4）他们又在公民大会中举行将军、骑督和其他军官的选举，其方式以人民的意志为依归。选举在第六届主席团后由任期中出现吉兆的头一个主席团进行。这些人选必须由议事会预审。

《雅典政制》抄本 45

（1）议事会从前本有罚款、拘留和判决死刑的权力。但是，有一次议事会已经把吕锡马库斯交付给国家的刽子手，他正坐以待毙之时，阿罗珀刻村的优美里德斯却救走了他。优美里德斯说，公民未经陪审法庭判决不得被处死；而到了陪审法庭审判时，吕锡马库斯却得到了免罪。于是，他得到了"棒下余生之人"的诨号。人民从而剥夺了议事会判处死刑、拘留和罚款的权力，并定出法律，凡议事会通过的对罪过的惩与罚的判决案必须由司法官送交陪审法庭，而陪审员的投票总是有权威的。（2）议事会审判大部分官吏，特别是那些管理基金的官吏；议事会的审判不是决定性的，还可以向陪审法庭上诉。公民个人也有权告发他所要告发的任何官吏的不法行为；而这些案件如果经过议事会通过判决有罪，被告人仍可以向陪审法庭上诉。（3）议事会也审核将于次年任职的议员和 9 位执政大员。以前，议事会还有对这些人进行否决的权力，但是现在这些人可以向陪审法庭上诉。（4）因而，对于这些事，议事会并不具有权力，但是它给公民大会准备决议案，而公民大会无权通过未经议事会准备和未经主席团事先以书面公布的任何法案；因为提出这样的法案的人为此将承担违法之责。

《雅典政制》抄本 46

（1）议事会关注业已建造的三列桨战船及其装备，以及船坞，并依公民大会的投票决定建造并装备新的三列桨战船或四列桨战船，建造船坞；人民选举船舶营造师。如果他们不能把这些工作完成，移交给新议事会，它的成员便不能领到他们的酬金，因为此项酬金在下一届议事会上任时支付。为着建造三列桨战船，议事会选举它自己的成员 10 人为船坞建造者。（2）他们检查一切公共建筑物，如果发现任何人渎职，就把情况报告给公民大会，如果被控有罪，就把他交给陪审法庭。

《雅典政制》抄本 47

（1）大多数事情议事会与其他官吏共同管理。首先，雅典娜神庙司库官有 10 人，每部落抽签选出 1 人，按梭伦法（它现在还是有效的）规定，应出自 500 斗级。但事实上中签者即任职，即使他一贫如洗。他们在议事会的参与下，保管雅典娜像和胜利神像以及其他尤物和基金。（2）又有公卖官 10 人，每部落 1 人，以抽签选出。他们在议事会参与下，在军事基金司库官和当选观剧基金管理官的合作下，出租一切公共包揽事业，出包矿坑和赋税，批准经议事会投票许可的人承包国家出租的矿坑，包括出租 3 年的采掘矿山和出租……年的矿山租让权。他们又在议事会参与下拍卖战神山议事会所驱逐的人的和其他人的财产，但拍卖必须经 9 位执政大员批准。他们给议事会草拟写在粉牌上的出包一年租税的表，其中说明承包者和他应付的价额。（3）一边列有 10 个表，记着每届主席团任期内需要付款的人；另一边的表，记着一年中必须付款 3 次的人，附以指明每次付款的日期表，还有一些分开的表，记着在第九届主席团必须付款的人。他们又制定一个表，记载着在陪审法庭中注销和拍卖的地产和房屋；因为这些拍卖也是由这些官吏办的。买房屋的人必须在 5 年内付款。买地产的人必须在 10 年内付款；他们在第九届主席团任内付款。（4）同时，王所领地的出租也在粉牌上作一个表提出。这些领地租期也是 10 年，地租在第九届主席团任内交付；所以在那届主席团内有一笔极大的收入。（5）写着付款表的粉牌交给议事会，由一个事务员保存。当有人付款时，他就从架子上取下记着这个付款人和付款日期的牌，交给收款官，把记载拭去。其余的牌则分别保管，务使在付款之前不致被抹掉。

《雅典政制》抄本 48

（1）收款官 10 人，按部落抽签选出，他们管理这些粉牌，并在议事会办公厅中在议事会参与下拭去还款的数目，而后把牌交还给事务员；任何人拖延付款，就记在牌上，他就必须加倍付还拖欠之款，或入狱。根据法律，议事会有权判处罚款和收监。（2）因此，在第一天，他们收进到期的款，就把这些款分配给各长官。到第二天，他们带着写在一块木板上的所分配款额的报告，在议事会办公厅中复核。如果有人知道任何一个人，无论是官吏或是私人，分款出了错，可向议事会提出质疑，如果发现任何人犯了错误，就用投票决定处理。（3）议事会又从他们自己人当中抽签选出会计员 10 名，为每届主席团核计官吏的账目。（4）他们又抽签选举查账员，每部落 1 人，同时又抽签选出每一查账员的 2 个助理。在举行部落会议时，他们应该依照每个部落所由以命名的英雄之名分属于各个部落。如果任何人为了私事或公事要对任何一个已经在陪审法庭报告账目的官员提起诉讼，他应该在其报告账目之日起的 3 天之内，把他自己的和被告人的名字以及他控诉此人的罪，加上他所认为适当的罚款额，记在粉牌上，把它交给查账员。（5）查账员接受并看过它之后，倘若认为起诉可以成立，如系私人案件，即将此牌交给村社中为这一部落提出案件的陪审员；如系公众案件，则交给司法官登记。司法官如接受它，即再将此种账目向陪审法庭提出，而陪审员的判决便是最后决定。

《雅典政制》抄本 49

（1）议事会又检查马匹，任何有一匹良马的人若不好好保养它，即处以赔偿刍秣费。马如果不能跟队，或不肯留在马队而跳跃，议事会就在马下颔烙上一个车轮记号，这样的马就不合格了。议事会还检查骑马的侦察兵，看他是否适于做侦察兵；任何被议事会投票否决的人即被革职。议事会又检查伴同骑兵一起作战的轻装步兵，任何遭投票反对的人，即停止支付给他薪俸。（2）骑兵人选由公民大会投票选出的 10 个登记人进行登记；他们把登记名单交给骑督和部落骑督，这些官员接收名单，将它带到议事会，然后启封载有现役骑兵名字的简册，把以前曾经登记而现在因体力不济宣誓请求豁免骑兵军役的人除名，并召集新登记的人，允许任何以体力不济或缺乏钱财而宣誓请求豁免者除名。至于没有请求免役的人，则由议事会议员投票决定他们是否适合于骑兵军役。如果议员投票认为他们合适，就把他们登记在简册上；如果不合适，就让他们除名。（3）从前，议事会曾经决定雅典娜外袍的式样，但是现在，这归于一个抽签选定的陪审法庭来处理。因为议事会曾被认为决断不公。议事会又和军事基金司库官共同监督胜利神像的建造以及泛雅典娜节赛会的奖赏。（4）议事会又检查贫困之人，因为法律规定，凡财产不足3明那而因体力衰弱致不能从事任何工作者，由议事会审查，并由议事会从公众开支中供给他粮食津贴，每人每日2个奥波尔，并由抽签选出一个为他们专设的司库官。（5）准确地说，议事会同其他地方官吏一起，处理了绝大多数行政事务。

《雅典政制》抄本 50

（1）这些便是由议事会所管理的事件。又由抽签选出10个神庙修缮官。他们从收款官处领到30明那来修理那些最必要修缮的神庙。（2）还有10个城市监督，其中5人在比雷埃夫斯任职，5人在城内。他们监督吹箫女、竖琴女和弦琴女，禁止她们收费超过2个德拉克马。如果有几个人要求同一个女子，这些官就让他们抓阄，胜者雇她。他们还监视清道夫，不许他们在距离城墙10斯塔特之内抛掷污秽。他们要防止建筑房屋侵占道路，不许阳台突出于道路之上，制止建筑高架水道、水溢道路，以及朝向道路开窗。他们要将路毙者的尸体移去掩埋，办这种事有公仆协助。

《雅典政制》抄本 51

（1）市场监督亦由抽签选出，比雷埃夫斯5人，城区5人。依照法律，他们监视一切商品，要售出之物纯真无杂。（2）度量衡监10人，亦由抽签任用，城区5人，比雷埃夫斯5人，监督一切量具和衡器，目的是令卖者使用公正的度量衡。（3）谷物稽查通常为10人，由抽签选举，比雷埃夫斯5人，城区5人，但现在则城区20人，比雷埃夫斯15人。他们的责任首先是监督，让未经磨制的谷物在市场上售价公平；其次是使磨坊主出售面粉之价依照大麦之价，其重量要符合规定，因为法律要求如此。（4）贸易监督10人，由抽签选举，其责任是监视贸易中心地，迫令商人将海运到港拟进入市场的谷物的2/3运转城内。

《雅典政制》抄本 52

（1）抽签任选 11 人警监。他们管理在押的人，并将那些以偷盗、绑架、行劫被捕而供认不讳者处以死刑；对持异议者，则将他们送往陪审法庭；如获免罪则开释；如不得免罪，则处死。他们还将应为公共财产的田产、房屋登记交给陪审法庭，将已经认定为公的交与公卖官；又应提交密告，因为，虽然有的密告由司法官处理，但 11 人警监亦有此类职责。（2）案件提出者 5 人，亦由抽签选出，他们提出必须在一个月内做出审判的案件，每人监管两个部落。这些案件涉及欠而不付嫁资和任何以 1 德拉克马利息借的款而拖欠者，以及某人为在市场经商而借的资本，拖期返还者；还有暴虐、友情借贷、合伙协作、奴隶和家畜、三列桨战船职务和银行业务等。（3）因而，他们把这些案件在一个月内提交审判。收款官在决定收税官所提出的或针对他们提出的案件时，如款额在 10 德拉克马以下，有权处理，其余则按月送交陪审法庭。

《雅典政制》抄本 53

（1）亦以抽签方式选举 40 人之官，每部落 4 人，其他案件向他们起诉。起初，他们本为 30 人，在村社巡回审判案件。但是，自 30 人寡头政治以来，他们的人数增为 40。（2）他们对于不超过 10 德拉克马的诉讼有判决权，但超过此数额的案件，他们就交给公断人。公断人接管过这些案件，如不能实现和解，即予以裁决，倘若双方满意他们的裁决，服从裁决，讼案即告了结。但是如果两者之一向陪审法庭上诉，他们就把见证人的证据和申辩以及有关的法律条文，分别放在原告和被告的证件箱里，把它们封好，并附上一份写在木板上的公断人的判决词，交与为被告部落提出申辩的那 4 个人。（3）这些人接受这些案件以后，即诉之于陪审法庭，如在 1000 德拉克马之内，诉之于 201 名陪审员的法庭；若超过此数，诉之于 401 名陪审员的法庭。除公断人所交的放在文件箱中的东西外，诉讼人不得另外放进法律、申辩或证据以及别的东西。（4）年届 60 岁的人可以担任公断人，正如从名年官表和祖名表所知的那样；因为部落所由命名的祖名凡 10 个，而年龄组所用的年名凡 42 个。从前，当登记成丁入册之时，通常记在粉牌上，其上写着他们登记之年的名年官以及前一年公断人的祖名。这些名字现在都刻在铜柱上，铜柱立在议事会大厅之前，在祖名表的旁边。(5)40人之官取祖名表上最后一位,把公断案件分配给属他这一年的人,并用抽签指定每个人所应公断的案件;每个人必须完成案件的公断任务。因为法律规定,达到年龄而不做公断人者将失去公民权,除非这个人在这一年担任某种官职或在国外,只有这些理由方可豁免。(6)任何人如被公断人处理错了,可向公断人会控告,法律规定公断人有罪者应受剥夺公民权之处罚;他们亦有权上诉。(7)祖名又被用以公布兵役;当派遣一定年龄组的人出征之时,就发表公告,位列某某到某某名年官和祖名年龄组的人当服役。

《雅典政制》抄本 54

(1)还以抽签选出下列官吏:5个街道修筑官,他们指挥由国有奴隶担当的力工修路;(2)10个审计官及其10名助手,所有卸任官吏都要向他们报告账目。因为只有他们可以核算账目并将核算结果提交陪审法庭。如果他们证明某人挪用公款,那么罚款数目为他犯罪数目的10倍;如果他们证明某人受贿,而经陪审员判决,那么他们就估计受贿的价值,在这种情况下,罚款也是犯罪数目的10倍;如果他们发现他犯有政迹恶劣的罪,他们就估计损失,罚其付款。如果在第九届主席团任期前交纳罚款,只以损失的数目为限,否则加倍。但是,10倍于总额的罚款是不再加倍的。(3)号称主席团书记的,也以抽签任用,他负责管理文件,保管公民大会已经通过的决议。并核对一切其他文书,他列席议事会。以前,这个官吏是用举手选举的,而且通常是选任最著名而可靠的人,因为这个官吏的名字刻在同盟记录、任命领事和授予公民权的石碑上面。但是现在,它已经成为一种抽签选任的官职。(4)一个监管法律的官吏,亦由抽签选举,他也列席议事会,而且核对一切法律的复本。(5)人民以举手选出一个书记,专在公民大会和议事会中宣读文书;他除了作为一个宣读员之外,别无它权。(6)公民大会又以抽签选举10个祭祀监员,称为祭祀监,他们按神谕要求进行祭祀,在需要时,与占卜者合作,祭祀求祥。(7)公民大会又以抽签选出其他10人,称为常年司祭,他们完成某些年度祭祀,并负责所有的4周年节庆典,唯泛雅典娜节除外。有一个4周年节是提洛节(那里也有6年周节);其次是布洛罗尼亚节;其三是赫拉克利亚节;其四是埃莱夫西尼亚节;其五是泛雅典娜节,泛雅典娜节不和上述任何一个节日同年举行。现在已又加上一个赫菲斯特节，它是在基非索丰为名年官时建立的。(8)又以抽签选出一个萨拉米地方官和一个比雷埃夫斯的市长。他们在这两地主持狄奥尼西亚节并指定歌队队长；萨拉米地方官的名字在当地公布。

《雅典政制》抄本 55

(1)这样，这些官职皆由抽签选出，而且有权处理上述一切事。至于名为9位执政大员的官吏他们当初实行的任用方式，上文已经说过；但是，现在6个司法官以及他们的书记均由抽签选举。而名年官、王和军帅由每一部落轮流，亦以抽签选出。(2)这些官吏的资格，除书记外，首先在500人议事会中审查。书记和其他官吏一样（所有用抽签选举的和利用举手选举的，在任职之前，其资格皆须先经审查），只在陪审法庭审查。以前，任何官吏未经议事会通过，不得就任；但是，现在可以向陪审法庭上诉，而资格的最后决定也以陪审法庭为断。(3)审查资格所提出的问题，首先是"您的父亲是谁？他属于哪个村社？您的母亲是谁？您母亲的父亲是谁？他属于哪个村社？"而后，问他是否有祖神阿波罗和庭院宙斯以及神龛在哪里；再问他是否有家族墓地以及墓地何在；又问他待他的父母好不好，他纳税了没有，他服过了兵役没有。在这些问题提出之后，官吏就说："把这些事实的证人请来。"(4)当他提出他的证人时，官吏又问："有谁要控告这个人吗？"如果有控告人，便进行指控和申辩，然后把这个问题放在议事会上举手表决，或在陪审法庭中投票表决；但是如果没有人要控告他，就立即付诸表决。以前，通常只一个人象征性地投个票，但是现在所有的人都必须对受审查人进行投票，为的是任何奸佞之人即使幸免控告者的控诉，还可能被陪审法庭取消资格。(5)当事情经过这样审查后，受审查人就走向那块宰牲祭供的石头（公断人在其提出他们的决定之前亦在此宣誓，作证的人也在此宣誓无证据可提供），登上这块石头，宣誓说，他们将公正地依法从政，而绝不以他们的职务接受礼物；如果他们接受任何东西，他们就立一金像。宣誓之后，他们由这块石头下来，到卫城，在那里又是如此这般地宣誓，此后他们才就职。

《雅典政制》抄本 56

(1)名年官、王和军帅各有他们自己选择的两名助手。他们就职前在陪审法庭接受审查，卸任后要经受核查。(2)名年官一就任，首先发表声明，一切人继续拥有在他上任之前他们所执掌的那些物品和权力，直到他任满为止。
（3）于是，他任命三个雅典最富有的人为悲剧歌队队长。以前，通常他还任命五个喜剧歌队队长，但是现在这些人已经由部落选出。然后，他接见各部落任命的狄奥尼西亚节日成年人竞赛和儿童竞赛以及喜剧歌队的队长和塔盖里亚节成年人竞赛和儿童竞赛的歌队的队长（为狄奥尼西亚节每部落选一人；为塔盖里亚节每两部落选一人，两部落轮流出任），处理他们以交换财产取得替代的要求；或以从前已经有过公益出资为理由，而提出他们豁免要求；或则因为已经做过其他的服务与豁免时期尚未终止而提请豁免；或则因为还没有达到法定年龄（担任儿童歌队队长的人必须年在 40 以上）。他又任命提洛的歌队队长和运送青年的 30 桨船的圣使。（4）他组织游行队伍，其一是为纪念阿斯克列皮乌斯而举行的，那时新近入社者守在庙里；另一个是在狄奥尼西亚大节时举行的，在这大节里他和节日监督共同行动；这些监督以前是 10 人，由人民举手选出。他们拿自己的钱供给游行队伍作经费。现在，他们是用抽签选出的，每部落 1 人，而且给 100 明那作为筹备费。（5）他又安排塔盖里亚节游行队，以及庆祝救主宙斯节的游行队。他还是狄奥尼西亚节和塔盖里亚节竞赛的主持人。这些便是他所负责的节日。（6）以下的刑事和民事案件是向他提出的。在初审之后，他把这些案件送往陪审法庭，虐待父母案（这样的案件，任何愿意的人都可以担任原告，而不至于受罚）；虐待孤儿案（此案之成立要靠孤儿的保护人）；虐待女继承人案（此案之成立要靠保护人或与女继承人同居之人）；损害孤儿财产案（此案之成立也要靠保护人）；曾精神失常者之控告，即某人控告另一个人当其精神失常时损害其财产；指定清算人案，即某人不愿意与他人共享财产；保护案；关于维护争执的决定案；关于财产的争议案；保管人之登记案；对于遗产和对于女继承人之要求案。（7）他还照管孤儿和女继承人以及夫死之后宣称有孕的妇女。他有权处罚侵犯他们的罪人，或把罪人送交陪审法庭。他将孤儿和女继承人的房产出租，直到他们 14 岁为止，并收取保证押金。他勒令那些断绝赡养的保护人维持孩子的生活。

《雅典政制》抄本 57

（1）这些便是名年官所管理的事情。王所管理的首先是秘祭。他和那些由人民举手选出的监督人合作。其中2人由全体雅典人来选任，一人出自攸摩普斯家族，一人自刻律刻斯家族选出。其次是列奈亚的狄奥尼索斯祭。这个节日有一次游行和一次赛会。前者由王和监督联合指挥；后者由王安排并主持。他又主持所有的传递火炬竞走比赛；实际上他还是一切祖传祭祀的指导者。（2）他主管起诉不敬神罪行，乃至争执继承僧职的事。他宣判各氏族间和各僧侣间一切特权的争执。所有杀人案件也归他审理，不准参加特定祭典的宣告也由他宣布。（3）预谋杀人和伤人的审判是在战神山议事会进行的，还有纵火杀人和毒杀致死案亦然；因只有这些案件才由议事会审讯，至于非故意杀人以及蓄谋杀害家奴或异邦居民或外国领事案，则在帕拉狄温法庭审判；凡承认杀了人又宣称有法可循者，例如捉奸，或在战争中或竞技中误杀，都得在德尔菲尼温审判；但是，当一个人犯了可以宽恕的罪，正在流放避难之时又被指控杀人或伤人的罪犯，要在佛勒阿托斯界内受审。（4）并在一艘泊近海岸的船上申辩。这些案件，除在战神山议事会审理的以外，都由抽签选出的艾斐泰审判，案件由王提出，在圣界之内露天的地方审判，当王审理一个案件时，他就脱下他的王冠。被告人在所有其余的时间都不得进入圣地，法律甚至不允许他涉足市场。但在审讯时，他进入圣界，进行申辩。在不知罪犯时，仍对"罪过"提起诉讼。王和部落王还审判非生物和动物被控杀人的案件。

《雅典政制》抄本 58

（1）军帅奉祀女猎神阿尔忒密丝和厄尼阿留斯，并办理纪念死者的丧礼竞技，祭祀哈摩丢斯和阿里斯托盖通之灵。（2）只有涉及普通和特权外邦人以及外国领事的私人法律案件才归他起诉；他接受案件并将其分作10份，抽签分派给每部落1份，然后给公断人指定每一部落的陪审员。（3）他亲自提出涉及外邦人的案件，如离弃保护人或没有保护人，以及关于遗产继承和女继承人的事件；诉讼，凡涉及公民者，由名年官提出，涉及外邦人者，由军帅提出。

《雅典政制》抄本 59

（1）司法官的权力首先是指定陪审法庭开庭的日期，而后将法庭指配给官吏，因为这些官吏是按着所指定的法庭行事的。（2）此外，这些司法官们还向公民大会提起公诉，并提出一切由公民大会交给陪审法庭的曾被否决的案件，非法程序控告的起诉、违法提案的起诉、涉及主持人或执行主席的案件和对将军账目的审查等。（3）他们还起诉涉及押金的案件，如外邦人冒充公民案、外邦人行贿案（即外邦人冒充公民而以贿赂得免起诉）、诬陷案、行贿受贿案、伪造公共债务人名单案、冒名签字案、不抹消已偿清债务者名字案、错登债务人名字案、通奸姘居案。（4）他们还提出所有官职资格的审查案、被村社成员投票否决的公民资格的断定案、经议事会审过的罪状的判决案。（5）他们还提出商业和采矿业案件的私人诉讼，以及奴隶诽谤自由人的诉讼。他们又以抽签确定各长官负责公诉和涉及个人案件的陪审法庭。（6）他们批准与他国订立的商约，并起诉由这些商约而引起的案件，及战神山议事会提出的伪证案。（7）9位执政大员全体加上一个司法官的书记为10人，以抽签定出陪审员名单，各自负责自己的部落。

《雅典政制》抄本60

（1）这些便是9位执政大员的职能。还有竞技裁判官10人，以抽签选出，每部落1人，经审查合格，供职4年，安排泛雅典娜节的游行和音乐比赛、体育竞赛、赛马、监制外袍和议事会共同准备奖杯，并将橄榄油分发给竞赛的人。（2）油是由圣树得来的；名年官向生长圣树的田地的主人征收这种油，每株1+1/2科提利，而从前，国家经常出售圣树的果实。任何人掘出或砍倒一株圣橄榄树，就要受战神山议事会审判；如判决有罪，则处以死刑。自从橄榄油由田主纳税供应以后，该法虽依然存在，但审判已废止不用。国家要油已经是按地块计算，而不是按树株计算。（3）这样，名年官收集他这一年所获得的油税，将它交给卫城的司库官，他没有将足额交给司库官之前，不得进入战神山。平时，司库官把油保存在卫城里，到泛雅典娜节时，他们才将它分配给竞技裁判官。裁判官分发给竞赛的获胜者。音乐得胜者，奖品为银钱和金器；以健美得胜者，奖品为盾；体育竞赛和赛马得胜者，奖品为橄榄油。

《雅典政制》抄本61

（1）所有的军事官员，皆以投票或举手选举。10个将军，从前每部落出1人；现在由全体中选出，并且以举手或投票委任他们。1人主管重装步兵，在对外远征时，统帅重装步兵；1人主管国防，若国内发生任何战事，由他负责防卫；两人主管比雷埃夫斯，1人在穆尼客阿，1人在海角，他们负责比雷埃夫斯的保卫事宜；1人主管富民组，他选任三列桨战船船长，商定他们交换财产取代的事情并提交他们豁免的请求；其余的则派去处理应急事件。（2）在每一主席团任期中，都要以举手或投票作出决断，看他们是否称职；如果某人被投了否定票，他要在陪审法庭中受审；如判决有罪，则决定他的刑法或赔款；如果无罪，他即复职。行统帅之责时，他们有权处理违反纪律的人，拘禁、开除军籍或处以罚款；但罚款并不经常。（3）也以举手选出10个联队长，每部落1人。这些长官率领他们同部落的人，并指派中队长。（4）以举手由全体公民中选出2个骑督。他们率领骑兵，每人负责5个部落。他们的权力同将军对重装步兵的权力一样。骑督也要经投票通过的决议确认。（5）以举手选出10部落骑督，每部落1人，率领骑兵，和联队长率领重装步兵一样。（6）以举手选出1个勒谟诺斯岛的骑督，指挥驻在该岛的骑兵。（7）又以举手选出1个帕拉吕斯船的司库官；现在则又有1个阿蒙船的司库官。

《雅典政制》抄本62

（1）抽签选任的官员中，先前有的是同9位执政大员一道从整个部落选出；有的是按村社分别在提修斯庙选出。可自从村社开始卖官，后者也在整个部落抽签选出了；唯议事会成员及卫士除外，他们仍归村社选。（2）诸种津贴如下：首先，人民出席公民大会例会，领取1个德拉克马，一次最高会议领取9奥波尔；其次，出席陪审法庭，3奥波尔；第三，出席议事会，5奥波尔；凡担任主席者，另加膳食费1奥波尔。9位执政大员每人亦得4奥波尔膳食费并负担1个传令官和1个吹箫者；萨拉米名年官则一天得1个德拉克马。竞技裁判官在西卡通百月中，当泛雅典娜节日期间，自该月4日以后，在普律塔涅翁用膳。驻提洛的近邻同盟代表每天由提洛得1德拉克马。所有派往萨莫斯、斯奇洛斯、勒谟诺斯或伊谟布洛斯的官吏也领膳食费。（3）军事长官可以连任，但是其他的官吏则不可，唯议事会议员可以连任一次。

（3）陪审法庭

《雅典政制》抄本63

（1）陪审法庭由9位执政大员按部落抽签选定，第10个部落则由司法官的书记抽签。（2）法庭有10个入口，每个部落1个，20个配选器，每个部落

2个，还有100个小箱，每个部落10个，中签的陪审员的名签投在另一种箱子里。此外还有2只瓮。在每个入口处放着小棍，其数量与陪审员之数相等，还有与小棍之数相等的橡实，投在瓮里，橡实上写着字母，从第11个字母 λ 开始，其数和需要开庭的法庭数目相等。（3）凡年在30岁以上，不曾欠国库的债或不曾失去公民权利者，皆有充任陪审员的权利。任何一个不合格的人如充任陪审员，便要被控告，并受陪审法庭的审讯。如判决有罪，陪审员即科之以其应得的刑罚或罚款；如科以罚款，他便必须入狱，直到他付清他所以被控的从前债务以及法庭所科他的罚款之时为止。（4）每一陪审员有一条名签，上书他自己和他父亲的名字以及村社的名字和 κ 之前的一个字母。因为每个部落的陪审员分为10组，每组一个字母。（5）当司法官抽签将指派各法庭的字母抽出时侍者将这些字母拿走，并将分配给各法庭的这些字母挂在每一个法庭。

……

（以下因纸草破损甚多，原文尽余残篇，比较清楚的部分附录于下，文中空缺经补入者，一般可用或大致符合，则不另附注）。

《雅典政制》抄本 64

（1）10个箱子放在每一部落所用的入口处。箱子上面刻着字母，到 κ 为止。当陪审员们把他们的名签投进这刻着和票上有相同字母的箱子里时，侍者就充分摇动箱子，而后司法官从每一箱子里抽出一票。（2）被称为嵌签者的则把这些由箱子抽出的票签插到有同一字母的横栏上去。这位嵌签者是用抽签选出的，目的在于不致由同一人经常抽签而行龌龊之事。每一个配选器有5列横栏。（3）于是名年官开始投骰，就每一配选器为每一部落抽签；骰子是铜制的，有黑色和白色两种。白色骰子投进去的数目与需要选出的陪审员之数相等，每一白色骰子代表5票，黑色骰子亦如是。当骰子抽出，传令官就传唤那些中签的人。嵌签者亦列在其中。（4）被传唤的人应召而至，从瓮中摸一粒橡实，取出它，字母向上，首先给负责的名年官看；当名年官看过它后，便把这人的签投进那个写有和橡实相同字母的箱子里，以使他到分派给他的那个法庭去，而不至于到他所选择的那个法庭，以免被人所希望的那些陪审员都集中到一个法庭。（5）名年官身旁有许多箱子，其数目和当天所要开的法庭数目相等，每个法庭标着由抽签指定给这一法庭的字母。

《雅典政制》抄本 65

（1）这个陪审员自己再把橡实给侍者看，然后进入栅栏门之内，侍者给他一支小棍，其颜色与法庭所用之色相同，并有一个与橡实上相同的字母，以使他必须进入抽签指定给他的那个法庭。如果他走进另一个法庭，他便会因小棍的颜色而被看破。（2）因为每一法庭各有一种颜色，绘在它的入口处的门楣上面。他拿着小棍走进与其小棍颜色相同、和橡实上字母相同的那个法庭。（3）当他进入法庭，会公开地从一个官吏处得到一个凭证，这个官吏是由抽签选定的。他们就这样带着橡实和小棍入庭。至于那些没有中签的人，嵌签者便把他们的签退还。（4）接着，每一部落的公共侍者给每个法庭递进一只箱子。箱子中有这一法庭中各个部落成员的名字。他们把这些箱子交给由抽签选定的 5 名官吏，这些官吏在每一法庭中将签交给陪审员，以便他们凭此领取报酬。

《雅典政制》抄本 66

（1）当所有法庭都已经全体到场时，在第一法庭里便放着两只配选器以及一些与法庭所绘颜色相同的铜骰子；另一种骰子上面写着主持官的名字。两个由抽签选定的司法官分别来投两种骰子。一个将有色骰子投入一只配选器，另一个把主持官名骰子投入另一个配选器。哪一位先中签，传令官便宣布，这个人将使用分配给他的第一法庭……

（66.2—68.2——抄本第 33、34 页已经残破，原文断碎难以成篇，众多学者辑缀补遗，拼文难免歧义，暂存如下）

……其次分配给第二法庭，余类推。这样以避免他的法庭被人知道，而每个人只能主持由抽签指定的法庭。

（2）但陪审员已经来到被指派的法庭时，每一法庭的主持长官便从每一个箱子中抽出一签（箱子共 10 个，每部落 1 个），并把它们投在另一个空箱子里。然后，他们抽出其中的 5 个，指定一个人去管理滴漏，其余的人去唱票计数。这是预防任何事前对计时管理人或唱票计数人行贿，并保证这些方面不至于有不正当行为。（3）没有当选担任这些职务的那 5 个人便由他们取得通知，其中包括陪审员领取酬金的应有次序和陪审员完成职责、领取酬金时若干部落在法庭分别集合的地点；这样陪审员们就分成了小组，领取他们的酬金，而不至于全体群集、互相妨碍。

《雅典政制》抄本 67

（1）这些准备完成，便开审案件。如为私事案件日，便传讯私事诉讼人。法律所规定的每一类案件取 4 例。诉讼人宣誓，其发言以切合诉讼问题为限。如为公事案件日，便传讯公事诉讼人，只审理一案。（2）那里备有滴漏，有小供水管，水由此注入，用以规定申辩时间之长短。涉及 5000 德拉克马以上款额的案件，准许用 10 壶斯①水，第二次发言，每造均为 3 壶斯水；款额为 5000 德拉克马以下者，第一次发言 7 壶斯水，第二次 2 壶斯水；款额在 2000 以下者，首次发言 5 壶斯水，第二次 2 壶斯水；在争执双方间调处者，准许 6 壶斯水，没有第二次发言。（3）当书记宣读决议或法律、或宣读证词或条约时，那个由抽签当选管理滴漏的陪审员便将他的手按在供水管上。但是，如果案件按照该日既定的时限进行时，他便不停止供水，但每造的供水量相等。（4）测量标准是波塞冬月的日长，这一标准日也适用于其他月份。11 只瓮固定分置，管滴漏的人身边放 3 只投票用，其余均分各置于控辩双方。先前，原告总是狠劲把辩方的发言时间压缩到非常短，以致辩护者必须量水而行；但现在，分置 2 个滴漏，原告和被告各一。（5）早前，管滴漏的陪审员常会取出一些水供第二个发言用。审理监禁、死刑、流放、剥夺公民权或没收财物或必须评估对罪犯的惩戒或罚款等公共案件时，也用标准日。

《雅典政制》抄本 68

（1）审理较小的公共案件的法庭有 501 名成员……；当必须将较大的公事案件提交 1000 成员的陪审法庭时，两法庭便合并为一，[最重要的案件提交]给有 1500 陪审员，即 3 个法庭合而为一的大法庭。（2）票是铜制的，有轴贯于中心，一半票轴中心是穿孔的，另一半则是实心的。当发言结束时，指定取票的官吏即将两个票交与每一位陪审员，一个是穿孔的，一个是实心的。这是诉讼人双方看得明明白白的，因而保证没有人取两个中空的或两个实心的票。

---

① χοῦς，计量单位，1 壶斯水约等于 3—4 升，可以滴 3—4 分钟。

然后指定任此工作的官吏去取陪审员的小棍，换给他作为已经投票证明的一个铜凭证，上面有 ||| 符号（他拿这个凭证就可以领到 3 个奥波尔），用以确保全体都投票。因为不投票者便得不到这个凭证。（3）在法庭上还有两只瓮，一个是铜的，一个是木的，可以打开，以免有人偷偷地投进去票。陪审员便向这里投票。有效的票投入铜瓮，木瓮投入不用的票。铜瓮有盖，上有一个口，其大恰好容一只票，令一人不能投两票。（4）当陪审员即行投票判决之时，传令官首先问，诉讼人是否要否认证人的证据；在开始投票后，他们便不能否认它了。然后，他又宣布："有孔的票是投第一造的票，无孔的票是投第二造的票。"陪审员从台上拿票时，捏住票的孔位，不让诉讼双方看到是有空抑或无孔，并投入他所要投的票于铜瓮，而投另一个于木瓮。

《雅典政制》抄本 69

（1）当所有的陪审员都投了票的时候，侍者就拿着盛着有效票的那只瓮，把票通通倒在计票盘上。盘上的凹穴数目与投票之数相等，让票可以排列得一目了然，且易于计算；而穿孔的和实心的票，诉讼人都能看得清清楚楚。于是，由抽签指定的计票人便在计票盘上计票，分之为两类，一为无孔的，一为穿孔的。然后，传令官宣布票数，穿孔的票属于原告，无孔的属于被告，得多数票者胜诉。但是，如果票数相等，则被告胜。（2）而后，如若必要，他们就估计损失，以同样的方式投票，交出他们的凭证，并收回小棍。关于损失的估计，两造均得在半壶斯水的时间内发言。当他们完成他们作为陪审员的法律职责时，他便在抽签指定的那一组领取他们的酬金……

（郝际陶 译）

名人传记

普鲁塔克《吕库古传》

1) 文献简介

普鲁塔克（Plutarchus，约公元 45—119 年后），罗马帝国时期重要的传记史家和伦理学家，生于伯罗奔尼撒半岛东南部的小城奇罗尼亚（Chaeronea），曾在雅典柏拉图学园学习哲学，后到罗马教授哲学。普鲁塔克的著作《希腊罗马名人传》[①]（又称《名人传》或《传记集》），现存 50 篇，大部分采用两人合传的形式，即把一名希腊名人与一名罗马名人放在一起分别叙述，加以比较。普鲁塔克在《传记集》中引用了大量的原始史料，记述了很多史实，是我们了解希腊和罗马政治家、军事统帅和演说家等古代著名人士的生平和性格的宝贵资源，具有很高的史料价值。不过，普鲁塔克不是纯正的历史学家。"求真"并非其首要目标，他更多地专注于从伦理道德的角度记录和思考古代名人。因此后世史家应以批判的眼光看待其作品内容的真实性。

《吕库古传》译自普鲁塔克的《希腊罗马名人传》（洛布版 第一卷）[②]，讲述了斯巴达立法者吕库古的一生。吕库古在斯巴达历史早期为其订立法制，推动其形成独特的国家制度。《吕库古传》以吕库古个人的经历为线索，记述了吕库古在斯巴达进行改革的过程和内容，展示了斯巴达国家制度的发展历程，详

[①] 中国学者常用的《希腊罗马名人传》一名，主要是效法阿密奥特法译本和诺斯英译本的名称（英译本名为 The Lives of the Noble Grecians and Romans）。这一书名较原书名 The Parallel Lives of Grecians and Romans 更简洁易懂。也有学者倾向于将之译为"平行列传"或"对比列传"。（参见［古希腊］普鲁塔克著，陆永庭 吴彭鹏等译：《希腊罗马名人传》，商务印书馆，1990 年，编译者说明。

[②] Plutarch, *Lives* I, Loeb Classic Library, Cambridge, Massachusetts: Harvard University Press, first published 1914.

细阐述了斯巴达特殊的政体形式。这篇传记保留了很多珍贵的史料，是研究古代城邦兴起和发展的重要资料。

2）译文

I. 关于立法者吕库古（Lycurgus），基本上没有什么事是不存在争议的。因为的确关于他的出生、游历、去世，特别是他作为立法者和政治家所做的工作，都存在着不同的叙述。而关于他所处的时代，历史学家们的看法最不一致。有人说吕库古活跃在伊菲图斯（Iphitus）的时代，并与后者一同订立了奥林匹克休战原则（Olympic truce）。持有此观点者之一就是哲学家亚里士多德（Aristotle）。他声称奥林匹亚的一块铁饼就是证据，该铁饼上的铭文保存了吕库古的名字。① 但是，那些通过斯巴达国王的传承顺序来进行计算的人，例如埃拉托色尼（Eratosthenes）和阿波罗多罗斯（Apollodorus），则证明吕库古要比第一届奥林匹克运动会早很多年。② 此外，蒂迈欧斯（Timaeus）推测斯巴达有两个吕库古，分属于不同时期，由于其中一人名望更大一些，故两人的成就都被归于那一人了。同时，他还认为二者中更年老的那一个，生活的时间应距荷马时代不远，而且有人断言此吕库古实际上曾面见过荷马。色诺芬（Xenophon）也③给人留下了一个简单的印象，他在文章中说，吕库古生活在赫拉克里代（Heracleidae）④时代。当然，从世系上讲，斯巴达最晚的国王也都属于赫拉克里代。但是，很显然色诺芬所指的是第一代赫拉克里代，即故事中著名的赫拉克勒斯（Heracles）最直系的子嗣。

然而，尽管这时期的历史如此错综复杂，但在我的叙述中，我将尽量遵

---

① 吕库古与伊菲图斯在公元前776年一同建立或复兴了奥林匹克运动会。这一年是有胜利记载的第一年。参见 Pausanias, v. 4, 5 f.; 20, 1. 节日期间整个希腊都会暂停战事。

② 公元前 776—773 年。

③ Xenophon, Constitution of the Lacedaemonians. x. 8. "据说吕库古生活在赫拉克里代时代"。

④ Heracleide，希腊文原形为 Ἡρακλείδης，是对赫拉克勒斯（Heracles）的后裔的称呼，通常特指赫拉克勒斯与得伊阿尼拉（Deianira）所生之子及其后代。

循那些最不自相矛盾的作者，以及那些就他们所记述的吕库古的事情能够提供最明确证据的作者。例如，诗人西蒙尼德斯（Simonides）说吕库古不是攸诺摩斯（Eunomus）之子，而是跟攸诺摩斯一起都是普律塔尼斯（Prytanis）的孩子。然而，大多数的作家却给出了与之不同的宗谱，内容如下：亚里斯托德摩斯（Aristodemus）生了普洛克勒斯（Procles），普洛克勒斯又生了苏乌斯（Soüs），苏乌斯又生了欧律朋（Eurypon），欧律朋又生了普里塔尼斯（Prytanis），普里塔尼斯又生了攸诺摩斯，攸诺摩斯的第一个妻子给他生下了波吕得克忒斯（Polydectes），第二任妻子迪奥纳萨（Dionassa）又给他生了一个小儿子吕库古〔如狄欧提基达斯（Dieutychidas）所记〕。这样吕库古就是普洛克勒斯的第六世孙，赫拉克勒斯的第十一世孙。①

II. 吕库古的这些先祖中，苏乌斯最有名。在苏乌斯统治时期，斯巴达人将希洛人（Helots）变成了他们的奴隶，并且通过征服，从阿卡迪亚人（Arcadians）那里获得了大量额外的土地。另外还据说，这位苏乌斯在被克里托利亚人（Cleitorians）围困在一个荒芜而干旱的地方时，他同意将他征服的土地交给他们，前提是他自己以及同他一起的所有人都饮用了附近的泉水。就此协议宣誓之后，他召集自己的人民，要将自己的王国给予能不饮水者。然而，没有人能够忍受，而是全部都喝了。因此，苏乌斯自己最后一个走向水边，在敌人仍近在咫尺监视时，仅仅把水洒在脸上一些，然后大步离开，保存了他的领土，理由是并不是所有人都喝了水。

然而，尽管由于上述原因，苏乌斯受到极大的爱戴，但他的王室家族没有以他的名字命名，而是根据他的儿子被命名为欧律朋帝达斯（Eurypontids）。因为欧律朋（Eurypon）似乎是首位放松其过度专制的统治，以寻求大众的青睐和爱戴的国王。但是，由于这一放松，人民变得大胆，并且后世继位的国王，有些因试图加强对民众的统治而遭到憎恨，有些则因为软弱无力或渴

---

① 斯巴达王族中较年长和较年轻的两族（亚基德族和欧律朋帝达斯族）从亚里斯托德摩斯的孪生子欧律斯提尼（Eurysthenes）和普洛克勒斯那里延续下来。亚里斯多德穆斯是阿里斯托玛科斯（Aristomachus）之子，阿里斯托玛科斯是克勒奥代奥斯（Cleodaeus）之子，克勒奥代奥斯是许路斯（Hyllus）之子，许路斯是赫拉克勒斯之子。见波桑尼阿斯，iii, 1-10；希罗多德，vii. 204 和 viii. 131。

望得到拥护而地位下降，致使斯巴达在很长一段时间里处于无法律和混乱的状态。吕库古的父亲——正当政的国王——正是由于这个原因而丧命。当他试图驱散一些暴徒时被人用屠刀刺死，王国留给了他的大儿子波吕得克忒斯（Polydectes）。

III. 波吕得克忒斯不久也死了。于是，正如人们普遍认为的那样，王国就移交给了吕库古。在得知嫂子有孕之前，吕库古一直是国王。但当他一听说他嫂子怀孕了，就宣布如果她生下的孩子是男孩的话，这个王国就属于她的孩子，而他自己只是作为监护人管理政府。当时，拉栖第梦人将无父的国王的监护人称为"普洛迪科"（prodikoi）。然而，不久，那女人向他秘密提议，提出打掉她未出生的婴儿，条件是吕库古要在做斯巴达国王的时候娶她。虽然吕库古厌恶她的人品，但他并没有拒绝她的建议，而是装出赞成和接受的样子。不过，他告诉她，她不必用药物来流产，从而伤害她的健康，危及她的生命，因为她的孩子一旦降生他会亲自将其处理掉。他由此设法让那女人怀孕到足月。当得知她已临盆时，吕库古给她派去随从和看守，吩咐说如果生下来的是个女孩，就交给那女人；但如果生下来的是个男孩，那么不管他在做什么都立刻给他带过来。结果，当他正在与高级行政官们用晚饭时，一个男孩降生了。吕库古的仆人将那男婴给他抱了过来。像我们所听说的那样，吕库古将男婴抱在怀里，对在座与他同席的人们说道："啊，斯巴达人，你们的国王诞生了。"然后，吕库古把男婴放在王座上，给他起名为卡里拉欧斯（Charilaüs），意为"民众的喜悦"，因为在场的人都充满喜悦，赞赏吕库古崇高的精神和他的正直。所以吕库古一共只当了八个月的国王。不过，出于其他原因，他同样受到人民的尊敬。而且那些因为其美德而忠于他并愿随时听其调遣的人，要比因为他是国王的监护人且王权在握而服从他的人还要多。

然而，有一群人却嫉妒他，想要阻止一个如此年轻的人的势力增长，尤其是王太后的亲戚和朋友，他们认为王太后受到了无礼的对待。王太后的兄弟列奥尼达（Leonidas）有一次就非常大胆地责骂吕库古，宣称他非常清楚吕库古有朝一日必定成为国王。这就引起了人们对吕库古的疑心，也为如若国王有什么不测，就可以指控是吕库古谋害了国王的性命做了铺垫。王太后也在散布这样的谣言。因此，吕库古非常烦恼，担心自己会出什么事。为避免遭受猜忌，他决定出国游历，并在他侄子成年，生下一个儿子继承其王位之前，会一直流浪。

IV. 吕库古带着这个目的，扬帆起航，首先来到了克里特（Crete）。他在那里研究了各种形式的政体，并且结交了那里最杰出的人士。有些事情他由衷地赞同，并且采纳了当地人的一些法律，想要带回家乡付诸实施；对于某些事情，他只有蔑视。那里有一人被认为是睿智的政治家，此人就是泰勒斯（Thales）。吕库古出于对他的好感和友谊，劝说他去斯巴达执行一项任务。现在，泰勒斯作为一名抒情诗人出现，用这门技艺掩饰自己，但他实际上要做的事情是最强大的立法者的工作。因为他的颂歌是倡导服从和和谐的训导词，其有节奏的韵律洋溢着有序的平和。因而听了的人都不知不觉地软化了性情，以致化解了彼此间的仇恨（当时相互憎恨的现象非常普遍），并且全都想着要追求崇高和高尚的事物。因此，在某种程度上，泰勒斯在斯巴达是吕库古及其规则的先驱。

吕库古从克里特航行至亚细亚，像我们所听说的那样，想要将奢侈放纵的爱奥尼亚文明与简单朴素的克里特文明加以比较，就像一个医生将虚弱而病态的身体与健康的身体做比较一样。这样他就可以研究他们的生活方式和政府组织形式的不同。他似乎也是在那里第一次接触到荷马的诗歌。这些诗歌当时保存在克里奥菲卢斯（Creophylus）的子孙手中。当看到书中所包含的政治和纪律的训诫，与其所提供的愉悦和放纵的刺激一样值得认真关注时，吕库古急切地把它们抄写下来，编辑成册，以便带回家。这些史诗在希腊人中已经小有名气，少数人还拥有其中某些篇章，因为这些诗偶尔会被带到各处去。但吕库古是第一个让它们真正闻名的人。

埃及人（Aegyptians）认为吕库古也造访了他们，并热烈赞赏了他们把军队从其他社会阶层中分离出来的做法，将之引入到了斯巴达，并且通过不让工匠和手艺人参与政治，而使得他的公民政体得到切实地完善和净化。无论如何，埃及人的这一论断得到了一些希腊历史学家的证实。但是，关于吕库古到过利比亚（Libya）和伊比利亚（Iberia），还在印度各地漫游，并与裸体哲学家们（Gymnosophists）有过交流，据我所知，除了斯巴达人西帕库斯（Hipparchus）之子阿里斯托克拉底（Aristocrates）以外，没有人再提到过。

V. 拉栖第梦人十分想念吕库古，多次派人去找他。拉栖第梦人觉得他们的国王仅仅是拥有国王的称谓和地位，但是在所有其他方面都不比他们的臣民强，而在吕库古身上有一种天生的领袖气质，有一种使人们追随他的力量。然而，就连国王们也不反对迎回吕库古，而是希望有他在臣民对他们能少些傲慢无礼。于是，他又回到有此意愿的人民当中，立即着手改革现有秩序，并对公民政体进行变革。他深信，法律的局部改变是毫无用处的，而他必须像一个医生对待一个衰弱不堪且百病缠身的患者那样着手推进。他得通过药物和清肠的手段减弱和改变现有的体质，然后引入一种崭新的养生方式。怀着这样的决心，吕库古首先去了德尔斐，并且在向神献祭并求问神谕之后，他带回了那条著名的回应。在回应当中，皮提亚女祭司指出，吕库古"为众神所喜爱；甚至是神而非人"，并且说神已经答应了他想要获得好法律的请求，并赐给他一部世界上最好的宪法。

受到这样的鼓舞，吕库古尝试着将斯巴达的主要首领拉拢到自己一边，规劝他们与他携手工作，首先向他的朋友们秘密解释了他的构想，然后一点一点地让更多的人参与进来，团结起来完成任务。到了采取行动的时候，他吩咐三十名首领在破晓时分携武器进入市场，以令反对派惊愕、恐惧。其中最著名的二十个人的名字，已经被赫米普斯（Hermippus）记录下来了；不过，在吕库古的事业中参与最多，并且在其法律的颁布方面与之共同合作的人是阿斯米亚达斯（Arthmiadas）。当骚乱开始的时候，国王卡里拉欧斯怕整个事件是针对自己的阴谋，逃到铜宫（Brazen House）避难。[①] 但他很快就发现自己错了，并且在得到暴动者发誓保证其安全后，离开了避难所，甚至加入他们的事业当中，因为他性情软弱、柔顺。国王的个性确实如此，以至于据说他的共治者阿齐劳斯（Archelaus）曾对那些吹捧年轻国王的人说："卡里拉欧斯对坏人都不严厉，又怎么能做一个好人呢？"

---

① 一座雅典娜神庙。

在吕库古的众多改革中，第一项也是最重要的一项就是元老院，即长老会议（Council of Elders）的建立。正如柏拉图所说，①元老院通过与"狂热的"国王政府的融合，通过在最重要的事务上与他们拥有平等的投票权，使国家的决策安全并适度。因为在此之前，公民政体是摇摆不定的，时而倾向于追随国王走向暴政，时而又倾向于追随大众走向民主。但是，现在，通过把元老院的权力当作城邦这艘大船的压舱物，使它平稳地航行，城邦就达到了最安全和最有序的状态，因为当需要限制民主制时，二十八位元老总会站在国王一边，而另一方面，他们又总是加强人民的力量来抵抗暴政的侵犯。根据亚里士多德的说法，元老人数定为二十八人，是因为吕库古最初的三十名合作者当中，有两人由于缺乏勇气而放弃了这项事业。但是斯派鲁斯（Sphaerus）说，最初与吕库古一同密谋的人就是这个人数。可能二十八这个数字具有某种"美德"（Virtue），它是由七乘以四得来的，而且等于其自己因数之和，这个数还是紧接在六之后的完全数。但我认为，吕库古定下的元老人数就是二十八人，以便等两位国王加入进来后，总数可以是三十。

VI. 吕库古太渴望建立这种形式的政府了，他从德尔斐那里求了一则关于它的神谕，人们称之为"瑞特拉"（rhetra）。神谕内容如下："当你为宙斯·西尔拉尼乌斯（Zeus Syllanius）和雅典娜·西尔拉尼亚（Athena Syllania）建造了一座神庙，把人民分为'披莱'（phylai）和'奥拜'（obai），并建立了一个由三十人组成的元老院，其中包括'阿卡杰泰'（archagetai），然后你就在巴比卡（Babyca）和克纳齐雍（Cnacion）② 之间不时地'阿匹拉撂'（appellazein），并在那里提出和废除议案；但是人民必须有表决的声音和权力。"根据对这一政体的源头和创始者皮提亚之神阿波罗的理解，在这几句话里，"披莱"和"奥拜"指的是将人民划分和分配成的部落和氏族，或兄弟团体；"阿卡杰泰"是国王，"阿匹拉撂"的意思是集合民众。巴比卡现在被称为齐玛鲁斯（Cheimarrus），克纳齐雍被称为奥伊努斯（Oenus）。但是亚里士多德说克纳齐雍是一条河，巴

① Plato, *Laws*, p. 691 e.
② 可能是优罗塔斯河的小支流的名字。

比卡是一座桥。他们就在巴比卡和克纳齐雍之间开会，既没有会议厅，也没有任何其他用作集会的建筑物。因为吕库古认为，此类建筑对好的决策不是促进而是打击，理由是当人们注视着雕塑和绘画作品，或优美的装饰，或者会议大厅装饰华丽的屋顶，集会的严肃的目的会由于空想而变得愚蠢和无用。当民众这样集会的时候，他们当中任何人都不允许提出议案，但是他们可以就元老和国王提出的议案进行表决。不过，后来，当人民通过加加减减，歪曲和曲解摆在他们面前的议案的意义时，国王波吕多鲁斯（Polydorus）和特奥旁普斯（Theopompus）在瑞特拉中增加了下面这一条："如果人民采纳一项歪曲了的议案，那么元老和国王有权休会。"也就是说，他们可以不批准投票，而是彻底解散会议，理由是歪曲和改变议案违背了国家的最高利益。他们也确实说服了市民相信神允许对瑞特拉进行这样的补充，正如提尔泰奥斯（Tyrtaeus）在下列诗文中告诉我们的那样：

"福玻斯·阿波罗的指令他们从披托那里（Pytho）带回，

表达了神的旨意，他的话语也没有落空：

会议中的影响力和神圣的荣誉归王公们所有，

魅力之城斯巴达被安排在他们的关照之下；

仅次于他们的是元老，再接下来的就是民众中的男子

通过投票正式批准不受歪曲的法令。"

VII. 尽管吕库古这样调整了他的公民政治，但是寡头政治的因素仍然是难以调和且处于主导地位的，他的后继者见到它"膨胀和蔓延"，如柏拉图所说，[1]"给它加上了一个可以说是勒马绳的东西，那就是监察官的权力"。第一任监察官是在吕库古去世大约一百三十年之后，在狄奥庞普斯（Theopompus）当政时的厄拉图斯（Elatus）及其同僚。据说，这位国王被他的妻子骂了一顿，因为当他把王位交给他的儿子们时，王权比其本人继位之时缩小了。对此他说："不，是更大了，因为它将存续更长的时间。"

事实上，通过放弃无度的索取并从嫉妒和仇恨中解脱出来，斯巴达王室逃

---

[1] Plato, *Laws*, p. 692 a.

脱了危险，所以斯巴达国王们没有遭受美塞尼亚人（Messenians）和阿哥斯人（Argives）给他们的国王带来的命运。美塞尼亚人和阿哥斯人的国王完全不愿屈服，也不愿为了人民而放弃权力。当我们对比斯巴达的亲戚和近邻——美塞尼亚和阿哥斯——的国王和人民的内讧和失政时，吕库古的智慧和远见就最清晰地体现出来了。他们最开始与斯巴达人处于平等的地位，而且在土地方面，他们被认为比斯巴达人拥有的更肥沃。然而，他们并没有繁荣很久，而是由于君王的狂傲和人民的不理智，他们所建立的制度被打乱了。他们清楚地表明，斯巴达人真真切切地从为其制定并调整了公民政治的人那里享受到了神圣的幸福。不过，这些都是后话了。

VIII. 吕库古的第二项，也是非常大胆的一项政治措施，就是重新分配土地。因为在这方面存在着严重的不平等，城邦被贫困和无助的人们压得喘不过气来，财富完全集中在少数人手中。因此，吕库古决心消除傲慢、嫉妒、犯罪和奢侈，以及那些更为根深蒂固和令人苦恼的城邦积弊，贫困和富有，吕库古说服他的同胞们把所有的土地集中起来，重新分配并以生活条件完全一致和平等为基础生活在一起，仅通过美德寻求卓越，从而确保人与人之间除了因卑劣的行径而受到指责或因良好的举动而受到赞扬之外，没有其他的差别或不平等。

吕库古言出必行。他把拉哥尼亚（Laconian）剩余的土地分成三万份，分给"庇里阿西人"（perioeci），或自由的乡下人；把属于斯巴达城的土地分成九千份，分给相应数量的纯正的斯巴达人。但是有人说，吕库古只给斯巴达人分配了六千份，剩下的三千份是后来由波吕多鲁斯（Polydorus）增加的。还有人说，吕库古分配了九千份中的一半，另外一半是由波吕多鲁斯加上的。每一份土地的大小都是每年足以出产七十蒲式耳的大麦给一个男子，二十蒲式耳给其妻子，以及一定量的酒和油。吕库古认为每份土地这样的大小对于人们来说已经足够了，因为他们只需要足够用于促进身体健康和活力的食物，不需要别的了。据说，后来吕库古从一次旅行归来时，穿过刚刚收获的土地，看到一个个谷堆并立，规格一致，他笑了，对身边的人说："整个拉哥尼亚就像是兄弟间刚刚分配了家产的大家庭一样。"

IX. 接下来，吕库古着手分割人们的动产，以便消除一切残余的不均衡和不平等。当他发现人们无法忍受财产被直接剥夺时，便采取了另外一种方法，通过政治手腕战胜了他们的贪婪。首先，他从货币中撤销所有金、银钱币，并规定只用铁钱。然后，他给这种铁钱又大又重的一块赋予很小的价值，使得价值十迈纳的钱[①]就需要一大间储藏室，用两头牛来运输。当这些钱开始流通的时候，各种罪恶就被从拉栖第梦驱逐了。试问谁会去偷，或收受贿赂，或抢劫，或掠夺这种既不能隐藏，又不能在占有时产生满足感，甚至切割成小块也不能带来任何利益的东西呢？因为，据说，他们用醋来给烧红的铁淬火，使之失去了原有的硬度。当它变得易碎，难以加工，就不能用作其他用途了。

其次，吕库古摒弃了不必要的和多余的技艺。而且即便他没有摒弃它们，它们也大多会随着旧货币消失，因为它们的产品没有销路。铁钱不能运输到希腊其他地方，在那些地方也没有任何价值，而是会引人嘲笑。因此，购买任何外国商品或古董都不可能，没有商船水手把货物运进他们的港口，没有修辞学教师踏上拉哥尼亚的土地，流浪的预言家，娼妓老板，金银匠也都不会来，原因就是那里没有钱。但是，奢侈由此逐渐丧失刺激和支撑它的东西，其自身也消亡了。而且拥有大量财富的人相对于穷人也没有了优势，因为他们的财富找不到公开的渠道，而是毫无用处地贮藏在家中。这样，像床、椅子、桌子等普通而必需的器物，他们都制作得非常精良。而拉哥尼亚人的"口桶"（kothon），或称"饮杯"，则因其实用而在服役士兵中享有很高声誉，正如克里提亚斯（Critias）告诉我们的那样。因为它的颜色掩盖了他们经常不得不喝的水那令人感到难以下咽的外观，而且其卷曲的杯沿拦截了浑浊的沉淀物，并将其保留在内，以便只有比较纯净的部分进入饮用者的口中。所有这一切，斯巴达人都应感谢他们的立法者，因为他们的工匠现在都从无用的任务当中解放出手脚，将其技艺之美展现在了经常和必须使用的物品上。

X. 为了进一步打击奢侈，消除对财富的渴望，吕库古引入了他的第三项，也是最精妙的一项政治策略，即公共食堂制度。于是，人们在一起吃饭，食用共同的、规定的食物，而不是在家里吃饭，躺在昂贵的餐桌旁奢华的沙发上；

---

① 相当于大约四十英镑，或二百美元。

像贪吃的动物一样，将自己交到仆人和厨师的手里，不知不觉中让他们养肥自己；让身心屈服于各种欲望和过度饮食之下，需要长时间的睡眠、热水浴、充足的休息，以及日常的护理和照料，不但腐蚀了自己的性格，而且也毁坏了自己的身体。这无疑是一项伟大的成就，更伟大的是它通过这种集体用餐和简单饮食，让财富成为"不欲之物"（an object of no desire），如泰奥颇拉斯图斯（Theophrastus）所言，甚至是"非财富"（unwealth）。因为当富人跟穷人一同用餐的时候，他们既不能使用，也不能享受，或者见到或展示其富足的财产。因此，在阳光下所有的城邦中，只有在斯巴达，人们可以看到那闻名遐迩的景象：瞎子普鲁图斯（Plutus），像一幅画一样毫无生气，一动不动地躺着。因为富人甚至不能先在家里吃饭，然后肚子饱饱地去公共食堂。其他人都仔细盯着不跟他们一同吃喝的人，斥责他软弱，娇气得吃不了公共饮食。

XI. 因此，主要是最后这项政治手段，让那些富有市民对吕库古大为光火，联合起来反对他，愤怒地呼喊着公开谴责他。最后很多人都向他扔石块，使得他从市场上逃了出来。吕库古在其他人攻击他之前，成功地到达了避难所。但是，一个年轻人，名叫阿尔坎德（Alcander），他本性并不卑劣，但是鲁莽易怒，他猛地推了吕库古一下，在吕库古转身的时候，用棍棒重击他，将他的一只眼睛打瞎了。然而，吕库古完全没有因这一不幸而屈服，而是直面他的同胞们，让他们看到他满是鲜血的脸和他被毁的眼睛。人们见此情景，心中充满了羞愧和悲伤，于是把阿尔坎德交到吕库古手里，然后带着同情的愤慨把吕库古送回了家。吕库古赞许了他们的行为，把他们遣散了，但把阿尔坎德带回了家中。他没有用言语或行为伤害这个年轻人，而是打发走了自己用惯了的仆人和侍从，吩咐这个年轻人侍奉自己所需。这个年轻人品性高尚，一声不吭地按照他的吩咐去做，就这样跟吕库古居住在一起，分享着他的日常生活。他渐渐地了解到吕库古的高贵，他内心的平和，习惯的严格简朴，以及他孜孜不倦的勤勉。就这样，他成了吕库古最忠实的追随者，并且时常对他的知己和好友们说，吕库古不是他曾经以为的那样严酷和自私，而是最为和善、温柔的。那么，这就是这个年轻人所受到的惩罚，即让他从一个粗野冲动的青年，变成一个最有礼而谨慎的男人。此外，吕库古为了纪念自己的不幸，为雅典娜·奥普提利提斯（Athena Optilitis）建造了一座神庙。这个名称源自"奥普提鲁斯"（optilus），"奥普提鲁斯"在当地的多立安语（Doric）中是"眼睛"的意思。然而，有些作家［迪奥斯科里底斯（Discorides）就是其中之一，他写了一篇关于斯巴达公民政体的论文］，说尽管吕库古的眼睛被击中了，但是并没有瞎，他为女神建造神庙是作为其眼睛痊愈的感恩谢礼。尽管如此，在这次不幸的事故之后，斯巴达人携带棍棒参加集会的做法被抛弃了。

XII. 至于公共食堂，克里特人称之为"安德烈亚"（andreia），但是拉栖第梦人称之为"匹迪提亚"（phiditia），要么是因为这种做法有益于友爱和友谊，"匹迪提亚"相当于"匹利提亚"（philitia）；要么就是因为这种做法使人们适应节约和简朴，在他们的语言中，"匹都"（pheido）就是节俭的意思。但是很有可能，像有些人说的那样，"匹迪提亚"这个词的第一个字母①是被加上的，把"艾迪塔"（edita）变成了"phiditia"，仅指膳食和食物。他们十五个人上下为一组。同餐的伙伴每人每月出一蒲式耳大麦粉，八加仑的酒，五磅干酪，两磅半无花果，此外，还有一小笔钱用来买肉和鱼之类的美味。除此之外，每当有人用第一批收获的果实献祭，或是打猎带回了野味，他就要分给他所在的食堂一部分。因为每当有人因献祭或打猎而耽搁了，那么他就可以在家里吃晚饭，但其余的人都得在食堂吃饭。在很长一段时间里，人们严格遵守在公共餐桌上吃饭的习惯。例如，当阿吉斯（Agis）国王在远征中战胜了雅典人胜利归来，想在家中与妻子共进晚餐，于是派人去取他的口粮，军官们②拒绝把粮食给他送去。而到了第二天，当阿吉斯因怒气而忽略了按惯例献祭，他们就对他科以罚款。

男孩子们也常常来公共食堂，就好像他们是在上严肃的学校。在那里，他们可以聆听政治讨论并看到富有教益的开明修养的典范。在那里，他们自己也对并不粗鄙的消遣和打趣变得习以为常，并且能忍受玩笑而不会生气。的确，能够承受玩笑似乎是斯巴达人的特点。但如果一个人无法忍受了，他只需开口

---

① 希腊字母为"φ"，用拉丁字母拼写就是"ph"。
② 在斯巴达，军事指挥官在国王之下。

提出，开玩笑的人就会立即停止。每个人进门时，在座年纪最大的那个人都会指着门对他说："一个字都不能流传出那座门外。"据说，一个人想要成为此类公共食堂的成员的话，需要经过下列考核。同餐的伙伴每人手中都拿着一小块软面包，当一个仆人头顶着一只碗过来的时候，他们就一言不发地将软面包投进碗里，就像投票那样。如果他支持候选人加入他们的食堂，那么他就原样投入即可，但如果他反对，就先在手中把那小块面包捏扁。因为捏扁的那块面包有穿孔的选票（或者说反对票）的效力。如果在碗里发现一块捏扁的面包，候选人就不被允许进入该会餐团体，因为他们希望团体内所有的成员都是志趣相投的。被拒绝的候选人就叫作被"卡迪什"（caddished）了，因为他们投面包的碗的名字叫"卡迪库斯"（caddichus）。在他们所有的菜肴中，黑色的肉汤是最受推崇的，因而老年人甚至不要求吃一点肉，而是把肉留给年轻人，他们自己则倒些肉汤吃饭。据说，本都（Pontus）的一个国王为了喝这种肉汤，居然买了一个斯巴达厨师，但当他喝到这种汤，他并不喜欢。对此那个厨师说："国王啊，喜欢这种肉汤的人，一定是先在优罗塔斯河（Eurotas）里沐浴过。"小酌之后，人们不带火把就回家了。因为斯巴达人任何情况下都不允许掌灯走路，为的是能够让自己习惯在夜晚的黑暗中勇敢无畏地行进。以上就是他们公共会餐的方式。

XIII. 吕库古没有将任何他的法律书写成文，事实上，所谓的"瑞特拉"中的确有一条是禁止成文法的。因为吕库古认为，如果将有益于城邦繁荣和美德的，最重要且有约束力的原则，根植于公民的习惯和训练当中，那么这些原则将可以保持不变和稳妥，并且在通过教育传授给年轻人这一确定的目标上，比强制更有约束力，这样的做法是在对他们每个人履行立法者的职责。至于较小的事情，例如商务合同，以及需求会不时地发生变化的事务，吕库古认为，最好不要用书面的约束或固定的惯例来束缚它们，而是应根据具体情况需要，允许它们接受受过教育的人会做出的调整。事实上，他把制定法律的职能完全交给了教育。

如前文所述，吕库古的瑞特拉中有一条是禁止使用成文法。另一条则反对铺张浪费，规定每所房子的屋顶只能用斧头建，门只能用锯子做，不能使用其他工具。正如后来伊帕米农达（Epaminondas）据说曾在他的桌旁说过：这样的饭食与不义之举不相容，吕库古第一个清晰地看到这样的房子与奢侈和浪费不相容。哪会有人那么粗鲁无知，将银脚卧榻、紫色床单、金制饮杯以及与这些物件相配的奢侈品，摆放在这样的屋子里。相反的，一个人必定是让他的沙发与房子相协调，让床单与卧榻相搭配，再让其他的物件和器材与它们相称。如我们听说的那样，正是因为习惯了这种简朴，所以老莱奥蒂奇底斯（Leotychides the Elder）在科林斯用餐时，看到屋顶上装饰着昂贵的镶板，便问主人，是不是在他们城邦树木都是方形的。

吕库古的瑞特拉中的第三条，就是禁止对同一敌人频繁远征，以免让对方习惯于经常自卫，从而变得尚武。后来斯巴达人对国王阿格西劳斯（King Agesilaüs）特别不满，就是因为他频繁地入侵和远征彼奥提亚（Boeotia），把底比斯人（Thebans）变成了拉栖第梦人的对手。因此，当安塔齐达斯（Antalcidas）看到国王受伤时，他说："这是你从底比斯人那里得到的一笔不错的学费，因为你在他们不想打仗，也不知道如何打仗的时候，教会了他们如何战斗。"这一类的命令被吕库古称为"瑞特拉"，暗示其来自神，是神谕。

XIV. 吕库古认为教育是立法者最伟大和最高尚的任务。在这个方面，他通过小心地管理婚姻和生育，从根源做起。亚里士多德错误地断言，[1]吕库古试图将妇女置于一定的管控之下，但后来放弃了，因为他无法战胜妇女们因其丈夫多次参加远征而享有的巨大的自由和权力。远征期间，男人们的确不得不让妻子在家中独揽管家权，因此，他们对妻子表现出了过分的尊重，并给了她们女主人的头衔。然而，即便是对妇女，吕库古也尽可能地给予关注。他让少女们通过跑步、摔跤、扔铁饼和掷标枪来锻炼身体，目的是让她们子宫中的胎儿在强健的身体中有更稳固的根基，成长得更好，而妇女们自身也在怀孕足月之时体魄强健，能够成功而轻松地对抗分娩时的剧痛。吕库古让少女跟少年一样在游行时只穿丘尼卡（tunica）[2]，并且在某些节日当中，当着年轻男子的面载歌载

---

[1] Aristotle, *Politics*. ii. 6, 8.
[2] 丘尼卡是一种内衣，短袍，通常无袖，长及膝盖，在腰部用腰带系紧。——中译者注。

舞，以此使女性摆脱软弱、敏感和种种娇气。这种场合的时候，少女们有时甚至会温和地嘲笑或批评做错事的年轻人；同时她们也会歌颂那些展现自己价值的人，从而激励年轻人的雄心和激情。因其英勇而获得如此赞美，并且在少女中受到推崇的人，因她们的赞扬而兴高采烈地离开。而少女们玩笑式的嘲弄带来的刺激则跟严肃的警告一样尖锐，特别是在国王和元老，连同其他的公民，全部都在场的情况下。少女们穿得这么少也并不丢脸，因为她们都很端庄，放荡被排除了。相反的，这使她们养成了简朴的习惯，并对身体的健康和美丽产生了强烈的渴望。这还让女人们体验到了高尚的情操，因为她们觉得自己在勇敢和雄心的舞台上也占有一席之地。因此，这就使得她们的思维和说话方式都像李奥尼达（Leonidas）的妻子戈尔果（Gorgo）一样。当某个外邦女人对她说："你们斯巴达女人是唯一统治男人的女人，"她回答说："是的，我们是唯一生男人的女人。"

XV. 不仅如此，这些事情中蕴含着婚姻的动机，——我指的是少女们在有男子观看的游行和体育竞赛当中着装不多，因为这些都是出于需要，如柏拉图所言，"不是几何学上的，而是情侣们所了解的那种需要"。[1] 这还不是全部，吕库古还对坚持单身者进行公开的羞辱。在少男少女运动的时候，他们不得观看。冬天，行政长官会命令他们仅着丘尼卡绕着市场行走，在行走的同时还得唱一首关于他们自己的歌。这种负担就是要让他们因不遵守法律而受到应有的惩罚。不仅如此，年轻人有尊敬和孝顺老人的习俗，但不婚者则被剥夺了享受年轻人提供的这种待遇的权利。因此，尽管德齐利达斯（Dercyllidas）是颇有名望的将军，但有人对他说下面这番话，却无人会提出批评。那就是，当德齐利达斯走到人群中，一个年轻人不肯给他让座，而是说："你没生一个有一天能给我让座的儿子。"

在斯巴达人的婚礼中，女人是被强行带走的，不是在她们年纪尚幼，还不适合结婚的时候，而是在她们的花样年华并且完全成熟的时候。女人被这样带走后，所谓的伴娘会照顾她，把她的头发贴着头皮剃掉，让她穿上男人

---

[1] Plato, *Republic*, p. 458 d.

的斗篷和凉鞋，然后让她一人在黑暗中躺在地上的草垫子上。接着，新郎，既非酒后步伐飞快，亦非因荒淫而虚弱，而是沉着冷静，像往常一样在公共食堂吃过晚饭后，悄悄地溜进新娘的房间，解放其处女之身，把她抱到婚床上。接着，在与新娘短暂相处一段时间之后，新郎平静地离开，回到他平时居住的营房，与其他年轻男子一同入睡。从此新郎就一直这样做，白天与自己的同伴们共同度过，夜晚与他们同寝，但是暗中探访他的新妇，并且分外谨慎，唯恐被她的家人知道。新娘也和他一起策划、密谋，以便他们能一有机会就偷偷幽会。而且他们并非只是暂时这样做，而是长期如此，以至于有些人直到当了父亲，都还没有白天与妻子见面过。这样的约会方式，不仅能锻炼自我约束和节制，而且还能让丈夫和妻子在结合的时候，身体充满创造力，感情新鲜，而非因无限制的交媾而感到厌腻和乏味；同时他们的心中也总会残留一些欢乐和相互渴望的火花。

  在赋予婚姻这样节制而端庄的特征后，吕库古还把男人从空虚的、女人般的强烈的嫉妒情感中解放了出来。途径是在保证婚姻关系避免任何淫乱过失的同时，让在生儿育女方面与其他优秀的人分享成为一件光荣的事，耻笑那些认为这种普通的特权令其无法容忍，并且诉诸谋杀和冲突，而非大方同意的人。例如，一个上了年纪的男人和一个年轻的妻子，如果这个丈夫对某个英俊、高贵的年轻人怀有好感和尊敬，那么他可能会介绍这个年轻人给妻子认识，并将妻子为这样一个高贵的男子生下的孩子视如己出。同样地，如果一个高贵的男子，因某个女人为其丈夫生的好孩子以及她作为妻子的端庄举止而倾慕她，倘若她丈夫同意的话，就能够得到她的青睐，由此就像在硕果累累的土地上播下种子那样，给他自己生下高贵的儿子。这些儿子们的血管里流淌着高贵的人的血液。因为，首先，吕库古认为儿子并不为父亲所独有，而是归城邦所共有，因此他希望他的公民并非出身于随机组合的家庭，而是出自最优秀的父母。其次，他在其他民族管理此类事务的规章中看到了愚蠢和虚荣。在培育狗和马的过程中，他们坚持要用靠金钱或人情能得到的最好的品种，但是他们把妻子锁起来，要求她们只许给他自己生孩子，哪怕他们是痴呆、虚弱或有病的。就好像血统不好的孩子不会首先向拥有和养育他们的人展现出其不足，而同样的，血统优良的孩子不会显露其美好似的。在当时婚姻关系中如此盛行的自由，是以体格和政治的强大为目的，与后来他们的女人犯下的放荡行为相去甚远，以至于她们完全没有通奸的概念。据说，一个外地人问一个名叫格拉达斯（Geradas）的人（他是非常传统的斯巴达人），他们怎样惩罚通奸者。后者回答说："外乡人啊，我们没有通奸者。"外乡人接着说："那么假设有的话呢？"格拉达斯答复说："交纳一头公牛当作罚金。这头公牛要大到可以横跨泰格图斯山（Mount Taÿgetus），从优塔罗斯河喝水。"外乡人非常吃惊，说："然而怎么会有那么大的公牛？"对此，格拉达斯笑着回答说："然而斯巴达怎么会有通奸者呢？"以上就是我们所发现的关于他们婚姻的描述。

XVI. 父亲不能按照自己的意愿养育后代。他们得把孩子带到一个叫乐斯克（Lesche）的地方，在那里，部落的长老会正式检查婴儿的状况，如果孩子身体康健、结实，他们就吩咐父亲养育他，并且从九千份土地中分配一份给他。但如果孩子生下来就有病，长得畸形，他们就把他送到泰格图斯山脚下一个叫作阿波特台（Apothetae）的深坑一样的地方，深信这样身体上先天不足的生命，对他自己和城邦都没有好处。基于同样的信念，妇女们经常用酒而不是水来给她们的新生儿沐浴，以此来测试他们的身体素质。因为，据说，癫痫病和孱弱的婴儿在烈性酒的作用下会发生抽搐，失去知觉，而健康的孩子则会像钢铁一样得到锻炼，收获强健的体魄。孩子们的保姆也展现出极好的护理技能。她们不用襁褓抚养婴儿，以便他们的四肢和体格可以自由发育。此外，她们还教导孩子们要知足、快乐，不讲究吃食，不畏惧黑暗，也不害怕独处，不要惯于可鄙的暴躁和呜咽。这就是异邦人有时会给他们的孩子购买斯巴达保姆的原因。例如，雅典人亚西比德（Alcibiades）的保姆阿米可拉（Amycla）据说就是一个斯巴达人。①

然而，柏拉图说，②亚西比德的家庭教师是由伯里克利派来的，一个叫佐皮罗斯（Zopyrus）的人，他只是一个普通的奴隶。不过，吕库古不会把斯巴达的孩子们交给购买或雇佣的家庭教师，父亲们根据自己意愿养育或训练他们的

---

① 参照 Plutarch, *Alcibiades*, i. 2.
② Plato, *Alcibiades* i. p. 122 b.

孩子也不符合法律。吕库古要求，孩子们七岁的时候就要全部由城邦接管，编入连队。在那里，他们遵守同样的纪律并接受同样的培养，因此变得习惯于一起运动和学习。判断力强且战斗也最勇敢的男孩，会被任命为他所在连队的队长。其余的人都注视着他，服从他的命令，服从他的惩罚，所以他们男孩受到的训练就是练习服从。此外，老人们经常去观看男孩们做运动，并且通过不时地煽动他们模拟战斗和争论，准确地了解当斗争需要勇敢和攻击性时，他们每个人本能地倾向于怎么做。

在写作和阅读方面，斯巴达人只学习必要的东西。其余的训练都是为了使他们能很好地服从命令，能吃苦和能在战斗中获胜。因此，随着年龄的增长，斯巴达人的身体锻炼增加。他们的头发被剪得极短，习惯于打赤脚，而且大部分时间玩耍都不穿衣服。到他们十二岁的时候，就不再穿丘尼卡，每年只发一件斗篷，身上的肉又干又硬，也不知何为沐浴和油膏。一年中只有在一些特定的日子里，并且是很少的时间，他们才会享受这种乐事。他们按照连队一起睡在草垫上，草垫是他们用自己亲手折断的——刀是不许用的——生长在优罗塔斯河畔的灯芯草尖编成的。到了冬天，他们就往这种草垫子里加一种被认为能发热的所谓的"吕寇朋"（lycophon）［即，蓟种子冠毛（thistle-down）］。

XVII. 男孩们到了这个年纪的时候，会受到一群情人的青睐。这些情人都是有名望的年轻人。上了年纪的人也密切关注着这些男孩们，更加频繁地到他们锻炼的地方，观察他们在力量和智慧上的较量，而且不是粗略地，而是抱着从某种意义上说，他们自己都是所有孩子们的父亲、老师和管理人的信念。这样，在任何恰当的时候，任何地方，孩子做错事都有人来劝告和责罚他。不仅如此，城邦中最高贵、最优秀的一个人被任命为"派多侬米"（paedonome），或男孩们的学监，在他的指导下，男孩们在其各自的连队中，接受最为谨慎、好斗的所谓的艾伦（Eiren）的领导。"艾伦"这个称呼指的是已经告别男孩阶段两年的人。而梅莱艾伦（Melleirens），或"预备艾伦"，则是指男孩中年龄最大者。艾伦是二十岁的小伙子，他会在模拟战斗中指挥他的部下；在室内的时候，让部下伺候他吃饭。他让块头大一点的孩子去打柴，小一点的去采野菜。男孩们偷需要采集的东西，有的溜进菜园，有的蹑手蹑脚地、小心地潜入大人们的公共食堂。但是，如果一个男孩偷东西被当场抓住，作为一个粗心而笨拙的贼，必惨遭严厉地鞭打。男孩们也偷任何能偷的食物，并学会擅长在人们睡着或放松警惕的时候偷袭他们。但被抓住的男孩会受到鞭笞，而且还必定挨饿。因为提供给他们的食物非常少，以便他们靠自己的双手与饥饿作斗争，从而被迫变得勇敢而机灵。

这是他们节食的主要目的。第二个目的就是要让他们长高。因为只有在身体自由、轻松地发育，生命力不被一大堆营养阻碍和牵制，而自身轻盈地上升时，才有助于身材长高。大量的营养会迫使生命力变得厚实而粗壮。同样的事情似乎也有助于形体之美。因为消瘦的身体更容易配合关节的力量，但是粗鄙而饮食过度的身体则太过沉重而不易调动。正是如此，我们可以肯定，那些在怀孕期间服药的女性生下的孩子，可能是很瘦，但是身形很好、很健康，因为母亲体质轻盈使胎儿更易塑形。不过，个中原因我必须留给他人调查了。

XVIII. 孩子们非常重视他们的偷窃活动，以至于据说有一个孩子把一只偷来的小狐狸藏在斗篷下，宁可忍受这畜生用牙齿和爪子把他的肠子扯出来而死，也不愿偷窃行为被发现。从现在斯巴达青年所忍受的事情来看，这个故事是可信的。我就看到过很多斯巴达年轻人在阿尔忒弥斯·奥提亚（Artemis Orthia）的祭坛前遭受鞭打死去。

晚饭过后，艾伦会斜靠在榻上，命令一个男孩唱首歌，又对另一个男孩提出一个需要审慎而仔细回答的问题，例如，"谁是城邦中最优秀的人？"或者，"你对这个人的行为有什么看法？"通过这种方式，男孩们习惯于给出正确的评判，并从一开始就关注公民的行为。因为如果男孩中有人被问谁是好公民，谁声名狼藉，却回答不上来，他就会被认为是精神迟钝、胸无大志之人。答案不仅要有理由，有证据支持，而且还必须用精炼的语言来表达，而回答错误的男孩会被艾伦在大拇指上咬一口作为惩罚。很多时候，艾伦也会当着长者和行政长官的面惩罚这些男孩，从而展示他的处罚是否合理和恰当。他在惩罚这些男孩的时候，不受任何限制，但是等男孩们散去后，如果他的惩罚过于严厉，或相反，过于温和仁慈，他会被要求说明理由。

男孩的情人们也会与他们荣辱与共。据说有一次一个人被行政长官罚了款，因为他特别喜爱的一个男孩在打斗的时候发出了卑劣的叫声。此外，尽管这种爱情在斯巴达人中如此受欢迎，甚至连少女也在善良高贵的女子中寻找情人，但是，这里没有带有嫉妒心的竞争，而是爱恋同一个男孩的人将这种关系变成了彼此间友谊的基础，并且坚持共同努力，使他们所爱之人更加高尚。

XIX. 男孩们还被教导使用兼具优雅与尖锐的语言，并且言简意赅。的确，如我所观察到的那样，吕库古让他的铁钱有大大的重量和小小的价值，但是对于语言"货币"，他却调整为用简洁的语言表达深刻而丰富的意思，途径是设法通过习惯于沉默来使男孩们的回答准确而精炼。因为就像无节制的性行为通常会导致不孕不育，同样地，过多地讲话会使谈话变得空洞和乏味。因此，当某个雅典人批评斯巴达人的剑太短，说舞台上的杂耍演员很容易就能把它们吞下去时，国王阿吉斯回答说："然而，我们无疑用这些短剑刺中了敌人。"而且，我注意到斯巴达人的演讲虽然也看起来很短，但是却必定切中要点，吸引到听者的注意力。从记录下来的吕库古的话语，我们可以判断——吕库古本人讲话也确实简短而精炼。例如，关于政体方面，对一个要求在斯巴达建立民主政制的人，吕库古说："去吧，先在你自己家里建立民主制。"还有一次，有人问他为何规定祭祀的祭品如此小而节俭，他回答说："这样我们就永远都可以敬神。"同时，在体育竞赛方面，他只允许公民参加那些不会向前伸出双手的运动。[①] 在他写给同胞的信中，也有一些类似的回答流传下来。当他们问怎样才能避免敌人的入侵时，他回答说："保持贫穷，不期望自己比别人更强。"当他们询问关于为城邦建筑防御工事的事时，他回答说："一个城邦得到很好的防御，靠的是勇敢的人，而非砖块的围绕。"现在，对于这些以及类似的信件，相信和怀疑都有困难。

XX. 关于斯巴达人厌恶冗长的演讲，下面这些格言就是证明。当一个人在不恰当的时机跟国王李奥尼达谈论重大问题的时候，李奥尼达说："朋友，事情是很紧急，但不急于这一时。"有人问吕库古的侄子卡里拉欧斯，为何他的叔叔制定了这么少的法律。卡里拉欧斯回答说："话少的人需要的法律少。"某些

---

① 很像人们祈求征服者饶恕其生命时的动作。

人不满诡辩家赫卡泰奥斯（Hecataeus）在被允许加入他们的公共食堂后什么也不说。对此，阿基达米达斯（Archidamidas）说道："知道如何讲话的人，也知道该何时讲话。"下面就是我所提到的那些尖锐且不无优雅的言论的例子。一个讨厌的家伙用不合时宜的问题纠缠德玛拉图斯（Demaratus），特别是在此人反复追问谁是斯巴达最优秀的人时，德玛拉图斯最终回答道："最不像你的人。"有人赞扬伊利亚人（Eleians）对奥运会的管理公平公正时，阿吉斯说："伊利亚人每五年有一天行事公正有什么大不了的？"一个外乡人在向特奥旁普斯示好的时候，不停地说在自己的家乡自己被称为斯巴达的热爱者，忒俄甫斯说："尊敬的先生，你还是被叫作你自己城邦的热爱者更好些。"一个雅典演说家宣称拉栖第梦人没学问，波桑尼阿斯（Pausanias）之子普雷斯通阿那科斯（Pleistoanax）说："不错，我们的确是唯一没从你们那里学到邪恶的希腊人。"当有人问阿齐达姆斯（Archidamus）斯巴达有多少人时，他回答说："足够防范恶人，尊敬的先生。"

甚至通过斯巴达人的玩笑也能看出他们的性格。因为他们的习惯是从不信口开河，亦不随便说没有思想或不值得认真关注的话。例如，他们中有一个人被邀请去听一个人模仿夜莺时，他说："我亲耳听过这种鸟的叫声。"再如，有一个人读到墓志铭："暴政的火焰他们正试图扑灭，当全副武装的阿瑞斯将他们杀死；塞利努斯（Selinus）从她的大门向下看着他们的死亡，"然后说："这些人该死；他们应该让这火彻底烧尽。"有一个年轻人，当有人承诺送给他一只能够战斗至死的斗鸡时，他说："不要给我这样的斗鸡，给我那种战斗杀敌的。"还有一个人看到人们坐在厕所的凳子上，便说："但愿我永远不会坐在我不能让给长者的地方。"斯巴达人格言警句的特点证明了这一说法——爱智慧胜过爱锻炼身体是斯巴达人的特点。

XXI. 斯巴达人在音乐和诗歌方面受到的训练，跟他们在讲话中对语言干净的追求一样认真严肃。是的，他们的歌声有一种刺激的力量，能够振奋精神，唤醒人们的热情和有效的努力。他们的歌曲风格朴实，不造作，主题严肃而有启发性。歌曲大多赞美那些为斯巴达而死之人，称他们是有福气的、幸福的；谴责那些懦弱的人，描述他们悲惨而倒霉的生活。歌曲对英勇的期许和赞美适合于不同年龄。关于最后这点，不妨引用一首作为例子。斯巴达人在节日里有三支合唱队，分属于三个年龄段，老年人组成的合唱队会首先唱："我们做过英勇的事，曾是强壮的年轻人。"接着年轻男子组成的合唱队回应道："我们当下就是如此，如果你愿意，就请看一看。"随后由男孩组成的第三支合唱队唱道："我们有朝一日会成为比你们二者都强大的人。"

简言之，如果有人学习斯巴达的诗歌（其中一些样本在我的时代还保存着），并且让自己熟悉斯巴达人在向敌人进攻时，用笛子伴奏的进行曲，他会得出结论：特潘德（Terpander）和品达（Pindar）把勇气与音乐联系起来是正确的。前者这样写拉栖第梦人：

"勇气之矛和缪斯明确的启示都在那里并荣，

同样地，正义走在宽阔的大路上——。"

品达说：①

"那里有长老会议，

还有年轻人胜利的长矛，

也有舞蹈、缪斯女神和欢乐。"

由此说明了斯巴达人同时兼爱音乐和战争。如他们的诗人所说：

"悬挂的宝剑和琴师甜美的艺术，

二者相等相配，"

因为在他们战斗之前，国王会向缪斯女神献祭，提醒战士他们曾受到的训练，以及他们坚定的决心，以使战士们临危不惧，并铸就可以彪炳史册的战斗事迹。②

XXII. 正是在战争期间，斯巴达人会放松对年轻人的严格的纪律，允许他们美发，装饰他们的武器和衣服，乐于看到他们像马为了比赛而腾跳、嘶鸣那样。因此，斯巴达人一告别青年阶段就蓄起长发，特别是在危险时刻，他们会尽量让头发光滑整洁。他们牢记吕库古曾说过的一句话：一头漂亮的秀发使英

---

① Pindar, Fragment, 199, Bergk, *Poet. Lyr. Gr.* i.⁴ p. 448.

② 这句话的希腊原文晦涩不清，英文译文存疑——英译者注。

俊的人更加迷人，使丑陋的人更加骇人。战争时期，斯巴达人的锻炼也较平时放松了，并且年轻战士们在生活其他方面也没那么多限制，没那么死板了，所以他们是世界上唯一因战争而暂缓战争训练的人。当他们最后排好战阵，敌人近在眼前时，国王按照惯例献祭一头母山羊，命令所有的战士在头上戴上花环，吩咐笛手吹奏赞美卡斯特（Castor）的乐曲。随后国王在行军的赞歌中走在最前面。当他们踏着笛子的节奏行进，战线密不透风，内心坚定不移，在赞美诗的旋律中，平静而快乐地投入到这场殊死搏斗，那场面既宏大又可怕。这样的人，既不会有恐惧，也不会过度愤怒，而是抱着充满希望和勇气的坚定目标，相信神是他们的盟友。

与国王并肩向敌人进军的，是在重大比赛中获得冠军的人。据说一个斯巴达人在奥林匹亚的运动会中拒绝别人重金收买他退赛，然后经过一番苦斗，在摔跤比赛中击败了他的对手。当有人对他说："噢，斯巴达人，你从你的胜利中能得到什么好处呢？"他笑着回答说："当与敌人战斗时，我将站在我的国王面前。"当斯巴达人征服并击溃一个敌人后，他们会追赶他足够远，以利用他的逃逸来巩固他们的胜利，然后立即撤退。他们认为作为一个希腊人，将一个已经放弃战斗，逃离战场的人千刀万剐是不光彩，也不相称的。这不仅是一项高尚而宽大的政策，而且也很实用。因为知道斯巴达人会杀死抵抗者，但对服从者则施以仁慈，他们的敌人会倾向于认为逃跑要比战斗更有益。

XXIII. 诡辩家希庇亚斯（Hippias）说吕库古本人就精通兵法，并且参加了很多战争。皮洛斯特帕努斯（Philostephanus）认为斯巴达骑兵按照"奥拉莫依"（oulamoi）进行编制，是吕库古之手笔，理由是吕库古组织的"奥拉莫斯"（oulamos）是五十名骑兵组成的方阵。但是，帕勒林人（Phalerean）德米特里厄斯（Demetrius）说，吕库古没有从事过任何战争类活动，而是在和平时期建立的他的法律。的确，奥林匹克休战的设定，能够反映出一个人的温和，以及对和平的热爱。并且如赫米普斯（Hermippus）告诉我们的那样，有人说吕库古一开始跟伊菲图斯及其事业没有任何关系，而只是偶然到了那里，观看了比赛。然而，他听到背后似乎有人声，责备他并惊讶于他没有敦促其同胞参与这个伟大的节日。吕库古回过头，却哪儿都看不到说话的人，于是他认为这声音来自天上，因此前去面见伊菲图斯，帮助他为这个节日制定了更著名的规矩，奠定了更持久的基础。

XXIV. 斯巴达人的训练会一直持续到他们完全成年。没有人可以随心所欲地生活，而是在他们的城邦里就像在军营里一样，他们总是有规定的生活方式和公共服务工作，认为他们完全属于他们的城邦，而不是他们自己。如果没有其他任务，他们就会去看护男孩们，要么教他们一些有用的东西，要么就自己向长辈学习。吕库古给他的同胞们带来的高贵而幸福的特权之一，就是拥有大量的闲暇。因为他禁止他们从事任何手工技艺；至于赚钱，靠辛苦努力积累财富，根本没有必要，因为财富既不换来羡慕，也不带来荣誉。此外，还有希洛人为他们耕种土地，并上交给他们前文提到的那些出产物。因此，有一次一个斯巴达人旅居雅典，适逢法庭开庭，听说有个雅典人因懒惰而被罚了款，抱着非常难过的心情回家，一路上有同情他且为他感到遗憾的朋友陪伴，便恳求旁观者把那个因活得像个自由人而被罚的人指给他看。在斯巴达人眼中，从事手工技艺和赚钱是如此卑微的事情。当然，法律诉讼也随着金银币一起从他们那里消失了，因为他们既不知贪婪，也不知贫穷，而是建立了幸福上的平等和基于简单需求的轻松生活。在斯巴达人不从事军事远征的时候，合唱舞蹈、宴会、节日、狩猎、体育锻炼和社交活动占据了他们全部的时间。

XXV. 三十岁以下的人根本不去市场，他们的家庭所需由亲戚和情人供给。而年纪大一些的人如果总被看到在市场逗留，而不是将一天中大部分时间花在运动场所，以及所谓的"勒斯凯"(leschai)[①]，是很不光彩的。因为如果人们在这些地方聚集，他们就是在恰当地利用时间，不涉及赚钱或交易的问题，而是忙于赞美某种高尚的行为，或谴责一些卑劣的行径，采用的方式是使教导和纠正变得轻松、自然的幽默和欢笑。因为就连吕库古本人也没有过分严厉。事实上，索西比乌斯（Sosibius）告诉我们，吕库古实际上还奉献了一个笑神的小雕像，并将适时的玩笑纳入他们的酒会及类似的娱乐活动，以调剂他们的艰苦生活和粗茶淡饭。

---

① 男人们聚集到一起谈话的地方。

总之，吕库古将他的同胞们训练得既无意愿，也无能力，为自己而活，而是像蜜蜂那样让自己始终是整个集体不可分割的一部分，聚集在领导人周围，充满着热情和崇高的抱负，完全属于他们的城邦。这种想法也可以在他们的一些话语中找到踪迹。例如，当派达列图斯（Paeparetus）没能被选中成为三百名最优秀的人中的一员，带着喜悦的表情离开了，似乎是为城邦中有三百名比他自己更出色的人而感到高兴。又如，波吕克拉底达斯（Polycratidas）作为去会见波斯国王的将军们的使节当中的一员，当对方问道，他们使团是以私人身份，还是公共身份去到那里，他回答说："如果我们成功了，就是公共身份；如果我们失败了，就是私人身份。"再如，一些安菲波利人（Amphipolitans）来到斯巴达，拜访布拉西达斯（Brasidas）的母亲阿吉里欧妮丝（Argileonis）。阿吉里欧妮丝问他们，布拉西达斯是否死得高尚，不愧为斯巴达人。这些安菲波利人对其大加赞扬，并且说斯巴达再没有他这样的了。对此，阿吉里欧妮丝说："异乡人啊，不要这样说。布拉西达斯确实高贵而勇敢，但是斯巴达有很多人比他更优秀。"

XXVI. 我已经说过，元老最初是由吕库古自己从那些参与他的计划的人中指定的；但后来他又规定，凡因死亡而出现的元老职位空缺，都应从六十岁以上的人中选出最优秀者填补。这似乎是世界上最伟大、争议最激烈的竞争。因为这不是从速度快的人中选出最快的，从强的人中选出最强的，而是从善良和睿智的候选人中选出最善良和最睿智的，他在往后余生都拥有因为卓越而作为优胜者所获得的奖品——我会将之称为城邦中的最高权力——掌控人的生死、荣辱以及人生中重要的事情。选举是这样进行的。召集人民大会的时候，选出一部分人关在附近的一所房间里，让他们既看不见外面，也不被人看见，只能听到集会者的喊声。因为正如在其他事情上一样，此处，与会者的呼声决定了竞争者谁会胜利。竞争者不是一起出现，而是每个人按照抽签的顺序被分别带入，然后静静地从集会者当中穿过。被关起来的评判者，拿着写字板，记录每一次发出的呼喊声的响度，他们不知道人们是为谁而喊的，只知道是为第一个、第二个、第三个等等进场的候选人发出的。谁获得的呼声最高，他们就宣布谁当选。获胜者头戴花环，按顺序拜祭神庙，身后会跟随着大批年轻人，颂扬、赞美他，还有大量的妇女，用歌声歌颂他的优秀，讲述着他一生的幸福。他的每一个亲戚和朋友都会在他面前摆上饭菜，说："城邦用这一桌美食敬你。"游行完毕之后，获胜者就去他的食堂那里，像往常一样用餐，唯一不同的是他面前还摆着第二份食物。他会把这第二份食物拿起放在一边。晚饭过后，获胜者的女性亲属会聚集在食堂门口。他将其中他最为敬重的一位叫到身边来，把留下来的那份饭交给她，说这是他因杰出而获得的奖赏，现在以同样的意义转送于她。这位女性会因此而受到其他妇女的赞扬，并在她们的陪同下回家去。

XXVII. 此外，吕库古对斯巴达的丧葬习俗作了极好的规定。首先，他允许斯巴达人将死者埋葬在城里，并在圣所附近给他们建立纪念碑，以破除所有迷信带来的恐惧，由此让年轻人熟悉并习惯这种景象，从而不会被它们吓到，也不害怕死亡会污染那些碰触过尸体或从墓地走过的人。第二，吕库古不允许有任何随葬品。斯巴达人在下葬时，仅在尸体上盖一件猩红色的长袍和橄榄叶。坟墓上也不允许刻死者的名字，除非墓主人是在战争中牺牲的男子，或是担任神职的女子。吕库古规定的悼念时间很短，十一天。到了第十二天，他们就向德墨忒尔（Demeter）献祭，并停止悲伤。事实上，没有一件事被他忽略掉。生活当中所有必要的细微之处，都被吕库古赋予了对美德的赞扬和对邪恶的谴责。他在城邦中树立了很多榜样。这些榜样的存在和相伴，必然会对那些走在光荣之路上的人有指导和塑造意义。

这就是为什么吕库古不允许斯巴达人随意生活在国外，或漫游异乡，养成异邦的习惯，模仿那些没受过训练、处于不同政府形式下的人们的生活方式。不仅如此，他还将那些毫无用处地涌进城里的人赶出了城，不是像修昔底德说的那样，[①]怕他们模仿斯巴达人的政体，学习有益的美德，而是怕他们成为传授罪恶的老师。因为与异邦人为伍，必定会带来异邦的学说。而异邦的学说会带来新奇的决定，这些决定必然会引起许多感受和决议，从而破坏现存政治秩序的和谐。因此，他认为阻止不良的风俗习惯涌入并充斥城邦，比阻止传染病更有必要。

---

① 在伯利克里的《在葬礼上的演说》中，ii. 39, 1。

XXVII. 所有这一切中都没有些许不公正或傲慢。但有些人却认为吕库古的法律存在着不公正和傲慢，称这些法律在鼓舞勇气上很有效，但是在维护正义上是有缺陷的。斯巴达人的所谓的"克鲁普特亚"（krupteia）或特务机关，如果真如亚里士多德所说，是吕库古设立的机构，那么也许也让柏拉图[①]对吕库古及其政体产生了这种观点。这个特务机关的性质如下。行政长官不时地向全国派出最谨慎的年轻武士，仅给他们配备匕首和必要的给养。白天，他们分散在隐蔽和偏僻之处，在那里藏起来，静躺不动。但是到了夜晚，他们会到大路上来，杀死每一个抓到的希洛人。他们还经常穿梭在希洛人劳作的田野中，杀死他们当中最健壮和最优秀者。修昔底德在他的《伯罗奔尼撒战争史》[②]中也告诉我们，希洛人中被斯巴达人评为最勇武者，头戴花环作为他们解放的标志，列队拜祭各神庙，但是此后不久就全都消失了，两千多人，不管是在当时还是在后来，没人能解释清楚他们是怎么死的。而亚里士多德也特别提到说，监察官一上任就对希洛人正式宣战，为的是让屠杀他们的行为不至渎神。

斯巴达人在其他方面对希洛人也非常严厉、残酷。例如，他们会强迫希洛人喝大量的烈酒，然后将他们带到公共食堂，让年轻人看酩酊大醉是什么样。他们还命令希洛人唱一些低级可笑的歌，跳低级可笑的舞，但不能唱跳高尚的歌舞。因此，据说后来底比斯人远征拉哥尼亚时，[③]命令被俘的希洛人唱特潘德尔（Terpander）、阿尔克曼（Alcman）和斯巴达人斯宾顿（Spendon）的歌，但希洛人拒绝这样做，理由是他们的主人不允许这样做。由此证明了这句话是正确的："在斯巴达，自由人比世界上任何地方的都自由，奴隶比世界上任何地方的都更有奴性。"然而，我认为斯巴达人比较晚才开始实施这种残忍的行为，特别是在大地震之后，[④]当时希洛人和美塞尼亚人共同起义反抗斯巴达人，在他们的领土上造成了严重的破坏，给他们的城邦带来了极大的危险。从吕库古在

---

① Plato, *Laws*, p. 630 d.
② Thucydides, *History of the Peloponnesian War*, iv. 80.
③ 公元前 369 年，在伊帕米农达的领导下。
④ 公元前 464 年，参照 Plutarch,*Cimon*, xvi.

所有其他事情上的温和与公正来判断他的性格，我当然无法将"克鲁普特亚"这种糟糕的措施归咎为是吕库古制定的。神谕也为此事作了见证。①

XXIX. 就像柏拉图说的，②神很高兴看到他的宇宙形成并开始运动。当吕库古的主要机构最终牢固地扎根于人民的风俗习惯之中，而且他的公民政体已经充分成长，并有力量来自我支撑和维护时，吕库古对他的目前已开始运作，并沿其道路前进的法律体系的宏大和美丽，也充满了愉快的满足感。因此，他热切地盼望，以人类先见所能企及的最大程度，希望他的法律能够永恒，永远不变地流传下去。因此，吕库古将所有人都集合起来，告诉他们现有的法律条款已得到充分的调试来促进国家的繁荣和美德，但是一些最为重要的内容还有待完成。而这些内容他只有去德尔斐神庙咨询过神灵之后才能向他们公布。因此，在他本人从德尔斐回来之前，他们必须遵守已经制定的法律，不得改变或变动这些法律的内容；然后，他会遵从神认为的最好的选择。当人们都表示同意，并敦促他动身时，吕库古先后让国王、元老和其他公民们发誓会坚守已经建立的政体直到他从德尔斐回来。随后他就出发去了德尔斐。

到了德尔斐神示所，吕库古向神灵献祭，并且询问他所建立的法律是否良好并有助于促进一个城邦的繁荣和美德。阿波罗回答说他所建立的法律很好，斯巴达城邦只要坚持吕库古的政体，便将持续享有最高荣誉。吕库古将此神谕记下，送回了斯巴达。而至于他自己，他再次向神灵献祭，依依不舍地告别了他的朋友和儿子，决心永远不让他的同胞们解除誓言，自愿就地结束自己的生命。他已经到了这样一个年龄：活着尚不是一种负担，死亡也不足为惧了，而且他和他的朋友们都看起来足够成功和幸福。因此，他绝食而亡，认为作为一个政治家，即便是死亡也应为国家服务，而他的生命的结束也不是无意义的，而是被认为是贤德之举。就他自己而言，既然他已经彻底完成了最崇高的任务，那么生命的结束实际上是他幸运和快乐的圆满终结；就他的同胞而言，他可以让自己的死亡化作他在生前为他们挣得的所有福气的保障，因为他们已经

---

① 见本文 v.3.
② Plato, *Timaeus*, p. 37 c.

发誓要遵守和坚持他的政体直到他归来。吕库古的期望没有被辜负。他的城邦五百年来都遵守着他制定的法律，直到阿齐达姆斯之子阿吉斯。这期间的十四个国王中没有任何人修改过法律，使得斯巴达长久以来都因良好的政府和声誉而稳居希腊一流城邦。因为监察官的设立并没有削弱，而是加强了城邦的政体，而且它虽然被认为是为了人民的利益而设立的，却实际上强化了贵族的力量。

XXX. 但是到了阿吉斯统治时期，金银钱币首次流入斯巴达；伴随着金钱，在吕山德（Lysander）的作用下，对财富的贪婪和欲望在斯巴达盛行。虽然吕山德本人并不腐败，但他却从战争中带回了金银，使他的城邦充满了对财富和奢侈的热爱，从而破坏了吕库古的法律。当吕库古的法律有效时，斯巴达不是一个在宪法指导下的城邦，而是一个受到训练并充满智慧的人。就像诗人编造他们关于赫拉克勒斯的故事那样——他如何带着他的棒子和狮子皮穿越世界，惩罚无法无天的残忍暴君——我们可以说斯巴达只用她的使节的拐杖和斗篷，就令整个希腊心甘情愿地服从，推翻各城邦非法的寡头和僭主，仲裁战争，平息暴乱，而且经常都是不需动用一兵一卒，而仅仅是派遣使节，她的命令就会立刻被服从。就像蜜蜂，当蜂王出现的时候，它们就会聚集在一起，排列在它周围。这个城邦享有着正义和这样充裕的好政府的资源。

因此，我本人很吃惊有人称拉栖第梦人知道如何服从，但不知如何指挥，而且还征引国王狄奥庞帕斯（Theopompus）的故事作为证据：当有人说斯巴达很安全、平稳，是因为她的国王们知道如何指挥，狄奥庞帕斯说："不是，而是因为她的公民知道如何服从。"因为人们不会同意服从没有统治能力的人，而服从是从指挥者那里习得的。因为好的领导人会培养出好的追随者，就像马术技艺的终极目标是让马变得温和、驯服，执政科学的任务是让人们服从。拉栖第梦人不仅向其他希腊人都灌输了服从的意愿，而且还令他们渴望成为拉栖第梦人的追随者和臣民。人们不是向斯巴达人要船、钱或重装步兵，而是要一个斯巴达指挥官。当他们得到这个指挥官，就对他极为尊敬，就像西西里人对待吉列普斯（Gylippus），哈尔基斯人（Chalcidians）对待布拉西达斯（Brasidas），以及所有的居住在亚细亚的希腊人对待吕山德、卡里克拉提达斯

（Callicratidas）和阿格西劳斯（Agesilaüs）那样。这些人，无论他们到哪里，都被称为人民和官员的监管者和惩戒者；而他们的家乡斯巴达城邦，则被视为有序的个人生活和稳定的公民政治的老师。斯特拉托尼库斯（Stratonicus）似乎讥讽地暗示了斯巴达的这种地位。他在玩笑中提出了一条规则，规定雅典人应该组织秘仪和游行，而埃利亚人（Eleians）应该主持运动会，因为他们在这方面有特长，但是，如果其他人做错了，拉栖第梦人应该受到棒打。这是一个笑话，但是当苏格拉底学派的安提西尼（Antisthenes）看到底比斯人在留克特拉（Leuctra）之战[①]之后兴高采烈，非常严肃地说他们就像一群孩子，因为打败了他们的导师而趾高气扬。

XXXI. 然而，吕库古的主要构想并不是让他的城邦领导众多其他城邦，而想到的是整个城邦的幸福，就像个人的幸福一样，靠的是美德和和谐在其疆域内的盛行。因此，他所有的安排和调整，其目的是让他的人民思想自由、自立、各方面都很适度，并且让他们尽可能长久地保持这种状态。吕库古对公民政治的设计，得到了柏拉图、第欧根尼、芝诺，以及所有在这方面著文赢得赞赏的人的采纳，不过他们留给后世的只有作品和文字。相反，吕库古没有产出作品和文字，但是缔造了一个难以模仿的实在的政体。而且，由于他给那些认为人们常说的对智慧的天然的热爱只存在于理论中的人，提供了一个整个城邦都热爱智慧的实例，吕库古的名望远远超过所有在希腊人中建立政体的人。因此，亚里士多德说，斯巴达给予吕库古的敬意配不上他应得的，尽管他在那里享有着最高荣誉。吕库古有一座庙，人们年年都向他献祭，就像祭神一样。也有人说，当吕库古的遗体被运回斯巴达，他的坟墓被闪电击中了；在他之后的其他显要的人物身上，几乎都没有发生这样的事，除了欧里庇得斯（Euripides）。欧里庇得斯死后葬在马其顿的阿瑞图萨（Arethusa）。欧里庇得斯的热爱者们认为，唯独他死后经历了一个最神圣、最受众神青睐的人所经历过的事，这是他受到神灵偏爱的有力证据。

有人说吕库古死在西尔拉（Cirrha）；阿波罗特弥斯（Apollothemis）认

---

① 在公元前371年，当时底比斯人在伊帕米农达的带领下推翻了斯巴达的霸权。

为他被带到了伊利斯（Elis）并死在那里。蒂迈欧斯和亚里士多塞努斯（Aristoxenus）认为，吕库古卒于克里特；亚里士多塞努斯还补充说，克里特人在佩加默斯区（the district of Pergamus）展示他的坟墓，就在公路附近。还有人说，吕库古仅有一子安提奥鲁斯（Antiorus）。安提奥鲁斯没有子嗣，死后其家族血统断绝。不过，吕库古的朋友和亲属为纪念他组织了定期集会。这个集会持续存在了几个世代，他们将集会的日子称为"吕库古日"（Lycurgidae）。西帕库斯之子阿里斯托克拉底说，吕库古的朋友，在吕库古死于克里特之后，将他的遗体火化，并把骨灰撒到了大海中。他们是在吕库古的要求下这样做的，因为他不想自己的遗体被运回斯巴达，以防民众改变他的政体，借口是他回到斯巴达了，他们就可以从誓言中解放出来了。这就是我对吕库古的记述。

（倪滕达 译）

狄奥多罗斯《亚历山大传》

1）文献简介

  此译文节选自古典作家狄奥多罗斯《历史集成》第 17 卷（*Diodorus of Sicily, with an English translation by C. Bradford Welles, London: William Heinemann Ltd; Cambridge, Massachusetts: Harvard University Press, 1963.*），题目为译者所加。狄奥多罗斯出生在西西里岛，约生活于公元前 1 世纪。他所撰《历史集成》是通史性巨著，描述上起神话时代，下至公元前 60 年的历史。全书共 40 卷，现完整保存下来 1—5 卷和 11—20 卷，另有部分残篇。它们是今天研究古希腊史的主要史料来源之一。狄奥多罗斯在第 17 卷中描述了马其顿亚历山大东征的过程，记录了他一生的主要业绩。他在本卷所述内容，是后世学者研究亚历山大所依据的重要古典史料。

  值得注意的是，在撰写有关亚历山大的事迹且作品流传于世的古典作家当中，狄奥多罗斯生活的时代距离亚历山大的时代最近。尽管狄奥多罗斯在史料处理、所记事件的时间编年等方面存在问题，但他也为我们提供了与其他亚历山大史家不一样的细节，或者为他们所没有的信息。例如，唯独狄奥多罗斯描述了亚历山大进军亚细亚时所率军队的详细构成。它对我们多角度、更全面地了解亚历山大及其东征有所裨益。

2）译文

1

上一卷，也即《历史》（Histories）第十六卷，叙述以阿明塔斯（Amyntas）的儿子腓力（Philip）加冕称王为开端，包含直到他去世为止整个一生的事迹，还涉及发生在他统治期间，与其他国王、民族、城市相关联的24件事。在这一卷，我们将系统描述以亚历山大继承王位为开端，包括直到他去世为止的历史，以及当时已知世界所发生的事件。我认为，按照同一主题组织材料，连续不间断地叙述每一个故事，是这些事件不致被遗忘的最好方法。

亚历山大在很短的时间内完成了伟业。他依靠聪敏和勇敢，建立了超越有史以来给人们留下印记的所有国王的功业。他在十二年中征服了欧罗巴的大部分地区和几乎整个亚细亚，因此，赢得了像古代英雄和半人半神者一样的伟名。不过，真的不必急于讲述这位国王的任何功绩；其事迹在人们中间广为流传，就充分证明了他伟大的荣誉。从亚历山大父亲一方看，他是赫拉克里斯（Heracles）的后代；从他母亲一方看，他可以说是埃亚契德家族（Aeacids）的血脉。因此，从父系和母系两方面来说，他都从自己的祖先那里继承了体力和精神的伟大品质。[①]需要指出的是，当我们徜徉于时代大事中时，我们将论述有关我们历史的事件。

2

当埃瓦涅图斯（Evaenetus）在雅典任执政官时，罗马人卢契乌斯·弗里乌斯（Lucius Furius）和盖乌斯·玛尼乌斯（Gaius Manius）被选为执政官。[②]就在这一年，亚历山大登上了王位，他首先惩治了杀害他父亲的罪有应得的凶

[①] Plutarch, *Alexander*, 2. 1. 亚历山大母系一方，最杰出的先祖是阿喀琉斯（Achilles）。无论是埃亚契德家族（Aeacids），还是阿尔基亚德王室（Argeads），都把自己的血统追溯至宙斯。

[②] 埃瓦涅图斯自公元前335年7月至公元前334年6月任执政官。布劳顿（Broughton, 1. 138）说公元前338年的执政官为L. 弗里乌斯·卡米鲁斯（L. Furius Camillus）和C. 玛埃尼乌斯（C. Maenius）。

手，然后为父亲举行了葬礼。他建立的统治权威远比任何人所建的权威更为稳固。由于很年轻，他并非得到了所有人的尊敬。不过，亚历山大首先通过自己得体的演讲，迅速赢得了马其顿人对他的支持。他宣布国王只是在名字上发生了变化，国家将依照法则进行有效管理，不会逊色于他父亲的管理。接着他向在场的外国使节发表了演说，以平易近人的方式让先前效忠于他父亲的希腊人继续效忠于自己。亚历山大加强对士兵们进行军事技能训练和战术训练，在军中树立严明的纪律。

阿塔罗斯（Attalus）是潜在的王位竞争对手。他是腓力最后一任妻子克里奥帕特拉（Cleopatra）的哥哥。亚历山大决心除掉阿塔罗斯。事实上，在腓力被刺的前几天，克里奥帕特拉为他生下一个男婴。① 阿塔罗斯已被事先派往亚细亚，同帕尔曼尼昂一起统帅那里的军队。他乐善好施、平易近人，赢得军中士兵的爱戴。亚历山大有充分的理由担心，阿塔罗斯同反对他的希腊人联合起来，挑战他的统治。亚历山大选派他的朋友赫卡塔乌斯（Hecataeus）率领一部分士兵前往亚细亚，命令他，如果可能的话，活捉阿塔罗斯并带回马其顿，但如果不能，就尽快除掉他。于是赫卡塔乌斯带领士兵进入亚细亚，加入帕尔曼尼昂和阿塔罗斯率领的军队，等待时机以执行自己的任务。

3

亚历山大知道许多希腊人都想叛乱，对此非常担心。在雅典，德摩斯梯尼（Demosthenes）继续煽动民众反对马其顿。雅典人收到腓力被刺的消息感到欢欣鼓舞，不准备承认马其顿在希腊人中的领导地位。他们秘密地与阿塔罗斯交往，准备同他合作，还鼓动许多城市为自己的自由而战。

埃托利亚人（Aetolians）通过选举召回那些因腓力而被流放的阿卡纳尼亚人（Acarnanians）。某位阿里斯塔库斯（Aristarchus）说服安布拉西奥特人（Ambraciots）驱逐腓力派驻他们城中的军队，恢复民主政体。与此相似，底比

---

① 在第16卷，第93章，第9节，阿塔罗斯被称为克里奥帕特拉的侄子，但他显然是后者的叔叔和监护人（Berve, *Alexanderreich*, 2. 94）。他很可能因克里奥帕特拉和他的女儿被杀而感到愤怒，但他并未明确要求马其顿的王位。无论如何，他忠于腓力，而与刺客为敌（第16卷，第93章，第5—9节）。

斯人通过选举驱逐在卡德美亚（Cadmeia）的驻军，拒不承认亚历山大对希腊人的领导地位。希腊人中，唯独阿卡迪亚人（Arcadians）从未承认过腓力的领导地位，现在也不会承认亚历山大的领导权。另外，在伯罗奔尼撒半岛，阿尔戈斯人（Argives）、埃莱亚人（Eleians）和拉栖代梦人（Lacedaemonians）以及其他民族，都准备恢复独立。① 在马其顿国境之外，许多部落伺机发动叛乱，那些地区的居民都陷入了大恐慌之中。②

亚历山大的王国陷入了困境之中。不过，刚刚步入成年的他令人惊异而迅速地恢复了秩序。他通过说服和外交手段赢得了一部分人，通过震慑使一部分人安分守己，③ 但对于那些必须通过武力征服的，他则用武力迫使他们屈服。

4

亚历山大首先对付瑟萨利人（Thessalians）。他通过赫拉克里斯，提醒自己与他们之间的古老关系，还通过和善的语言与优厚的承诺燃起他们的希望。他说服瑟萨利联盟（Thessalian League），通过正式选举使他从父亲那里继承来的对希腊的领导地位具有合法性。④ 接下来，他以同样的方式赢得了邻近的部落，之后，又进军至派拉（Pylae）。在那里，他说服安菲克提昂人（Amphictyons）的议会，让他们通过决议，授予他希腊人的领导权。他召见安布拉西奥特人的外交使节，向他们发表了友善的演讲，使其相信，他们现在获得独立为时尚早，他即将给他们自由。

为震慑仍然拒绝降服的那些人，他率领严阵以待的马其顿军队进军。他率军挺进彼奥提亚（Boeotia），在卡德美亚附近安营扎寨，这使底比斯城陷入了一片恐慌之中。当雅典人很快得知亚历山大已进入彼奥提亚时，他们也开始

---

① 在尤斯廷的作品中（Justin, 11.2.4-5）阿里斯塔库斯很可能是一位安布拉西奥特人，否则，我们都对他一无所知。狄奥多罗斯将阿卡迪亚人和拉栖代梦人的角色前后倒置。正是后者从未臣服于腓力。比较下面第4章。

② 比较下面第8章，第1节。

③ Arrian, 1.1.3（指的是雅典）。

④ 在尤斯廷（Justin, 11.3.1-2）的作品中，亚历山大与拉里萨的阿劳德（Aleuadae）有共同的祖先阿喀琉斯。

放弃此前轻视他的态度。这位年轻人的进军如此迅速，行动如此有效，以至于动摇了反对他的那些人的信心。因此，雅典人投票决定，将分散在阿提卡（Attica）地区的财富运进城中，并修缮他们的城墙。但与此同时，他们也向亚历山大派出使节，请求亚历山大原谅他们如此之晚才承认其领导地位。

甚至德摩斯梯尼也参加了使团，然而，他却没有和其他成员一起去见亚历山大，而是在到达西塞隆山脉（Cithaeron）时，就返回了雅典。他是出于对奉行政治上反对马其顿的害怕，还是仅仅希望不给波斯国王留下指责他的口实而这样做，我们并不清楚。一般认为，他竭力遏制马其顿人，从波斯王那里获得了大量的钱财。事实上，有人指出，埃斯契涅斯（Aeschines）在奚落德摩斯梯尼接受贿赂的演说中就谈到了这一点："此刻，他确实在挥霍国王的黄金，但即便如此，也无法使他满足；对于一个贪婪的人而言，无论多少财富也不能满足其贪欲。"① 亚历山大对希腊使团发表了友善的演讲，消除了雅典人的恐慌。

随后，亚历山大在科林斯（Corinth）召开由各邦使团和使节参加的大会。当代表们都到达时，他以得体的方式向他们发表了演说，让其通过决议，委任他为希腊人全权代表，使他们承诺加入远征波斯的行动中，以对波斯蹂躏希腊进行复仇。② 亚历山大实现这些目标后，率军回到马其顿。

5

既然我们已经描述了在希腊发生的事情，现在转向描述在亚细亚发生的事件。腓力遇刺身亡之后不久，阿塔罗斯实际上已准备叛乱，他已经同意和雅典人采取联合行动对付亚历山大，但后来他改变了主意。他保存了德摩斯梯尼送给他的信件，③ 并把它寄给亚历山大，以此表明对国王的忠诚，消除国王对自己任何可能的怀疑。然而，赫卡塔乌斯严格按照国王的命令行事，以叛逆罪处死

---

① 埃斯契涅斯使用了略微不同的语序（Aeschines, 3. 173）。
② Justin, 11. 2. 5.
③ Plutarch, *Demosthenes*, 23. 2. Vol. VIII.

阿塔罗斯。①自此以后，在亚细亚的马其顿军队再未受到发动叛乱的鼓动。阿塔罗斯死后，帕尔曼尼昂完全忠诚于亚历山大。

我们在描述波斯王国之前，须对以往的事件稍作回顾，以理清线索。当马其顿王腓力在位时，奥卡斯（Ochus）②统治着波斯，奉行压迫臣民的严酷政策。因其性格暴虐，招致众人嫉恨。千夫长巴高斯（Bagoas）是一名宦官，但生性好勇斗狠。他通过一名医生毒死了奥卡斯，并把他最年轻的儿子阿尔塞斯（Arses）扶上王位。为了孤立年轻的国王并使他容易操控，巴高斯以相似的方式杀死了新王的刚刚成年的兄长们。新王对巴高斯此前的野蛮行径表现出极大的愤怒，准备惩罚罪魁祸首，但巴高斯预料到他的意图，在他统治的第三年，就杀死了阿尔塞斯及其孩子们。③王室灭绝了，找不到一名可以继承王位的直系亲属。因此，巴高斯把王室成员大流士（Dareius）扶上了王位。他是阿尔萨涅斯（Arsanes）的儿子，先王阿泰薛西斯（Artaxerxes）④的弟弟奥斯塔涅斯（Ostanes）的孙子。至于巴高斯，在他身上发生了一件不寻常的事，他奉行一贯的野蛮行径，试图毒死大流士。然而，计划泄露，就像事实所发生的那样，国王召见巴高斯，向他敬酒，并把他自己的酒杯端给他，逼迫其饮下毒酒。

6

大流士之所以被选为王位继承人，是因为他勇气超群，远远超过其他波斯人。曾有一次，阿泰薛西斯⑤同卡都西亚人（Cadusians）作战，其中，敌方有一位以强壮和英勇著称的士兵，要挑战波斯人中任何能与他单打独斗的人，其他人不敢应战。大流士单刀赴会，斩杀对手，获得国王嘉奖，受到重赏。他被公认为波斯人中的第一勇士。正是由于其勇敢，大流士才被认为能够胜任国王

---

① 接续上面第2章。刺杀阿塔罗斯而未得到帕尔曼尼昂的默许，令人难以置信。帕尔曼尼昂或许乐见除掉朝中对立派别的首领［不过，库尔提乌斯（Curtius, 6. 9. 18）说阿塔罗斯是帕尔曼尼昂的女婿］。阿塔罗斯在侄女被处决后，不可能活命。

② 此前曾提到奥卡斯的王位名号阿尔泰薛西斯（throne name Artaxerxes）。

③ 王表显示，阿瑞斯统治了两年，即公元前338年至公元前336年，不过，他在即位的第三年去世了。

④ 阿泰薛西斯二世，公元前405年至公元前359年在位。

⑤ 阿泰薛西斯三世（奥卡斯），公元前359年至公元前338年在位。

之职。这些事情的发生，与腓力遇刺、亚历山大登基称王大约在同一时期。

这就是命运挑选的与天才的亚历山大相对抗的大流士，他们彼此为争夺最高统治权，在许多伟大的战役中交手。我们将详细描述其中的每一次战争。现在我们就继续讲述我们的故事。

7

在腓力遇刺之前，大流士登上了王位，他正费尽心思地把即将到来的战火引向马其顿。不过，当腓力遇刺时，大流士如释重负，他鄙视年轻的亚历山大。然而，很快，当亚历山大以迅疾而有力的行动巩固了他在整个希腊的领导地位，证明其卓越的能力时，大流士警觉起来，开始认真关注自己的军队。他装备了大量战舰，聚集了数量庞大、能征善战的军队，挑选最优秀的将领，其中就有罗得岛人迈农（Memnon of Rodes），他以拥有超群的勇气和优秀的战略才能著称。国王命他率 5000 名雇佣兵①向库吉科斯（Cyzicus）进军，并尽力控制它。因此，迈农率领这支军队越过了艾达山（Mt. Ida）。

在人们中间流传着这样的故事，这座山因墨利修斯（Melisseus）的女儿艾达（Ida）而得名。②它是赫勒斯庞特（Hellespont）地区最高的大山。在这座山的中部，有一座著名的山洞，他们说亚历山大③在洞中对三女神进行了评判。据说艾达·达克提里斯人（Idaean Dactylis）曾生活在山中，他们从众神之母（Mother of the Gods）那里学会了冶铁术，并第一次锻造了铁器。与这座山相关，发生了一件奇异的事情，而它也只在这里流传。当天狼星（Dog Star）升起时，如果站在最高峰，周围寂静的环境会给你这样的印象，山顶升高，风无法吹达，你在夜间就能够看到太阳升起。它的光线并不局限在一个圆球中，它火焰四射，到处都是。结果，你会认为，地平线上有许多燃烧的碎片。不久，

---

① 对于执行这样的任务，迈农调配军队的数量不足。但几乎不可能把数字改为50000，因国王的希腊雇佣兵总数为 50000（Curtius, 5. 11. 5）。波里亚努斯（Polyaenus）提到迈农有 4000 士兵（5. 44.4）。
② 美里塞乌斯为克里特国王，据说他是阿德拉斯苔亚（Adrasteia）和艾达的父亲，曾受托养育幼年的宙斯（Book 5. 70. 2）。见 Apollodorus, 1. 1. 6。
③ 此处的亚历山大指的是特洛伊王子帕里斯（Paris）。

这些碎片形成一团巨大的火焰，其宽度有三普勒特拉（Plethra）。① 最后，天亮时，像往常一样，我们又看到了球状的太阳，它把光辉撒向人间。

迈农率军越过艾达山，突然袭击库吉科斯但功亏一篑。② 失败之后，他蹂躏城市属地，掠夺了大量战利品。正当迈农忙于此事时，帕尔曼尼昂洗劫了格里尼乌姆（Grynium），把当地居民卖为奴隶。不过，当他包围皮塔纳（Pitanê）③时，迈农率军出现，迫使马其顿人放弃了围攻。后来，卡拉斯（Callas）率领马其顿联军和雇佣军参加了在特罗德（Troad）对一支强大的波斯军队的战争。卡拉斯发现自己处于劣势，就撤退到罗埃提乌姆（Rhoeteium）角。④

这就是亚细亚的局势。

8

现在希腊的叛乱已经得到控制，亚历山大转战色雷斯（Thrace）。⑤ 这一地区的许多部落都发生了叛乱。但亚历山大的出现使他们受到震慑，被迫投降。然后，他挥师西进，到达培奥尼亚（Paeonia）和伊利里亚（Illyria）以及与它们接壤的邦国。当地的许多部落发生了叛乱，但他制服了他们，并把这一地区的所有土著居民都纳入自己的统治之下。他还没有完成此项任务时，信使来报，希腊人发生了叛乱。许多城市采取实质性步骤，准备摆脱与马其顿的联盟关系，其中最重要的一个城邦就是底比斯（Thebes）。在得到这些消息后，国王十分愤怒，迅速回师马其顿，准备扑灭希腊人的叛乱。

---

① 普勒特隆（Plethron）为100希腊尺（Greek feet），或略小于100英尺（English feet）。在狄奥多罗斯和他的史料来源中，无法获得它的精确值。

② 波里埃努斯（Polyaenus）描述过部分细节（Polyaenus, 5. 44. 5）。

③ 格里尼乌姆和皮塔纳是埃拉亚湾（Bay of Elaea）畔两座古老的埃奥里亚（Aeolian）城市。帕尔曼尼昂担负着腓力"解放"的使命。

④ 罗埃提乌姆是伊里乌姆（Ilium）北方赫勒斯庞特湾口的一座海角。卡拉斯（Calas）（名字正确的拼写形式）是哈尔帕鲁斯（Harpalus）的儿子，他们来自埃里米奥提斯一个显赫的家族。后来，他指挥亚历山大麾下的瑟萨利（Thessalian）骑兵。之后，他留在小亚细亚（Asia Minor），担任赫勒斯庞特·福瑞吉亚（Hellespontine Phrygia）的总督。比较 Berve, *Alexanderreich*, 2. No. 397。

⑤ 阿里安对此次战役进行了详细描述（Arrian, 1. 7-8）。

底比斯人最先试图驱逐马其顿在卡德美亚的驻军，他们包围了这座要塞。[①]这就是国王率大军突然出现在城市面前，并在它附近扎营时的情形。在国王到达之前，底比斯人有时间挖掘深沟、修筑大栅栏围困卡德美亚，以使被围的马其顿人既得不到增援，也无法获得供给。他们向阿卡迪亚人、阿尔戈斯人、埃兰人（Eleians）请求帮助，还向雅典人求助。当底比斯人从德摩斯梯尼那里获得免费武器时，他们用这些武器装备所有没有重装盔甲的市民。然而，在那些被请求给予帮助的城邦中，伯罗奔尼撒人已派军进驻远至地峡的地区，不过，他们坐观其变。既然正如所预料的那样，国王已经到达底比斯，雅典人在德摩斯梯尼的影响下，通过投票决定支持底比斯，但他们并没有派兵援助，只是静观战争的发展态势。在卡德美亚，要塞指挥官菲罗塔斯（Philotas）看到底比斯人为包围他们做了充分的准备，就尽力加固他的防御工事，并准备了大量的各种各样的投射物。

9

因此，当国王率领大军离开色雷斯突然出现在底比斯人面前时，底比斯人的盟友看到对手占据明显优势时，对他们的支持便动摇了。然而，他们的领导人召开议会，准备就战争问题作出抉择。他们一致决定为政治自由而斗争到底。议会通过了决议，所有人都怀有极大的热情，准备把事业进行到底。

起初，国王并没有采取行动，给底比斯人时间以仔细考虑。他认为一座孤城绝对不敢和他的大军相抗衡。因为在那时，亚历山大拥有3万多名步兵和不少于3000名的骑兵，他们都是跟随腓力久经沙场、作战经验丰富的士兵，几乎从未有过败绩。他们训练有素，忠诚于亚历山大，是他用以推翻波斯帝国的力量。如果底比斯人认清形势，向马其顿人求和，并同马其顿人结盟，国王会高兴地接受他们的提议，满足其一切要求，因为他热切希望平定希腊内部的动乱，以集中精力同波斯作战。

[①] 尤斯廷（Justin, 11.3.6）、普鲁塔克（Plutarch, 11-12）和阿里安（Arrian, 1.7-8）对底比斯人的包围描述得更为简略。

然而，最后亚历山大意识到自己遭到底比斯人轻视，因此决定彻底摧毁底比斯城，通过这一恐怖行动，以打消其他人企图冒险反对他的念头。他命军队做好战斗准备，然后通过传令官向底比斯人喊话，任何人都可以向他投诚，都会享有同其他希腊人一样的和平。底比斯人以同样的精神从一座高塔上"回敬"道，任何希望加入伟大的国王和底比斯，以解放希腊人[①]和摧毁希腊暴君的人，都应当加入他们。他们的话刺痛了亚历山大。他极为愤怒，宣称将对底比斯人施以最严厉的惩罚。亚历山大怒火中烧，开始建造攻城器械，准备其他一切攻城所需。

10

在希腊的其他地方，当人们得知底比斯人将大难临头时，他们为底比斯人将要遭受灾难感到同情，不过，他们无心帮助他们，认为底比斯人由于贸然行事和不妥当的行动而自取灭亡。然而，底比斯人却欣然地、信心百倍地接受了自己的冒险行动。不过，他们被预言家的某些言论和神明降下的征兆迷惑了。

首先，在德墨忒尔（Demeter）神庙中，有一张发光的蜘蛛网，它不断变大，以至于达到希腊人的大长袍那样大，它犹如天空中的彩虹一样闪着彩虹似的光。关于这些事情，德尔斐（Delphi）的神谕这样回复他们：

"神明给所有人发出了这样的征兆；

神明首先给彼奥提亚人发出了这样的征兆，又给他们的邻人发出了这样的征兆。"

底比斯人先祖的神谕给出了这样的回复：

"蜘蛛网对一方来说是灾难，对另一方来说是恩惠。"

这一征兆出现在亚历山大攻城的三个月之前，但是当亚历山大到达这里时，市场中的雕像突然流汗，并且满身是大颗大颗的汗珠。还不止于此，人们

---

① Plutarch, *Alexander*, 11.4. 也即根据安塔尔基达斯和平条款（Peace of Antalcidas）（Xenophon, *Hellenica,* 5.1.31）。雅典人以相似的方式，根据亚里士多德建立的所谓"第二次雅典同盟"（Second Athenian League）盟约（377B.C.;SIG147），呼吁希腊人对抗斯巴达。

向城市官员报告说，在昂克斯图斯（Onchestus）的沼泽发出吼叫一样的声音，然而在狄尔克（Dircê），一个血色的波纹沿着水面漂移。最后，从德尔斐来的旅行者告诉人们，底比斯人用掳掠弗西亚（Phocian）的战利品奉献的神庙的屋顶怎样血迹斑斑。

那些负责解释征兆的人说道，蜘蛛网象征着众神离开了这座城市，它的晕色意味着这座城市将祸不单行，雕像流汗是这座城市将遭灭顶之灾的象征，许多地方都出现了血迹，预示着整座城市会遭到大屠杀。他们指出众神已经清楚地预示了这座城市将要面临的灾难，劝告不要冒险在战场上决定战争的结果，而应采取更为安全的方法进行交涉。

然而，底比斯人的精神并没有沮丧。相反，他们精神饱满，斗志昂扬，使每个人想起他们在留克特拉（Leuctra）和其他战争中所取得的胜利。在这些战争中，他们的战力赢得了难以置信的胜利，震惊整个希腊世界。他们英勇但不明智地沉浸在高贵的精神之中，向着完全毁灭自己国家的方向"前行"。

11

国王仅用三天的时间就做好了进攻准备。他把部队分成三部分，命令第一部分进攻城外树立栅栏的地区，第二部分对阵底比斯人的战线，第三部分则作为后备力量，以支援陷入困境的那些部队，并投入战斗。就底比斯人一方来看，他们把骑兵部署在有栅栏的地区，把被释奴、外邦避难者及异邦居民部署在城墙附近以抵御攻城之敌。他们自己则准备在城前同兵力几倍于自己的亚历山大周围的军队作战。他们的孩子和妻子则成群结队地涌入神庙中，哀求众神挽救陷入危险的城市。

当马其顿人前进时，他们同对手底比斯人的军队相遇。战斗的号角吹响了，双方军队发出了震天的呐喊声，纷纷把标枪掷向对方。这种状况很快结束，双方短兵相接，一场恶战开始了。马其顿人因军队数量优势和马其顿方阵的威力，势不可挡，不过，由于底比斯人进行了持续的体育训练，使得他们在个人能力方面更胜一筹。更为重要的是，被激发出来的热情让他们在战争中奋不顾身。双方伤亡惨重，许多士兵在相互攻击中倒下。士兵们投身战斗，被呻吟声、叫喊声和鼓舞声包围，杀声震天：在马其顿一方，要配得上他们以前的辉煌胜利；在底比斯一方，他们不能忘记自己的孩子、妻子和父母被卖为奴的危险，不能忘记他们的家属面临狂怒的马其顿人的危险，他们也不会忘记在留克特拉、曼提尼亚（Mantineia）的战争和整个希腊都家喻户晓的荣耀事迹。因为战斗双方都勇气超群，所以战斗相持了很长时间，难分胜负。

12

最后，亚历山大看到底比斯人仍然在为自由而不妥协地战斗，他的马其顿士兵却已经精疲力竭了，于是命令预备队投入战斗。他们突然攻击疲惫的底比斯人，给以重创，杀死许多底比斯人。不过，底比斯人不会把胜利拱手相让，与此相反，他们在求胜愿望的激励下，蔑视一切危险。他们英勇地高呼，马其顿人已经公开承认甘拜下风了。在通常情况下，当敌人轮番发动攻击时，士兵们通常会害怕那些刚刚投入战斗的增援部队，不过，当敌人以精力充沛的部队替换那些精疲力竭的部队来对付他们时，唯独底比斯人，以前所未有的勇气去面对危险。

这里可以证明，底比斯人的精神不可动摇！不过，国王看到士兵们放弃了对城市后门的把守，他迅速命令佩尔狄卡斯（Perdiccas）率一支庞大的分遣队占领后门，并从那里突入城中。① 佩尔狄卡斯果断执行命令，马其顿人从后门溜入城中。马其顿人的第一波攻击已经使底比斯人精疲力竭了，但他们仍然顽强地抵抗着他们的第二波攻击，对胜利充满希望。他们得知城市的一个区域已经陷落时，开始迅速撤入城中，不过在这一过程中，他们的骑兵和步兵一起撤退，骑兵飞奔踩踏了步兵，致使许多自己人丧生。骑兵混乱地涌入城中，遇到的却是纵横交错的小巷和战壕，许多人纷纷坠马落地，死在自己刀下。与此同时，卡德美亚的马其顿驻军也突然冲出要塞，与底比斯人交战，在混乱中对他们进行了大屠杀。②

---

① 阿里安（Arrian, 1.8.1）引用托勒密提供的信息，把这次事件置于围攻开始、未发生任何作战之前，并说佩尔狄卡斯是自己行动的。他或许试图重演在哈利卡纳苏斯的策略（chap. 25.5）。至于后来，他很可能指挥着方阵的六营之一。

② Plutarch, *Alexander*, 11.5.

13

　　城市被攻占后，城内许多事物遭到毁坏。马其顿人被底比斯人傲慢自大的言行激怒，对他们的惩罚比在其他战争中表现得更为疯狂，他们把愤怒、怨气都发泄到可怜的民众身上，毫不手软地杀掉他们所遇到的每个人。然而，底比斯人决绝地抱着渺茫的胜利希望，置生死于不顾，遇到敌人时，就和他们扭打在一起，也遭受敌人的攻击。在城市陷落的过程中，没有底比斯人祈求马其顿人赦免其性命，他们也没有以不光彩的方式倒下，更没有向征服者卑躬屈膝。不过，他们的勇气带来的痛苦并没有博得敌人的同情，一天似乎不足以让敌人残忍地复仇。整座城市遭到了劫掠，那些孩子们还在可怜地呼喊着他们母亲的名字时，就沦为了马其顿人的俘虏。

　　总而言之，所有的家属都成了俘虏，全城都遭到奴役。残存下来的那些男人，有的伤势严重，奄奄一息，拼命和敌人搏斗，与其同归于尽；有的仅仅挂着折断的长矛，继续迎击来犯之敌，在激烈的战斗中，他们坚信自由比生命更珍贵。由于胜利者大开杀戒，城中的每一个角落都堆满了尸体，谁都会同情不幸者的悲惨境地。因为即使是希腊人——瑟斯皮亚人（Thespians）、普拉塔亚人（Plataeans）和奥科米尼亚人（Orchomenians），以及其他一些敌视底比斯的人，都追随国王参加了战争——他们随国王攻入城中，在不幸受害者的灾难中，发泄着自己的仇恨。

　　因此，这座城市发生了许多骇人听闻的事情。希腊人遭到希腊人残忍地杀戮，亲人被自己的亲人屠杀，即使他们同根同种也得不到一点同情。最后，当夜幕降临时，他们抢劫了所有的房屋，把躲藏在神庙中的妇女、儿童和老人全都驱赶出来，进行肆无忌惮的凌辱。

14

　　有6000多底比斯人丧生，30000多人被俘虏，被掠夺的财富多得令人难以置信。

　　国王安葬了战争中牺牲的500多名士兵，然后召集希腊代表开会，把应当如何处理底比斯城的问题提交给公共委员会（common council）。一些人敌视底比斯人，刚一开始讨论就提出，底比斯人应受到严厉惩罚，说他们曾经站在蛮族人一方来对付希腊人。因为在薛西斯（Xerxes）时代，底比斯人实际上联合波斯人同希腊人作战。在所有希腊人中，也唯独他们被波斯国王尊为恩人。因此，底比斯人的使节成了波斯国王的座上客。他们还谈到了许多其他类似的事情，这激起了委员会反对底比斯人的情感，它最终通过决议，夷平底比斯城，出售战俘，放逐希腊各地的底比斯人，并宣布他们不受法律保护，禁止任何希腊人为底比斯人提供避难所。国王根据委员会决议，摧毁了底比斯城，以此来严重警告希腊人中企图叛乱者。他出售俘虏获得了440塔兰特白银。

15

此后，亚历山大派人前往雅典，要求把曾经反对他的十名政治领导人交送给他，其中最著名的是德摩斯梯尼和莱库古（Lycurgus）。因此，雅典人举行了集会，使节们被引入会场。使节们发言后，人们陷入了深深的悲痛和为难之中。他们既希望维护自己城市的尊严，同时又对底比斯遭到毁灭感到震惊和恐惧；他们受到邻人灾难的警示，自己面临危险时惊恐不已。

会场中许多人发言之后，反对德摩斯梯尼派（party of Demosthenes）的"善人"福基翁（Phocion）说道，对方索要的人应当铭记列奥斯（Lêos）和雅辛托斯（Hyacinthus）的女儿们，她们甘愿牺牲自我，以避免自己的国家遭受灭顶之灾。他痛骂那些不愿为他们的城市献出生命的懦夫和胆小鬼。然而，人们拒绝了他的建议，并狂暴地把他逐出会场。在德摩斯梯尼发表了一篇精心准备的演讲后，人们对自己的领导人深表同情，显然希望挽救他们。

最后，据说德玛德斯（Demades）因收了德摩斯梯尼支持者5塔兰特银币贿赂的影响，他劝说人们挽救生命受到威胁的那些人，并宣读了一项措辞巧妙的决议。此项决议包括一项承诺和为这些人所作的请求。承诺说，如果他们应当受到惩罚，那么将按照法律规定对他们施以惩罚。人们赞同德玛德斯的建议，通过了一项决议，向亚历山大派出包括德玛德斯在内的代表团，并让他们恳求亚历山大也支持底比斯流亡者，请他允许雅典人为他们提供避难所。这次出使，德玛德斯以其雄辩之才，达到了所有目标。他说服亚历山大赦免受到指控的那些人，答应雅典人的所有其他请求。[①]

16

于是，亚历山大率军返回马其顿。他召集军事将领和伙友商讨进军亚细亚的计划。何时开始作战，他该如何指挥战争？安提培特（Antipater）和帕尔曼尼昂（Parmenion）劝他先生育子嗣，然后再进行如此伟大的事业。不过，亚历山大急于行动，反对任何拖延，批驳他们的建议。他说道，对于一个受希腊任命指挥这场战争的人来说，对于一个从他父亲那里继承了战无不胜的军队的人而言，闲坐家中庆祝结婚，等待孩子降生，是一种耻辱。[②]接着，他进一步陈述他们的优势所在；通过呼吁，激发他们对未来战争的热情。亚历山大在马其顿的迪乌姆（Dium）向众神慷慨献祭，并举行了纪念宙斯和缪斯（Muses）的戏剧比赛［这是由他的祖先阿克劳斯（Archelaüs）创立的］。他庆祝节日持续了九天时间，还依照各位缪斯的名字对每一天进行了命名。亚历山大建起一座能容纳100条长椅的帐篷，邀请自己的朋友、军官和其他城市的使节参加宴会。他使宴会场面非常壮观，亲自款待众多将士，还给全军分发祭品和其他一切适合节日的用品。他让自己的军队情绪饱满、精神高昂。

17

当科特西克里斯（Ctesicles）在雅典任执政官时，罗马人盖乌斯·苏尔皮契乌斯（Gaius Sulpicius）和卢契乌斯·帕庇里乌斯（Lucius Papirius）被

[①] 尤斯廷（Justin, 11.4.9-12）补充说，遭流放的雅典领导人逃到了波斯。阿里安（Arrian, 1.10.6）特别提到了查里德姆斯（Charidemus），不过没有提及德玛德斯在这一使团中的角色。普鲁塔克（*Alexander*, 13）说，亚历山大被自己的仁慈感动。普鲁塔克（*Demosthenes*, 23.5）描述了德玛德斯的这次出使。

[②] 尤斯廷、阿里安及普鲁塔克的《亚历山大传》中都没有提到这一插曲，不过在《德摩斯梯尼》（*Demosthenes*, 23.5）中提到了这件事。

选为执政官。^①亚历山大率军推进至赫勒斯庞特海峡（Hellespont），并从欧罗巴（Europe）越过海峡进入亚细亚。他亲自率领60只战船驶至特罗德（Troad），他从船上把标枪掷向海岸，插入地面，然后第一个跳到岸上。这意味着他从众神那里获得了标枪的战利品——亚细亚。亚历山大拜祭了阿喀琉斯（Achilles）、亚加克斯（Ajax）和其他英雄人物的墓地，并以贡品和其他适当的方式表达了对他们的敬意。接着，他在那里检阅了随行的部队。

军中有32000名步兵。其中有12000名马其顿步兵，7000名联军步兵，5000名雇佣兵，他们都由帕尔曼尼昂指挥。他还指挥着由奥德里西亚人（Odrysians）、特里巴利亚人（Triballians）、伊利里亚人（Illyrians）组成的7000名步兵，以及由弓箭手和所谓的阿格里亚人（Agrianians）组成的1000名士兵。军中有4500名骑兵。其中帕尔曼尼昂的儿子菲罗塔斯（Philotas）指挥着1800名马其顿骑兵；哈尔帕卢斯（Harpalus）的儿子卡拉斯（Callas）指挥着1800名瑟萨利（Thessalians）骑兵；埃里吉乌斯（Erigyius）则指挥着来自希腊其他城邦的600名骑兵；卡撒德（Cassander）指挥着900名色雷斯（Thracian）和培奥尼亚（Paeonian）侦察兵。这就是亚历山大进军亚细亚时所拥有的军队。安提培特统领12000名步兵和1500名骑兵坐镇欧罗巴。

当国王^②由特罗德出发，来到雅典娜的圣所时，名叫亚历山大的预言家注意到，神庙前方福瑞吉亚前总督阿里奥巴扎涅斯（Ariobarzanes）^③的雕像倒在了地上，同时还出现了其他一些有利的征兆。他去觐见国王，并断言国王将在一场骑兵大战中取得胜利，如果他恰巧在福瑞吉亚境内作战时，更会取得胜利。预言家还说，国王将会在战争中亲手斩杀敌方的一位优秀将领。他声称这些是众神尤其是将帮他取得成功的雅典娜给自己的征兆。

---

① 科特西克里斯执政官任期为公元前334年7月至公元前333年6月。布劳顿（Broughton）(1.138f.)把C.苏尔庇契乌斯·隆古斯（C. Sulpicius Longus）列为公元前337年的执政官之一，把L.帕庇里乌斯·克拉苏斯（L. Papirius Crassus）列为公元前336年的执政官之一。后者显然在第29.1中再次担任此职。

② 即亚历山大——译者注。

③ 或许狄奥多罗斯曲解了他的史料来源，其他地方没有提到预言家亚历山大，这可能是阿里斯坦德（Aristander）(Berve, *Alexanderreich*, 2, no. 117) 的讹误。阿里奥巴扎涅斯是公元前388年至公元前361年间福瑞吉亚的总督，之后，他作为反叛者被逮捕，受到惩罚。他的塑像可能在那时被推倒了。

18

亚历山大对预言家的预言感到高兴，向雅典娜隆重献祭，并向女神献上了自己的盔甲。然后，他从神庙中取走了存放在那里的最好的甲胄，在他的第一次战斗中就穿了这套甲胄。事实上，他这样做是决心要通过自己的个人战力，赢得一次辉煌的胜利。不过，直到几天后，亚历山大才实现了愿望。

此时，波斯的总督和将领们并没有及时采取行动以阻止马其顿人进入亚细亚，而是调集军队，商讨对付亚历山大之策。罗德岛人迈农（Memnon）以军事才能闻名。他提出一项策略，不与敌人激战，而是清除农村，利用马其顿人给养缺乏来阻止他们向前推进；与此同时，他们派海军和陆军进攻马其顿，把战争的影响推向欧罗巴。正如后来的事实所证明的那样，这是最好的策略，尽管如此，但迈农仍未赢得其他指挥官的支持，因为他的建议似乎有损波斯人的尊严。于是，他们决定同马其顿人一决高下，从各地调集军队，其数量远远超过马其顿人。随后，波斯军向赫勒斯庞特·福瑞吉亚（Hellespontine Phrygia）方向推进。他们以格拉尼库斯河（Granicus）河床为防线，在河畔扎营。

19

当亚历山大了解到波斯军队的意图时，他就快速行军，在敌人对面扎营。两座营地隔格拉尼库斯河相望。占据高地的波斯人并没有采取行动，他们准备在亚历山大渡河时攻击敌人，认为当马其顿方阵还没有摆好战阵时，自己会轻松赢得当天的战斗。不过，亚历山大在波斯人阻止他之前，就在拂晓时大胆地率军渡过格拉尼库斯河，并摆好了战阵。作为回应，波斯人沿马其顿军的前沿阵线部署了大量的骑兵，因为他们决定用这些力量去赢得战争。罗德岛人迈农和总督阿尔萨米尼斯（Arsamenes）指挥着军队的左翼，他们各自率领着自己的骑兵；阿尔西提斯（Arsites）指挥着来自帕夫拉高尼亚（Paphlagonia）的骑兵紧随其后；接下来是伊奥尼亚（Ionia）总督斯皮特罗巴提斯（Spithrobates）率领的赫尔卡尼亚（Hyrcanian）骑兵。1000名米底亚人（Medes）、2000名利奥米特里斯（Rheomithres）骑兵和相同数量的巴克特里亚人构成了军队的右翼。①其他民族的分遣队占据了中央地带，他们数量庞大，英勇善战。波斯骑兵总数超过 10000 人；步兵总数不少于 100000 人，②不过步兵被部署在战线的后方，并没有向前推进，因为他们认为骑兵就足以摧毁马其顿人。

当双方骑兵全力投入战斗时，左翼帕尔曼尼昂指挥下的瑟萨利骑兵，勇敢地抵御了对面敌人骑兵的进攻；在右翼，亚历山大亲自率领最精锐的骑兵向波斯人发动进攻，同敌人短兵相接，给他们造成了严重损失。

20

不过，命运女神（Fortune）把两支最英勇善战的军队安排在同一地点争夺胜利。波斯人勇敢地抵抗着马其顿人的进攻，并猛烈反击。波斯人斯皮特罗巴提斯是国王大流士（Dareius）的女婿，担任着伊奥尼亚总督。他勇气超群，率领着数量庞大的骑兵和一队由 40 名十分勇敢的王室亲属组成的侍卫冲向马其顿阵线，并展开猛烈攻击。在激战中，他斩杀一部分敌人，使其他人遭受创伤。亚历山大看到敌人的这次进攻非常危险，于是调转马头冲向波斯总督。

对波斯人而言，似乎是上天赐予了这次单打独斗的机会。他希望通过自己个人的勇敢，使亚细亚免受可怕的威胁，亲手俘获以勇气闻名的亚历山大，让波斯人的荣光免遭玷污。他率先向亚历山大投掷标枪，标枪势大力沉，以至于穿透了亚历山大的盾牌和斗篷右肩，并穿透了他的胸甲。国王抖掉武器，仿佛武器挂在他的手臂上一样；然后他策马前进，趁势用力将长矛直刺总督的胸膛。此时，双方军中附近的士兵都高声呐喊助威。然而，枪头刺中胸甲应声折断，折断的矛柄反弹回来，波斯人拔剑刺向亚历山大。不过，国王及时重新握紧长

---

① 阿尔西提斯是赫勒斯庞特·福瑞吉亚（Hellespontine Phrygia）的总督，斯皮特里达特斯（Spithridates）是吕底亚（Lydia）和伊奥尼亚的总督（Arrian, 1. 12. 8）。阿里安提到这些波斯人，还增加了佩提纳斯（Petines）和尼法特斯（Niphates），但并没有给出波斯的战斗序列。他在《亚历山大远征记》第 1. 14. 1-3 中给出了马其顿人的战斗序列，狄奥多罗斯对此却没有描述。阿尔萨米尼斯（Arsamenes）（Arsames, Curtius, 3. 4. 43 ; Arrian, 2. 4. 5）是西里西亚（Cilicia）的总督。

② 尤斯廷（11.6.11）说，波斯军队有 60 万；阿里安（1.14.4）则说波斯军队有 20000 步兵和 20000 骑兵。

矛直刺对手的面部，并一击致命。波斯人倒下了，但就在此时，他的弟弟罗萨科斯（Rhosaces）飞驰过去，用剑向亚历山大的头部重重砍去，劈开了他的头盔，并伤及他的头皮。正当罗萨科斯再次挥剑向同一个地方砍去时，"黑色的克莱图斯"（Cleitus）飞马过去，斩断了波斯人的手臂。

21

亲属侍从将倒下的两个人团团围住。起初，他们以如雨点般密集的标枪掷向亚历山大；靠近他时，都竭尽全力去杀死国王。亚历山大面对如此多疯狂的进攻，并未被数量占优的敌人吓倒。尽管他的胸甲上遭到两次重击，头盔上遭受一次重击，他从雅典娜神庙中带来的盾牌上受到三次重击，但他并没有屈服，相反，高昂的斗志让他克服了一切危险。此后，其他几个同亚历山大作战的波斯贵族也倒下了。他们中最著名的是阿提祖斯（Atizyes）和大流士王后的哥哥法尔纳科斯（Pharnaces），还有指挥着卡帕多西亚人（Cappadocians）的米特罗布扎尼斯（Mithrobuzanes）。

波斯军中的许多将领都被斩杀，他们的所有骑兵中队也都被马其顿人击败了。在亚历山大面前的波斯士兵首先逃跑，然后其他人也跟着逃走。因此，大家公认国王赢得了勇敢的荣誉，并且是取得胜利的头等功臣；紧随国王之后的是瑟萨利骑兵，他们娴熟地运用骑兵中队，所向披靡，赢得了勇敢的美誉。骑兵溃败后，步兵相继投入战斗，不过步兵的战斗很快就结束了。波斯人因骑兵溃败感到沮丧，信心动摇，旋即开始逃跑。① 在这场战役中，波斯人损失了10000多名步兵和不少于2000名的骑兵，有20000多人被俘。② 此战之后，亚历山大为牺牲的士兵举行了隆重的葬礼。他认为，通过这样的荣誉，来激发士

---

① 波斯将领命所有骑兵率先参战，但被马其顿人击溃，这导致波斯步兵侧翼和尾部无法得到保护，很难撤退。阿里安（Arrian, 1.16.2）仅提到希腊雇佣兵方阵被消灭。根据狄奥多罗斯的说法，波斯步兵虽然成功撤退，但却损失了约百分之三十的有生力量。

② 普鲁塔克在《亚历山大传》（Plutarch, Alexander, 16.7）给出了波斯军队伤亡的人数，他们损失了2500名骑兵和20000名步兵。阿里安则说，波斯人损失了1000名骑兵，波斯军中的希腊雇佣军，除了2000人被俘外，其余的全部被消灭。

兵们以更高的热情去面对战争中的危险，非常重要。

在休整军队之后，亚历山大率军穿过吕底亚，并占领了萨地斯城和它的要塞。不仅如此，他还得到了储藏在那里的财富，因为总督米特里尼斯（Mithrines）拱手把财富交给了亚历山大。

22

既然战争中幸免的波斯人和迈农将军都逃至米利都（Miletus）避难，国王就在该城附近扎营，命令他的军队轮番持续不断地攻城。起初，被围者依靠城墙很容易抵御了敌人的进攻，因为城中有很多军队，有充足的投射物和其它用来应急的物资。不过，国王对攻城表现出更加坚定的信心，他部署了攻城器械，猛攻城墙，水陆并进加紧围攻城市；马其顿人通过坍塌的城墙强行突入城中。最后，他们慑于对方的优势兵力，弃城而逃。很快，米利都人向亚历山大献上橄榄枝，以示臣服，并把他们自己连同城市一起交到亚历山大手中。一些波斯人遭到马其顿人的屠杀，另一些人则逃至城外避难，所有留下来的人都成了俘虏。亚历山大对待米利都人非常和善，但把其余的人都卖为了奴隶。现在，因为海军无法派上用场且消耗巨大，所以他解散了海军，只保留了用于运输攻城器械的少量船只，其中就有雅典分遣队的 20 只战船。[①]

23

当亚历山大解散海军时，一些人说他的战略构想很有道理。大流士仍然不好对付，同他的大战不可避免。亚历山大认为，如果剥夺马其顿人逃跑的所有希望，他们将会更加奋不顾身地投入战斗。他们说，亚历山大在格拉尼库斯河战役中采用了同样的策略。在那里，他用河流切断了后路，士兵们谁都不会想到逃跑，因为跳入河中注定要丧命。他们还提到后来叙拉古国王阿加索克里斯

---

① Arrian, 1. 20. 1. 六个月后，海军在赫格罗克斯（Hegelochus）和安弗特鲁斯（Amphoterus）（Curtius, 3. 1. 19）的指挥下重新活动。

（Agathocles）的例子。阿加索克里斯模仿亚历山大的战略，出奇制胜，取得了决定性的胜利。他率领一支小规模的军队渡海至利比亚（Libya），然后烧毁战船，剥夺了他的士兵们逃生的一切希望，迫使他们像英雄一样战斗，结果赢得了对拥有数万军队的迦太基人（Carthaginians）的胜利。

在米利都陷落后，大量的波斯人、雇佣兵以及最有事业心的将领们，把军队调集至哈利卡纳苏斯（Halicarnassus）。它是卡里亚（Caria）最大的城市，城中有卡里亚国王们的王宫，并且防御工事坚固。大约与此同时，迈农把自己的妻子[①]和孩子都送到大流士那里，他认为把他们留在国王那里能更好地保证其安全，并且国王既然有了重要的人质，将会更加放心地赋予迈农最高指挥权。事实发展确实如此。大流士立即下诏给驻扎在沿海地区的部队，命他们都要听命于迈农。因此，迈农掌握最高指挥权后，在哈利卡纳苏斯城中做好了应对城市被围的一切部署。

24

国王亚历山大通过水路将攻城器械和物资运往哈利卡纳苏斯，他自己则率领所有军队进军卡里亚。在途中，他通过友善的行动赢得了许多城市。他对希腊城市特别慷慨，让他们保持独立，免交赋税，并信誓旦旦地说，希腊人的自由也是他对波斯人发动战争所追求的目标。在行程中，他遇到了艾达（Ada）。艾达具有卡里亚王室血统。当她请求亚历山大恢复她祖辈的地位并给予自己帮助时，亚历山大承诺说，她应当成为卡里亚的统治者。因此，他通过对艾达的帮助，赢得了卡里亚人忠实的支持。很快，所有城市都派代表团去觐见亚历山大，送给他金质王冠，并许诺在一切事情上都会与他合作。

亚历山大在此城附近扎营，积极行动，展开了令人生畏的包围。起初，他令士兵们轮番连续攻击城墙，终日积极作战。随后，他调来各种军事器械，填平城前的壕沟，用棚子保护工人的安全，用攻城槌重击他们之间的塔楼和掩

---

① 迈农的妻子是阿尔塔巴祖斯（Artabazus）的女儿巴西妮（Barsinê）。伊苏斯之战后，她被俘虏。人们认为，她后来给亚历山大生了一个儿子，名叫赫拉克利斯（Heracles）。

体。每当撞倒一部分城墙，他都试图用短兵相接的战斗，通过豁口突入一片狼藉的城中。不过，起初，因城中驻有大量军队，迈农轻而易举就击退了马其顿人对城墙的进攻。哪里受到攻城器械的攻击，他就在夜间率领一些士兵出城，用火烧毁器械。城市前方的战斗最为激烈。马其顿人更为英勇，但波斯人数量占优，火力更强。波斯人有城墙上士兵的支持，那些士兵用器械发射投掷物进行攻击，他们以此给敌人造成了伤亡。

25

同时，双方军队都吹响了战斗的号角，士兵们都为自己一方勇士的战绩鼓掌喝彩，到处是欢呼呐喊声。一些人尽力去扑灭攻城器械上燃起的大火；另一些人则正同敌人近距离搏斗，进行着激烈的厮杀；还有人在坍塌的城墙之后修建第二道防护墙，它比先前的城墙更为坚固。迈农手下的指挥官置身最前线，他们重赏那些表现突出的士兵，因此，双方的求胜欲高涨。人们看到有的士兵额头受了伤，或昏迷过去，被抬出战场；有些士兵则站在他们倒下的战友身边，竭力去唤醒他们。那些即将被恐惧吓倒的士兵，在他们军官的激励下又坚定了信心，恢复了勇气。最后，一些马其顿士兵战死在城门口。在他们中，有出身于非常优秀家族的尼奥普托勒姆斯（Neoptolemus）。①

当时，有两座塔楼被夷为平地，两座掩体被推倒。佩尔狄卡斯的士兵醉酒后，夜间疯狂攻击要塞的城墙。②迈农的士兵们看到那些攻城者摇摇晃晃，就大规模冲出城去，杀死了许多马其顿人，击退了他们的进攻。马其顿人得知这种情形后，大批人马迅速增援，于是爆发了一场恶战。当亚历山大和他的部队到达时，波斯人被迫后撤并退入城中。国王通过传令兵，请求休战，并要

---

① 根据阿里安（Arrian, 1. 20. 10）的说法，尼奥普托勒姆斯是阿拉巴乌斯（Arrhabaeus）的儿子，追随亚历山大并充任参谋（Arrian, 1. 12. 7; 14. 1; 28.4）的阿明塔斯（Amyntas）的弟弟。他逃至波斯人那里，在马其顿人进攻哈利卡纳苏斯城时被杀。在此，狄奥多罗斯把他置于马其顿人一方——并且，鉴于亚历山大继续保持对他哥哥的信任，这里的描述更合乎道理。

② 仅是佩尔狄卡斯属下的两名士兵。在阿里安（Arrian, 1. 21. 1）的描述中，这件事发生在稍后几天。是佩尔狄卡斯在竭力重述他在底比斯（chap. 12. 3）的胜利吗？亚历山大对这类功绩会慷慨激励的。既然佩尔狄卡斯在未获命令的情况下擅自行动，醉酒可能是虚构的。

回在城墙前战死的马其顿人的尸体。在波斯一方作战的雅典人埃菲亚尔特斯（Ephialtes）和特拉叙普鲁斯（Thrasybulus），力劝不要归还敌方要埋葬的尸体，不过，迈农答应了亚历山大的请求。

26

此后，在一次军官会议上，埃菲亚尔特斯力劝他们不要坐等城市陷落，沦为俘虏。他提议雇佣军的将领们应当身先士卒，对敌人发动进攻。迈农意识到埃菲亚尔特斯渴望证明自己。埃菲亚尔特斯英勇、健硕，迈农对他深怀希望，于是就允许他按照自己的计划行动。他挑选了2000名精兵，命半数的士兵携带火把，其余的士兵组成战斗队形以对付敌人。拂晓时，埃菲亚尔特斯率队出发，让其中的一队士兵放火焚烧攻城器械，顷刻间，大火就熊熊燃烧起来；他自己则带领其余士兵以纵深密集战阵，攻击前来救火的马其顿人。亚历山大看到所发生的一切时，把最英勇善战的马其顿士兵部署在队伍的前方，以精兵作为预备队。在精兵之后，他还部署了第三梯队，该梯队也由具有顽强作战记录的士兵组成。他自己则在队伍的最前方指挥作战，抗击敌人的进攻，而对方认为自己数量占优，不可战胜。亚历山大还派人去救火，挽救攻城器械。

双方军队都发出了震天的呐喊声，他们都拥有超群的勇气和至上的战斗精神，进攻的号角吹响后，一场恶战开始了。马其顿人阻止了火势蔓延，埃菲亚尔特斯的士兵在战斗中处于有利地位，而他自己力大无比，亲手斩杀了许多与他作战的马其顿士兵。波斯一方防御的士兵从新建立的城墙顶部发射如雨点般密集的投射物——这里建有100腕尺高的木塔，上面装满了发射器——重创马其顿人。许多马其顿人倒下了，其余的人则在"枪林弹雨"面前退却了。迈农也率领强大的援军投入战斗，即使亚历山大自己也觉得无能为力了。

27

就在从城中出来的士兵占据优势的时候，战争发生了奇迹般的逆转。因为紧急的情况激发最为年长的那些马其顿老兵展现自己的勇气。虽然他们因年纪而不再执行战斗任务，但他们曾经追随腓力作战，并在许多战斗中赢得了胜利。这些老兵非常自信、富有作战经验，他们严厉斥责那些企图逃避战斗的懦弱的年轻士兵。他们把盾牌叠在一起保护着战阵，抗击着敌人，后者认为自己已经获得了胜利。他们成功地杀死了埃菲亚尔特斯和许多士兵，最终迫使其余的人逃入城中。当马其顿人追击着逃跑之敌入城时，夜幕已经降临，国王下令鸣号收兵，他们撤回到军营中。然而，迈农召集他的将领和总督们举行会议，决定放弃这座城市。他们把最优秀的士兵和充足的给养部署在卫城中，将其余的军队和储备物资运至科斯岛（Cos）。天亮时，亚历山大了解到所发生的情况，就夷平了城市，以无法逾越的围墙和壕沟围困了要塞。他派自己的一些将领率一部分军队进入内地去征服邻近的部落。

这些将领们积极作战，征服了远至大福瑞吉亚（greater Phrygia）的整个地区，有力支持了陆上军队。就亚历山大而言，他征服了远至西里西亚（Cilicia）的沿海地区，夺得了许多城市，清除了敌人的坚固据点。其中有一次，他命运逆转，出奇制胜，以至于我们不能不对它加以描述。

28

在吕西亚（Lycia）边境附近，玛尔玛利人（Marmares）占据着一座巨大且非常坚固的要塞。在亚历山大行军经过时，玛尔玛利人攻击马其顿殿后的卫队，杀死许多士兵，俘获大量兵士，夺得很多驼畜。国王被这次行动激怒了，于是包围了要塞，尽全力攻克之。玛尔玛利人非常勇敢，对自己坚固的要塞怀有信心，顽强抵抗着马其顿人的进攻。要塞遭遇了整整两天的连续攻击，显然，国王不攻下这座要塞誓不罢休。

起初，玛尔玛利人中的长者劝说那些年轻人，放弃抵抗，不惜一切代价换取与国王的和平。然而，他们拒绝接受这项建议，都要与自己国家的自由共存亡。接着，那些长者又敦促他们应亲手杀死自己的儿女、妻子和年迈的亲属，那些足够强壮、能拯救自己的人应在夜间突出敌人的包围，到附近的山中避难。这些年轻人同意了长者的建议，命令每个人都回到各自家中，与自己的家人共享美酒佳肴，等待着可怕事情的到来。然而，其中的一些人（大约有600名）不忍心亲手杀死自己的亲属，而把他们烧死在房屋中，之后就冲出家门，奔向山中。这些人执行了他们自己的决定，把每家人都葬在了自己家中。他们则在夜色的掩护下，悄悄越过敌人的包围，奔向附近的山中。

以上是这一年中所发生的事情。

29

尼科克拉提斯（Nicocrates）在雅典任执政官时，卡埃梭·瓦勒里乌斯（Caeso Valerius）和卢契乌斯·帕庇尤乌斯（Lucius Papirius）当选为罗马执政官。① 在这一年，大流士拨给迈农大量金钱，并任命他担任战争总指挥。迈农招募雇佣军，装备了300艘军舰，积极备战。他攻占希俄斯岛（Chios），之后，沿岸航行至勒斯博斯（Lesbos），轻取安提萨（Antissa）、美提姆纳（Methymna）、皮拉（Pyrrha）和埃勒苏斯（Eressus）。尽管大城市米提里尼（Mitylene）给养充足，驻军数量庞大，然而经过多天围困后，迈农虽然付出沉重代价，但还是攻破了城池。迈农胜利的消息像野火一样快速蔓延，大部分基克拉德斯人（Cyclades）都向他派出了使团。当迈农即将率舰队到达攸波亚（Euboea）的消息传到希腊时，岛上的城市都为之惊慌。不过，那些对波斯友好的希腊人，特别是斯巴达人，对政局变化充满希望。迈农用贿赂收买了许多希腊人，他们分享着波斯人的希望。但命运终结了迈农的事业，他身患绝症，一病身亡。随着他的去世，大流士的帝业也随之崩溃。②

---

① 公元前333年7月至公元前332年6月，尼科克拉提斯（Nicocrates）任雅典执政官。布劳顿（Broughton）（1. 139）指出，公元前336年的罗马执政官为L. 帕庇里乌斯·克拉苏斯（L. Papirius Crassus）和K. 都伊里乌斯（K. Duillius）。很明显，狄奥多罗斯在17.1已经提到了前者（Diodorus, XVII. 17. 1）。

② 阿里安（Arrian, 2. 1）有与此相似的描述。不过，他说，迈农死后，米提里尼才被攻克。

30

国王本指望迈农把战争的影响从亚细亚推向欧罗巴，但在得知迈农去世后，他召开了亲友委员会（Council of Friends）会议，并向他们提出两种方案：要么派将领率军向海岸地带推进；要么由他亲率全军向前推进，与马其顿人作战。有人坚持认为，国王必须御驾亲征，唯有如此，波斯人才能更有效地投入战斗。然而，因勇敢和指挥才能而广受敬仰的将领、雅典人查理德姆斯（Charidemus）[1]——他曾是国王腓力的战友，在腓力的所有成功中，他都做出了重要贡献[2]——力荐大流士决不能轻率地将王权孤注一掷，而应当保存实力，派有能力的将领出战，掌控亚细亚。只要其中的三分之一是希腊雇佣兵，10万人足矣，查理德姆斯暗示，他保证计划能获成功，并对此完全负责。

起初，国王被他的建议打动了，但是他的朋友们坚决反对，甚至怀疑查理德姆斯企图窃取指挥权以背叛波斯帝国，投降马其顿人。查理德姆斯对此非常生气，无所忌惮地侮辱波斯人缺乏男子气概。他因此激怒了大流士。愤怒使国王失去理智，他对于查理德姆斯的优点视而不见，依照波斯人的习惯，一把抓住他的腰带，将其交给侍卫，并下令处以死刑。于是，查理德姆斯被拖了出去。在临刑前，他大声高呼，国王很快会后悔的，并会因这不公平的惩罚而付出代价，亡国将成为它的明证。

查理德姆斯的策略很好，但他未能付诸实施，他不合时宜的率直，招致了杀身之祸。国王冷静下来后，追悔不已。他责备自己犯了一个严重错误，但他所有的国王权威，也无法改变既成事实。马其顿人英勇善战的梦境折磨着他，亚历山大调兵遣将的幻景不断浮现在他的眼前。他寻求能够接替迈农

---

[1] 库尔提乌斯（Curtius, 3. 2. 10-19）和阿里安（Arrian, 1. 10. 4-5）提到了查理德姆斯，但贾斯廷和普鲁塔克都未提及这个人物。

[2] 狄奥多罗斯在这里的说法似乎并不正确。查理德姆斯并非总是一位尽职的雅典人，他是亚历山大攻克底比斯后索要的将领之一。他也像埃菲亚尔特斯和特拉塞布鲁斯（Trasybulus）一样，不得不逃亡（Diodurus, XVII. 25. 6）。查理德姆斯可能在公元前354年左右访问过腓力的宫廷，那时，他的资助人克尔索布勒普提斯（Cersobleptes）是腓力的朋友。但对抗马其顿人是查理德姆斯的主要事业（Berve, *Alexanderreich*, 2, no. 823）。

职位的将领，但一直没有合适人选。最后，为了国家的生存，他不得不御驾亲征。

31

国王迅速从各方调集军队，汇集于巴比伦。他认真考察他的亲属和朋友，挑选合适人选，根据他们的能力授予适当的指挥权，并令其他一些人作为他的私人卫队，与其并肩作战。在规定的出征时间到来前，各方部队都已到达巴比伦。其中步兵超过 40 万人，[①] 骑兵不少于 10 万人。

大流士率军从巴比伦出发，向西里西亚方向行进。他还带着他的妻子、孩子（一个儿子和两个女儿）和母亲。至于亚历山大，在迈农去世之前，他一直关注着迈农如何赢得希俄斯岛和勒斯博斯的城市，怎样攻占米提里尼（Mitylene）。当得知迈农计划用 300 艘战舰和一支陆军把战争推向马其顿，而同时大部分希腊人准备反叛时，亚历山大非常焦虑。使者来报，迈农已经病逝，这使他如释重负。但不久，他得了重病。深受严重病痛的折磨，他不得不请医生治疗。其余的医生都犹豫不决，不敢医治，但是阿卡纳尼亚人（Arcarnanian）菲利普（Philip）提出了冒险但疗效迅速的医治方案，通过使用药物祛除疾病。国王欣然接受他的建议，因为他得知，大流士已率军离开巴比伦。医生给亚历山大开了一剂药，并在亚历山大自身意志力和好运的帮助下，使他很快康复。国王迅速地康复，令人感到惊讶。为表达对医生的敬意，亚历山大赠给他丰厚的礼物，还把他当作最忠诚的朋友之一。

32

这时，亚历山大收到母亲的来信。在信中，她提出了一些有用的建议，并警告他提防莱塞斯提安·亚历山大（Lyncestian Alexander）。他是国王的好友，以勇敢和拥有高昂的斗志著称，其才能值得信赖。但许多其他可疑的迹象表

[①] 尤斯廷（Justin, 11.9.1）也说是 40 万人。亚历山大历史 *P. Oxyrhynchus* 1798（Frag. 44, col. 2. 2/3）的佚名作者和阿里安（Arrian, 2.8.8）则说波斯人的兵力达 60 万。

明，对他的指控不无道理。于是，莱塞斯提安被捕入狱，在接受审判之前，他一直被严密看管。①

亚历山大得知距离大流士只不过几天的行程，便命令帕尔曼尼昂率领一支部队攻占被称为"门户"（Gates）②的通道。帕尔曼尼昂率军到达那里，赶走了守卫通道的波斯人，占据要道。大流士决定拔营行军，并将辎重和非作战人员运往叙利亚的大马士革（Damascus）。当获悉亚历山大已经控制通道时，大流士以为，亚历山大不敢与他在平原决战，于是就快速行军，寻找亚历山大作战。这一地区的居民对数量很少的马其顿人并不尊敬；相反，对数量庞大的波斯军队印象深刻。他们背弃亚历山大，投向了大流士。他们暗自思忖波斯人将获得胜利，并欣然将食物和其他物资送给他们。不过，亚历山大占领了重要城市伊苏斯（Issus），它因恐惧而屈服。

33

他③的侦察兵报告说，大流士与他们相距仅有 30 斯塔德（Stades）④，他率领大军浩浩荡荡奔赴战场，景象令人生畏。亚历山大认为，这是通过一役摧毁波斯军队的天赐良机。他以恰当的言辞激励士兵们投入决战，把步兵部队和骑兵中队部署在适当位置。他把骑兵部署在全军的前沿阵线，把步兵方阵作为后备队部署在骑兵之后。在右翼的最前方，他率领最优秀的骑兵冲向敌人。在阵

---

① 亚历山大属于处在统治地位的莱塞斯提斯（Lyncestis）家族。他的两个兄弟在国王亚历山大登基时，已被处死，不过，这名亚历山大表达了忠诚，成为国王值得信赖的朋友。然而，他是马其顿王位潜在的竞争者，毫无疑问受到奥林匹亚斯的猜忌。在处理菲罗塔斯（Philotas）的阴谋时，他并未受到明确的指控，但也被处决了（Diodorus, XVII. 80. 2）。
② 实际上，指的是叙利亚门户（Syrian Gates）。阿里安（Arrian, 2.5.1）仅称它们为"其它的门户"。
③ 即亚历山大——译者注。
④ 关于两军相隔的距离，库尔提乌斯则说，略少于 4 罗马里（Curtius, 3. 8. 23）。在所有的历史家中，唯独狄奥多罗斯没有提到大流士占领了亚历山大后面的伊苏斯（Issus）。实际上，大流士沿皮纳鲁斯河（Pinarus）北岸建立了防线，亚历山大被迫穿过小山，向东调动军队。比较 Polybius, 12. 17-23; Curtius, 3. 8-11 15; Justin, 11. 9. 1-9; Plutarch, *Alexander*, 20. 1-5; Arrian, 2. 8-11. 战争发生在阿提卡的 Maimacterion 月，也许在公元前 333 年的 11 月（Arrian, 2. 11. 10），或者在更早的某一时间 [M. J. Fontana, *Kokalos*, 2（1956），47]。

线左翼，则是瑟萨利骑兵，他们作战能力出众，勇气超群。当双方军队进入标枪的投射范围时，波斯人向亚历山大投掷出大量的投射物，它们在空中互相碰撞着，投射物如此密集，以至于削弱了它们的杀伤力。双方都吹响了战斗的号角。马其顿人率先发出令人恐怖的吼声，波斯人则报以回应。他们的呐喊声"撞击"着与战场相接的整座山坡，在空中回响。50万波斯军队[①]异口同声的呐喊声压过了马其顿人的声音。

亚历山大扫视四周，急切地搜寻大流士。他一认出大流士，就率领骑兵奋力向他冲去。与其说他想率军击败波斯人，不如说他渴望凭借一己之力去赢得胜利。此时，双方其余的骑兵也投入了战斗，因为他们训练有素，能征善战，彼此势均力敌，一时难以分出胜负，许多士兵战死沙场。战线摇摆不定，有时，一方占据优势；有时，另一方占据优势。由于行列密集，每一次投射标枪，每一次挥剑刺敌，都会击中目标。在同敌人面对面的搏斗中，他们中的许多人因身负重伤而倒下，但是，他们坚持战斗到最后一刻，他们的勇气长存。

34

每个团体的指挥官都身先士卒，英勇作战，以他们的行动为榜样来激发士兵们的勇气。你可以看到，士兵们遭受了各种创伤，求胜的欲望使他们进行了激烈的战斗。大流士的弟弟奥克萨特利斯（Oxathres），因作战能力出众而享有盛誉。当看到亚历山大策马冲向大流士时，他担心无人能阻止亚历山大，极希望与其兄长同呼吸，共命运。于是，他从自己指挥的连队中挑选最优秀的骑兵，带领他们冲向亚历山大。他认为，以这种方式展示他们的手足情深，会使他在波斯人中赢得无上的荣誉。他在大流士御驾的正前方投入战斗。他英勇善战，斩杀了许多敌人。不过，亚历山大所率部队的战斗力更胜一筹，很快，在御驾周围就堆满了尸体。马其顿士兵一心想攻击大流士，在竞相冲向大流士的过程中，他们奋不顾身，把生命置之度外。

许多最尊贵的波斯贵族在这次战斗中丧生，其中有安提克塞斯（Antixyes）、

[①] 如上所述（Diodorus. XVII. 31. 2），这是波斯人的全部兵力。

利奥米提里斯（Rheomithyres）和埃及总督塔西亚克斯（Tasiaces）。许多马其顿人也战死沙场，亚历山大因敌人的围攻而腿部负伤。大流士御驾的战马遍体鳞伤，且因四周堆满了尸体而受到惊吓。它们已不听使唤，难以驾驭，险些使大流士落入敌人中间。在情急之下，大流士已顾不上国王的尊严，亵渎先王们的传统，执起了马缰绳。大流士的侍从又找来一辆马车，他在换乘马车时，不断遭到攻击，周围一片混乱。他陷入极度恐慌之中。

看到国王处于这种境况，跟随他的波斯人掉头逃跑，邻近的作战部队也都落荒而逃。很快，波斯的整个骑兵部队全线败退。因为要穿过隘道，翻越崎岖地带，他们彼此冲撞着，踩踏着。许多士兵不是死在敌人的刀下，而是死于同伴的践踏之下。士兵们混乱地压在一起，有的已丢盔弃甲，有的仍全副武装，有的用剑杀死那些正在纠缠他们的人。然而，大部分骑兵冲到了平原上，他们策马全速逃跑，抵达了友好城市的安全地区。波斯步兵被马其顿方阵一触即溃，可以说，波斯骑兵的溃败，拉开了马其顿整个胜利的序幕。紧接着，所有波斯人都开始败退。由于成千上万人都从狭窄的通道逃跑，不久，死者的尸体就遍布了整个村庄。

35

夜幕降临时，剩余的波斯军队很容易四散而逃，马其顿人放弃追击，开始掠夺。王室的营帐对他们有特别的吸引力，因为那里有大量财富。其中包括王室所带的许多金银和华丽昂贵的服装，还包括大流士的朋友、亲戚和军事将领们的巨额财富。根据波斯人的祖制传统，不但王室女眷，而且国王亲戚、朋友的女眷都要乘坐镀金的马车，随军出征。为了与她们的巨额财富和奢华生活相一致，每位波斯妇女都带着许多华美的陈设和女用饰物。

这些被俘妇女的命运极其令人同情。不久前，娇羞高雅的她们还乘着豪华的马车，穿着严整的衣服，戴着神秘的面纱；现在，她们撕破自己的外套，仅剩一件长内衣，向众神求救，跪倒在征服者面前，哭喊声传出了营帐。她们用颤抖的双手扔掉珠宝；她们头发散乱，为活命而在崎岖的地面上奔走；她们聚集成群，寻求别人的救助，而那些人自己也身陷困境，需要他人的帮助。有的征服者揪住她们的头发，将其拖走；有的则剥去她们的衣服，用双手或长矛的柄端击打她们赤裸的身体，驱赶她们。马其顿人依靠命运的宠幸，凌辱着波斯人最宝贵、最引以为自豪的"财富"。

36

最为谨慎的马其顿人以怜悯的目光审视着命运的巨大反差，他们对命运剧变者的境况深感同情。高贵的她们丧失了一切，并被外邦和敌对的事物团团围住。(然而，这并非大部分士兵的态度)，[1] 妇女沦为不幸和被人羞辱的俘虏。

最使那些同情者落泪的，是大流士的家庭，他的母亲，他的妻子，他的两个已到婚嫁年龄的女儿和他的仍是孩童的儿子。她们命运剧变，高位丧失，令人难以置信。看到她们的这种境况之人，无不产生怜悯之心。在这场大灾难中，大流士杳无音信，生死未卜，但她们看到全副武装的士兵抢劫了她们的营帐，那些人不知道俘虏的身份，因此做了许多粗鲁的事。她们看到，整个亚细亚和她们都沦为了俘虏。当各地总督的妻子匍匐在地，哀求她们给予帮助时，她们却无能为力。她们自己也身处不幸之中，在寻求别人的帮助。

此后，王室的侍从接管了大流士的营帐，为亚历山大的沐浴和晚餐做准备。他们点燃了许多火把，等待着亚历山大。亚历山大从追击敌人中返回后，发现已经为他准备好了大流士的一切财富，也许会把它视为征服整个亚细亚帝国的征兆。

在这次战役中，波斯人一方有超过 10 万名步兵和不少于 10000 名骑兵战死[2];马其顿人则损失了 300 名步兵和 150 名骑兵。[3] 这就是西里西亚伊苏斯大战的结果。

---

[1] 在原稿中，这里似乎存在遗漏。括号中的话可能表达了原文的意思。

[2] 库尔提乌斯（Curtius, 3.11.27）、普鲁塔克（Plutarch, *Alexander*, 20.5）和阿里安（Arrian, 2.11.8）给出了相同的数目。贾斯廷（Justin, 11.9.10）则说，波斯人在战争中损失了 61000 名步兵和 10000 名骑兵，有 40000 人被俘。

[3] 库尔提乌斯（Curtius, 3.11.27）说，在马其顿一方有 4500 人受伤，302 人失踪，150 人战死。贾斯廷（Justin, 11.9.10）说有 130 名步兵和 150 名骑兵战死。阿里安（Arrian, 2.10.7）则说，有 120 名马其顿人牺牲。

37

然而，国王们仍在忙碌着。当大流士得知自己已遭遇决定性失败时，他选择了逃跑，他不断更换着最好的战马，全速飞奔，拼命地摆脱亚历山大的追击，急切逃往上部总督区（upper satrapies）的安全地带。亚历山大率领伙友骑兵和其他一些最优秀的骑兵追击大流士，渴望活捉大流士本人。他继续追击了200弗隆之后，率军返回。大约在午夜，他回到营地。在沐浴消除疲劳之后，他开始消遣，并享用晚餐。

有人向大流士的母亲和妻子报告说，亚历山大在解除大流士的武装之后，已经从追击中返回军营。听到这一消息，波斯妇女中一片悲叹和哭嚎声；其余的俘虏听到它后，也都号啕大哭。国王听到哭声，派他的一位朋友利奥纳图斯（Leonnatus）去平复喧嚣，安慰西塞伽姆布利斯（Sisyngambris）[①]，告知她们大流士仍然活着，亚历山大会体谅她们的处境。天亮时，亚历山大将去看望她们，并会以行动证明他的善意。听到这些令人愉悦而又完全意想不到的好消息时，她们已不再哭泣，还把亚历山大尊为神灵。

天亮时，国王和他最亲密的朋友赫菲斯提昂（Hephaestion）去看望那些被俘的妇女。他们俩衣着相同，但赫菲斯提昂更为高大、更为英俊。西塞伽姆布利斯错把他当成了国王，并向他行屈膝礼。当在场的人向她示意，给她指明真正的亚历山大时，她为自己的错误感到尴尬，并重新向亚历山大行屈膝礼。然而，亚历山大插话说："母亲，没有关系。事实上，他也是亚历山大。"通过称呼这位年迈的妇女"母亲"，用这种最温和的言辞，他许诺将给予那些不久前还身处不幸中的人们以恩惠。他向西塞伽姆布利斯保证，会把她当作第二位母亲，并很快用行动兑现了诺言。

38

亚历山大让她佩戴王室的珠宝，恢复她原来的尊贵地位，让她享受应有的

[①] 通常的拼写形式为 Sisigambis，如，在 Curtius, 3. 3. 22 中就是这样。

荣誉。他把原来大流士赠予她的所有侍从又归还给她，此外，还为她增加了不少于先前数量的侍从。他允诺，大流士的女儿出嫁时，他陪送的嫁妆比大流士许诺的更为丰厚；就像对待自己的儿子一样，把大流士的儿子抚养成人，并让他享有皇家的荣誉。他把男孩儿叫到身边，亲吻他。当看到他面无惧色，毫不害怕时，亚历山大就对赫菲斯提昂说，六岁的孩子所展现的勇气，超出了在这一年龄他应有的勇气，他远比他的父亲勇敢得多。至于大流士的妻子，他说道，让她继续享有尊贵的荣誉，使她同原来一样幸福。

亚历山大还许下许多诺言，将给予其他慷慨的恩惠。这些妇女获得的意外惊喜如此大，以至于她们喜极而泣。亚历山大向她们伸出手，以作为对所有这一切的保证。因为这一非常得体的举止，他不仅受到被帮助者的广泛称颂，而且赢得了整个军队的一致赞誉。总之，我要说的是，在亚历山大所做的许多善事中，没有哪件事比这件事更为伟大、更值得载入史册。战争中实施的包围，赢得的战斗和获得的其他胜利，在很大程度上，要么在于命运，要么归功于勇敢，但是，当一个处于优势地位的人对那些失败者表现出同情时，这一行为只能是出自他的智慧。大部分人，由于好运而取得了成功，就洋洋自得，他们因成功而骄傲自大，忘记了人类共有的弱点。似乎成功就是一副重担，你瞧，有多少人难以承受成功之重。尽管亚历山大距离我们生活的时代已经非常遥远，但他所展现出来的高贵品质，必将使他流芳百世，名垂千古。

39

大流士慌忙逃到巴比伦，集合在伊苏斯大战中幸存的士兵。尽管他遭遇了巨大的挫折，但他的精神并没有被击垮。大流士写信给亚历山大，忠告他仅仅以凡人的地位看待自己的胜利，并建议用一大笔赎金来换回俘虏。他还说，如果亚历山大愿意和自己签订一项友好条约，他将把哈里斯河（Halys River）以西的亚细亚领土和城市让给他。亚历山大召集他的朋友们开会，不过，他隐藏了信的真实内容，按照自己的意图伪造了另一封信。亚历山大向与会者说明

"信"的内容，让大流士的使团空手而归。① 因此，大流士放弃了通过外交途径与亚历山大修好的努力，开始大力扩军备战。他重新装备那些在溃败中丢盔弃甲的士兵，并招募新兵，编入军队。大流士从上部总督区中征兵，由于上次战役仓促进行，他未来得及从那些地方征召军队。他煞费苦心地征集军队，最终所得军队数量是在伊苏斯所集合军队数量的两倍。他共召集了 80 万步兵和 20 万骑兵，此外还装备了一支滚刀（scythe-bearing）战车部队。

这一年发生了上述事件。

40

当尼克拉图斯（Niceratus）在雅典任执政官时，罗马人选举玛尔库斯·阿提里乌斯（Marcus Atilius）和玛尔库斯·瓦勒利乌斯（Marcus Valerius）任罗马执政官。这一年举行了第 112 届奥林匹克运动会，卡尔契斯（Chalcis）的格莱鲁斯（Grylus）是运动会的获胜者。② 在这一年中，亚历山大获得了伊苏斯之战的胜利，为大战中牺牲的将士举行了葬礼，其中甚至也包括那些作战英勇的波斯人。然后，他向众神献上了丰厚的祭品，对作战中表现优秀的将

---

① 唯独狄奥多罗斯提到了这次伪造信件的事情。古典作家作品中三次提到大流士与亚历山大进行沟通。第一次是在伊苏斯战役之后。尤斯廷（Justin, 11. 12. 1-2）、阿里安（Arrian, 2. 14）和库尔提乌斯（Curtius, 4. 1. 7-14）说大流士的这封信要求亚历山大撤出亚细亚，并释放俘虏。库尔提乌斯和尤斯廷说大流士会提供赎金，阿里安未提到大流士会给亚历山大赎金。库尔提乌斯说这封信出言不逊，它使人联想到这里所说的亚历山大伪造信件的口吻。第二次是在推罗（Tyre）陷落之后。此时，大流士将献上自己的一个女儿和哈里斯河以西的全部领土（Curtius, 4. 5. 1-8）或者分享王国（Justin, 11, 12. 3-4）。这大体与狄奥多罗斯此处提到的真实信件的内容相同。阿里安此处提到的信件是其他地方出现的第三封信。第三次是在亚历山大离开埃及之后，高加米拉（Gaugamela）战役之前，它与亚历山大善待大流士的王后有关。此次可能采取派出使团（Diodorus, 17. 54. 1-6; Curtius, 4. 11; Arrian, 2. 25）而不是写信（Justin, 11. 12. 7-16; Plutarch, *Alexander*, 29. 4）的形式。大流士将自己的另一个女儿嫁给亚历山大，割让幼发拉底河以西的全部领土，并用 10000 塔兰特（Plutarch, Arrian）或 30000 塔兰特（Diodorus, Curtius, Justin）赎回王室女子。古代世界流传的亚历山大和大流士之间的大量通信大部分是虚构的，纸草文献（cp. *PSI*, 12. 285）中有它的一些片段。它的大部分内容出现在《亚历山大传奇》（*Alexander Romance*）中，或为它做出了贡献。

② 公元前 332 年 7 月至公元前 331 年 6 月雅典的执政官是尼科特斯（Nicetes）[阿里安（Arrian, 2. 24. 6）称他为安尼科图斯（Anicetus）]。公元前 335 年（Broughton, 1. 139）的执政官是 M. 阿提利乌斯·利古鲁斯·加勒奴斯安（M. Atilius Regulus Calenus）和 M. 瓦勒利乌斯·科尔维乌斯（M. Valerius Corvus）。公元前 332 年 7 月，举行了第 112 届奥林匹克运动会。

士论功行赏，并利用几天的时间休整军队。此后，他向埃及进军。亚历山大到达腓尼基（Phoenicia）时，接受了其他所有城市的投诚，他们的居民都乐意接纳亚历山大。

然而，在推罗，当国王希望向推罗人的赫拉克利斯（Heracles）①献祭时，居民们却过于草率地阻止国王进入他们的城市。亚历山大非常生气，威胁要诉诸武力，不过，推罗人欣然面对将遭到包围的前景。他们想讨好大流士，对他忠诚不贰，也认为，自己这样的支持会从大流士国王那里获得丰厚的回报。他们将使亚历山大陷入漫长而困难的包围战中，从而为大流士备战赢得时间。同时，他们对于自己岛上的力量和军队充满信心，并且还有希望从他们的殖民者迦太基人那里获得帮助。②

国王看到很难从水路攻取这座城市，因为四周城墙上都装有发射装置，并且它还拥有海军舰队；然而从陆地上也几乎无法攻破城池，因为它位于离海岸 4 弗隆的大海中。不过，亚历山大决心不惜一切代价、全力以赴使马其顿军免遭一个名不见经传的城市的轻蔑。很快，他摧毁了"老推罗"（Old Tyre）城，并派成千上万的士兵去搬运石头修筑一道宽 2 普勒斯拉（Plethra，200 罗马尺）的防波堤。亚历山大还征募附近城市的全部人口为修建工程服务，由于参建者人数众多，工程进展神速。

41

起初，推罗人乘船到防波堤处，嘲笑国王，问他是否认为自己比波塞东（Poseidon）做得更好。然而，当防波堤工程神速进展时，推罗人投票决定，将儿童、妇女和老人运送到迦太基，让青壮年守卫城市，并准备用他们的 80 艘三列桨战船同敌人进行海战。他们确实成功地将部分孩子和妇女送至迦太基人

---

① 关于这个赫拉克利斯，比较 B. C. Brundage, *Journal of Near Eastern Studies*, 17(1958), 225-236。库尔提乌斯等古典作家也描述了围攻推罗（Curtius, 4. 2. 1-4. 18; Justin, 11. 10. 10-14; Plutarch, *Alexander*, 24. 2-25; Arrian, 2. 16-24）。此时正值每年一度隆重的祭神节（Curtius, 4. 2. 10），推罗人或许感到允许亚历山大在此时献祭，将意味着承认他的统治权威。

② 尤斯廷（Justin, 11.10.12）和库尔提乌斯（Curtisu, 4.3.19）说，迦太基人无法施以援手。

那里，获得了安全。不过，他们不敌亚历山大劳力充足，无法用自己的战舰阻止亚历山大的推进，被迫抵抗马其顿人的围城，而他们的绝大部分人口仍然留在城中。推罗人用大量的弩炮和其他机械装置应对围攻。城中有各类工匠，对推罗人而言，建造出更多的装置并不困难。他们制造了各种新装置，四周城墙上都安满了器械。与防波堤相对的一侧，城墙上安装的器械尤为密集。

当马其顿人修筑的防波堤达到推罗人投射物射程以内时，在危险的环境中，神降下了征兆。在海面上，波浪把一个巨大无比的海怪卷到了马其顿人所修筑防波堤的中间。它撞在防波堤上，但未造成危害。它身体的一部分靠着防波堤休息了很长时间，然后又游入海中。这件怪事使双方都迷信起来。各自都认为，征兆暗示波塞东将会帮助自己一方，因为他们都从有利于自己的角度解释了征兆。

也发生了其他奇怪的事情，猜度使混乱和恐慌在人们中间蔓延。当马其顿人分口粮时，他们从被掰开的面包里看到了血色。在推罗人一方，有人报告说，他梦到阿波罗神告诉自己，他将要离开这座城市。人们都怀疑这是他为讨好亚历山大而编造的故事。因此，一些青年市民开始用石头攻击他。他在地方官员的帮助下，逃到了赫拉克利斯神庙中，作为哀求者逃脱了人们对他的激愤之举。不过，推罗人非常轻信，以至于他们用金锁链把阿波罗的雕像拴在了它的基座上，想以此来阻止阿波罗离开这座城市。①

42

此时，防波堤的修筑进展迅速，推罗人感到震惊。他们用许多小船运载着轻装和重装发射器、弓箭手和投石器手，去攻击防波堤上的士兵，给马其顿人造成了重大伤亡。大量的各种投射物，如雨点般落在那些手无寸铁且密集地聚在一起的士兵身上。他们暴露在攻击之下，毫无防备，对方士兵弹无虚发。士兵们在相当狭窄的防波堤的两边工作，投射物不仅从前方，而且从后方攻击他们，谁也无法抵挡来自两个方向上敌人的攻击。

---

① Curtius, 4. 3. 22; Plutarch, *Alexander*, 24. 3-4.

亚历山大立即行动起来，采取挽救措施，以免产生一场可怕的灾难。他调动所有舰船，并亲自指挥，全速向推罗港驶去，以切断腓尼基人的退路。推罗人也惊慌起来，唯恐亚历山大夺取港口，攻陷防备空虚的城市，于是他们快速驶回推罗城。双方海军，意志异常坚决，奋力划桨。马其顿人已接近港口的入口。尽管推罗人险些全军覆没，不过，他们奋勇前进，最终还是安全地把舰队驶回推罗港，仅损失了队尾的几艘战船。

因此，国王的重要目标并没有实现，不过，层层战舰保护着防波堤上的士兵，堤道得以继续修筑下去。当国王的攻城器械靠近推罗城，仿佛能即刻占领它时，刮起了强劲的西北风，毁坏了很大一部分堤道。如何应对自然力破坏工程，亚历山大不知所措，曾考虑放弃攻城，不过因受雄心驱使，他派人到山上砍伐大树，并将树干连同树枝一并运回这里，置于堤道旁，以阻挡海浪的冲击。亚历山大不久就修复了堤道坍塌的部分，他继续用充足的劳力修筑堤道，直到推罗城处于其投射物的射程之内。此时，他调动攻城器械，部署在堤道末端，用投石机进攻城墙，用轻装发射器攻击城垛上的守兵。弓箭手和投石器手都参加了战斗，击伤了城内许多匆忙进行防御的推罗人。

43

推罗人拥有青铜铸造师和机械师，他们发明了新颖的反制装置。① 为了对付投射机投掷的投射物，他们制造了有许多辐条的轮子，并通过某一装置使这些轮子转动起来。他们以此摧毁了许多投射物，使其中的一些发生偏离，完全消解了它们的力量。他们还用柔软的材料接住投石机发射的石弹，以减弱它们的攻击力。从堤道上发动的攻击正在进行时，国王率领整支舰队环绕推罗城航

---

① 这些"反制装置"在史料来源的其他地方并没有出现。塔恩（Tarn, *Alexander the Great*, 2. 120. F）将它们最终追溯至军事技术指南或许有其合理性。它们有可能是狄奥多罗斯自己插入的内容，在他的史料来源中并不存在。狄奥多罗斯对新奇的事物感兴趣。轮子（wheels）在下文中（45. 3）以稍微不同的形式出现。或许它们在古代并不存在（Tarn, p. 121）。显然，它们被安置在城墙上守卫士兵的前方转动，以使守卫者既能通过轮辐间的空隙进行观察，又可以免遭投射物击伤。这里的翻译产生了难题。"厚厚的隔板把轮子分开"或者"有许多隔板，间距很小"。也可能是两个轮子之间有隔板。

行，探察城墙，显然他将水陆并进，围攻城市。

推罗人再也不敢率领全部舰队出海作战，只在港口入口处停泊三艘战船。不过，国王快速驶抵那些战舰，把它们全部击沉，然后返回军营。推罗人为使自己的城墙加倍安全，在第一道城墙内侧5腕尺的地方筑起了第二道城墙。它有10腕尺厚。推罗人在两道城墙间的空隙中填入土石。亚历山大把他的三列桨战船绑在一起，将各种攻城器械架在船上，把城墙击开了一个1普列特隆（Plethron）①长的缺口。马其顿人通过这个缺口突入城中。不过，推罗人发射如雨点般密集的投射物，迫使他们又退了回去。当夜幕降临时，推罗人又重建了倒塌的城墙。

这时，堤道已经修到城下，这使岛城变成了陆地，沿城墙一带发生了激战。推罗人面临着现实危险，很容易想到一旦城市陷落，将会是怎样一种灾难。因此，他们义无反顾地投入战斗，在战斗中奋不顾身。马其顿人将攻城塔升至与城墙一样高，以此架起攻城塔和城墙间的桥梁，勇猛地攻击城垛上的敌人。推罗人依靠他们机械师的新颖设计，使用许多反制措施对付敌人的进攻。他们铸造了巨大而带有倒钩的三叉戟，用它们攻击不远处攻城塔上的马其顿士兵。推罗人将这些三叉戟掷入敌人的盾牌，然后用力拉与三叉戟相连的绳索，把它们拖拽过去。他们的牺牲品被迫做出抉择，要么放弃武器，让自己的身体暴露无遗，被枪林弹雨击伤，要么因羞愧而紧握自己的盾牌，从很高的攻城塔上坠地而亡。其他推罗人则向正企图努力通过桥梁的那些马其顿人撒下渔网，使他们双手无助、失去平衡，从桥上跌落下去。

44

推罗人发明的另一种新颖装置也抵消了马其顿人的战斗意志。他们以这种装置使最勇敢的敌人遭受无法避免而又可怕的痛苦。他们铸造出铁或青铜容器，装满沙子，然后置于烈火上持续烘烤，使沙子炽热。推罗人通过某一装置把沙子撒向正勇敢作战的马其顿人，使那一区域内的士兵痛苦至极。沙子散落

---

① 这一长度分别指7.5英尺、15英尺和100英尺。

在马其顿人的胸甲和衬衣里,炽热的沙子焦灼了他们的皮肤,给他们造成了难以救治的创伤。他们就像在重刑拷问下的人们一样尖叫哀求,但无人去帮助他们。在极端痛苦的折磨下,他们可怜无助、癫狂而死。

同时,腓尼基人倾倒火红的铁汁,投掷标枪和石块儿,用大量的投射物动摇着进攻者的决心。他们放倒装有弯刀的长杆和桅杆,切断支撑攻城槌发挥作用的绳索,使这些器械丧失效用。他们用投火装置把大量硕大、炽热的金属块儿发射到敌人密集的地方,由于众人聚集在一起,他们弹无虚发。推罗人借助"乌鸦"(crows)和"铁爪"(ironhands),① 把许多躲藏在攻城塔防护墙后的士兵拉至边缘。推罗人中,众人忙碌不停,所有机械一直运转,给围攻者造成了大量伤亡。

45

推罗人通过所有这一切在马其顿人中间制造了巨大恐惧,他们疯狂的战斗几乎无法抵挡。不过,马其顿人并没有丧失勇气。他们前赴后继,并未因战友遭受的苦难而退缩。亚历山大在合适的位置架设投石器,投掷石弹,撼动城墙。他用木制攻城塔上的投射器,不停地发射各种投射物,以严惩城墙上的守军。推罗人进行反击,在城墙前方安置大理石轮子。他们通过机械装置使轮子转动起来,把投射器上发射的投射物击得粉碎,或者改变它们的飞行轨迹,使它们失去效用。此外,他们还把兽皮缝合起来,填满海草,用以阻挡石弹的进攻。因为它们非常柔软,能减弱石弹的打击力。总之,推罗人在各个方面进行了有力的防护,展现了他们丰富的防御手段。他们勇敢地直面敌人,离开城墙的保护,离开城堡,冲到桥上,其勇气可以和马其顿人相匹敌。推罗人同敌人短兵相接,扭打在一起,为自己的城市英勇战斗。一些士兵用战斧砍掉对手身上任何暴露的部分。

有一位名叫亚德米图斯(Admetus)的马其顿指挥官非常勇敢,力大无比。他以巨大的勇气抗击着推罗人疯狂的进攻,最后他的头颅被战斧劈开,英勇地

---

① 两种类型的抓钩。

战死疆场。

亚历山大看到，推罗人的顽强抵抗遏制了马其顿人的进攻，此时夜幕已经降临，于是他下令吹号收兵。他的第一个冲动是放弃围攻，进军埃及。不过，亚历山大认为，让推罗拥有胜利的荣誉是一种耻辱，于是，他改变了主意。在朋友当中，他仅得到安德罗米尼斯（Andromenes）的儿子阿明塔斯（Amyntas）的支持，但他再次对推罗人发起了攻击。

46

亚历山大向马其顿人发表演说，号召他们同自己一样勇敢。他出动所有战船，水陆并进，对推罗城发动总攻。他们迅猛推进。亚历山大发现海军基地一侧的城墙没有其他地方的坚固，就把连在一起的三列桨战船调至那里，并架设最好的攻城机械。他表现出来的英勇壮举，即使亲眼见到的人也难以相信。亚历山大在木制攻城塔和城墙间架起了桥梁，然后只身通过桥梁，冲到城墙上。他既不但担心命运女神的嫉妒，也不害怕推罗人的威胁。拥有强大的军队，击败了波斯人，这是他英勇的明证。亚历山大命马其顿人追随自己，他则身先士卒，用长矛、军刀斩杀阻挡之敌，用盾牌边缘击倒另一些敌人。亚历山大以这样的行动终结了敌人高涨的信心。

与此同时，在城市的另一个区域，攻城槌不断撞击着城墙，并撞倒了相当长一段墙体；马其顿人通过这个缺口突入城中，亚历山大率领的部队也通过桥梁涌到城墙上。于是推罗城陷落了。然而，推罗人同声呐喊，坚持抵抗，用路障阻断小巷。结果，除了一少部分人外，大都在战争中被杀，死亡人数超过 7000 人。国王把所有妇女和儿童都卖为奴隶，处死所有到服役年龄的男子，其人数不少于 2000 人。尽管大部分非作战人员被转移至迦太基，不过留在城中被俘的人数不少于 13000 人。①

所以，推罗人勇敢但并不明智地抵抗了马其顿人的围攻，在坚持了七个月

---

① 阿里安（Arrian, 2.24.5）给出的幸存人数为30000人，马其顿人损失了400人。狄奥多罗斯在上文41.2中说，仅有一少部分非作战人员被转移至迦太基。

之后，落得如此下场。国王拆去阿波罗神像上的金锁链和脚镣，并下令，人们应称此神为"阿波罗菲尔亚历山大"（Apollo Philalexander）。他向赫拉克里斯进献丰厚的祭品，重赏那些在战争中表现突出的将士，为自己一方的牺牲者举行了隆重的葬礼。亚历山大任命名叫巴罗尼姆斯（Ballonymus）的人为推罗国王。此人命运曲折，堪称典型，因此，我有必要描述有关他经历的故事。

47

前国王斯塔拉顿（Straton）因与大流士的友情，王位遭到剥夺。亚历山大让赫菲斯提昂举荐他希望担任推罗国王的私人朋友。起初，赫菲斯提昂倾向于同他友好相处的自己寄宿处的主人，提出他应当掌管这座城市。在市民中，他不但富有而且受人尊敬，但由于他不具有王室血统，因此拒绝了赫菲斯提昂的提议。赫菲斯提昂请他在王室成员中选一位担任国王。他说自己认识一位王室后裔，他十分明智，在各方面都很优秀，但却非常贫穷。然而，赫菲斯提昂同意应授予那个人王权。举荐者带着王室的衣服去寻找自己提到的那个人。他找到那个人时，后者衣着破旧，正受雇在花园中浇水。他告诉那个人，其地位已经发生了变化，让他穿上王袍，并给他其他合适的官服，然后带他到市场，宣布他为推罗国王。大家都热情地接受了他，对命运女神的多变感到惊奇。他也因此成了亚历山大的朋友，接管了王国。这对于不知道命运女神能引起难以置信的变化的那些人来说，是一个很有教育意义的例子。

既然我们已经描述了亚历山大的活动，那么，现在我们应叙述另一个方向上发生的事情。

48

在欧罗巴，斯巴达国王亚基斯（Agis）纠集伊苏斯大战中幸免逃脱的雇佣兵8000多名，企图通过支持大流士来改变希腊的政治局势。他从波斯国王那里获得了战船和金钱，并率海军驶抵克利特岛，攻占了那里的大部分城市，迫使他们支持波斯人。

阿明塔斯逃离马其顿，投奔了大流士，在西里西亚之战中，站在了波斯人一方。然而，在伊苏斯大战中，他率领着4000名雇佣军成功逃离战场，并于亚历山大之前到达了腓尼基的特里波里斯（Tripolis）。阿明塔斯从整个波斯海军中挑选了足够运送其士兵的战船，把其余的船只全部烧毁。他航行至塞浦路斯（Cyprus），又征募了一些士兵和战船，继续航行至贝鲁西乌姆（Pelusium）。他占领这座城市后，宣称自己是大流士国王派来的军事指挥官，因为埃及总督已在西里西亚的伊苏斯大战中战死。然后，他沿河逆流而上到达孟菲斯（Memphis），在城前的一场战斗中击败了当地守军。不过，当他的士兵开始劫掠时，埃及人冲到城外，进攻在村庄抢劫财产的士兵，并将阿明塔斯及其军队全部消灭。阿明塔斯计划建立伟大的功业，但在他事业成功的顶峰时，他失败了。这就是他的结局。

在伊苏斯大战中率军逃跑并企图继续波斯人事业的那些其他长官和军事将领们，经历了与阿明塔斯相似的命运。一些人到达重要城市并为大流士占据它们，一些人策动部落造反，从他们中间招募军队，并把他们武装起来，以在时局中发挥应有的作用。

科林斯联盟的代表们决定，派15名使节携带嘉奖勇气的金冠，从希腊出发去觐见亚历山大，以祝贺他在西里西亚取得的胜利。与此同时，亚历山大已率军抵达由波斯人守卫的加沙（Gaza）。他围城两个月后，洗劫了整座城市。

49

阿里斯托芬（Aristophanes）在雅典任执政官时，罗马的执政官是斯普利乌斯·波斯图米乌斯（Spurius Postumius）和提图斯·维图利乌斯（Titus Veturius）。[①] 在这一年，国王亚历山大在加沙处理政务，他派阿明塔斯率十艘舰船返回马其顿，征募适宜服役的青年。他自己则率军前往埃及，不费一枪一弹就赢得了所有城市的支持。因为波斯人不但对埃及进行高压统治，而且还亵渎他们的神庙，埃及人欢迎马其顿人的到来。

---

① 公元前331年7月至公元前330年6月，阿里斯托芬在雅典任执政官。公元前334年罗马的执政官是斯普利乌斯·波斯图米乌斯·阿尔比尼乌斯（Spurius Postumius Albinus）和T.维图利乌斯·卡尔维努斯（T. Veturius Calvinus）（Broughton, 1. p. 140）。

亚历山大处理完政务后，前往阿蒙神庙。他希望去那里询问神谕。在沿着海岸前进的途中，他接见了来自昔兰尼人（Cyrene）的使团，他们进献了一顶王冠和珍贵的礼品，其中有300匹战马和5辆由四匹马拉的漂亮马车。亚历山大周到地接待了使团，并与他们签订了友好同盟条约。此后，亚历山大和他的同伴们继续向神庙前进。到达沙漠和无水区时，他们带上水开始穿越一望无际的沙漠地带。他们在4天中把水用完了，承受着极度干渴。所有人都陷入了绝望之中，突然大雨从天而降，以一种意想不到的方式结束了缺水的状况。因此，对那些人而言，如此意外的营救乃神圣的普罗维登斯（Providence）所为。他们用地面低洼处的积水，重新装满了容器。他们又储备了四天用水，经过4天行军后走出了沙漠。曾经，当他们前进的路因沙丘而模糊不清时，向导指着在他们右侧鸣叫的乌鸦给亚历山大看，它们的叫声正指引着通往神庙的道路。亚历山大以此为征兆，认为神明对他的来访十分高兴，于是加速前进。他先到达苦水湖（Bitter Lake），然后再前行100弗隆，越过了阿蒙城（Cities of Ammon）。接着，经过一天的行程，他到达了圣地。

50

沙漠和无水的荒原剥夺了人们一切美好的东西，神庙所在的地方就被它们包围着。这片绿洲有50弗隆长，50弗隆宽。这里良泉众多，土地受到滋润，绿树成荫，硕果累累。它周围的地区非常酷热，唯独此地温度适中，气候适宜，四季如春。据说圣所由埃及人达纳乌斯（Danaüs）创建。这座圣地，南面和西面与埃塞俄比亚接壤，北面与游牧民族利比亚人（Libyans）和所谓的纳萨姆尼亚人（Nasamonians）所在地区相连。纳萨姆尼亚人所在的地区一直伸入内陆。

阿蒙地区所有人都居住在村落中。村落的中部，是由三重城墙拱卫的城堡。最里层城墙环绕着古代统治者的宫殿；第二道城墙环绕的区域有妇女们的庭院，妇女、孩子、亲属的居所，侦察人员的守卫室，还有神的圣所和圣泉（sacred spring）。圣泉的水供神明使用。外城环绕着国王卫队的营房和警卫人员的守卫室。

在城堡外不远处的树林中，坐落着另一座阿蒙神神庙。在神庙附近有一口被称为"太阳泉"的水泉。这一名字源于它涌流的特点。非常奇特,泉水水温随着一天中时间的变化而变化。当太阳升起的时候,它喷涌暖流;不过随着时间推移,它喷涌的泉水相应地逐渐变凉;中午炎热时,它的水温达到最低。由中午至傍晚,泉水又相应地逐渐变暖;由傍晚至午夜,泉水水温继续升高,午夜时水温达到最高。此后,泉水水温又开始变化,天亮时水温再次回到原来的起始温度。

神像上镶满了翡翠和其他宝石,神明以非常奇特的方式回复祈求神谕的人。80名祭司用金船抬着阿蒙神,他们依照神的指示前行。众多少女和妇女在后面跟随着他们,边走边唱赞歌,用传统的圣歌赞美他们的神明。

51

亚历山大在祭司的引导下进入神庙。他凝视着神明,此时一位年迈的预言家走近亚历山大说道:"孩子,高兴吧!采用源自神明的这种称谓吧。"亚历山大答道:"父亲,我接受;将来我会被称为你的儿子。不过,请告诉我,你是否会赋予我整个世界的统治权。"祭司进入圣区,当一些人抬起神像并根据某些规定的声音移动时,预言家高声大喊,肯定地答道,神明已经答应了他的请求。亚历山大又说:"神啊!请回答我的最后一个问题。我是否已经惩罚了所有谋害我父亲的人,或者有人逃脱了我的惩罚呢?"预言家喊道:"请安静!没有一个凡人能够谋害你的父亲。不过,所有杀害腓力的凶手都已受到惩处。他伟大的事业正是他神圣出身的明证。就如同他过去无法被击败一样,他将永远不可战胜。"亚历山大对这些答复非常高兴。他向神明进献了丰厚的祭品,然后返回埃及。

52

亚历山大决定在埃及建立一座伟大的城市。他命令留下来的士兵在沼泽和大海之间建立这座城市。[①] 他规划了城址,巧妙地画出了城市的街道,并下令

[①] Curtius, 4. 8. 1-6; Justin, 11. 11. 13; Plutarch, Alexander, 26. 2-6; Arrian, 3. 1. 5-2. 2。狄奥多罗斯、库尔提乌斯和尤斯廷遵循阿里斯托布鲁斯(Aristobulus)(Arrian, 3. 4. 5)的传统,把修建亚历山大里亚定在亚历山大拜访西瓦(Siwah)之后。普鲁塔克和阿里安遵循托勒密的说法,将修建亚历山大里亚定在他拜访西瓦之前。沼泽是玛莱奥提斯湖(Lake Mareotis)。

依照他的名字把这座城市命名为亚历山大里亚。它坐落在法罗斯（Pharos）港附近，交通便利。亚历山大通过使城市的街道横平竖直，让整座城市都沐浴在季风①中。季风从广阔的海面上吹来，使城市的空气凉爽。因此，他让城市居民生活在适宜的气候中，让他们有了良好的健康状况。亚历山大还规划了城墙，以使它非常高大，异常坚固。亚历山大里亚居于沼泽和大海之间，陆上仅有两条道可以通往那里，这两条道狭窄且容易扼守。

这座城市的形状似一件斗篷，一条宽阔而美丽的大道大体把城市分成两个部分。从一个城门到另一个城门有 40 弗隆远，②它有一普勒特隆（Plethron）宽，③道路两旁富丽堂皇的豪宅和神庙林立。亚历山大下令在这里建造一座规模雄伟的宫殿。不但亚历山大，而且在他之后一直到今天的埃及的统治者们，少有例外地不断完善、扩大这座宫殿。在随后的时代中，总体而言，这座城市发展得非常迅速，以至于许多人认为，它是文明世界中的头号大城市；它在城市的规模、典雅、富饶和繁华方面，无疑远远超越其他所有城市。它的人口数量也超过其他任何一座城市的人口。我们在埃及时，掌管人口普查报告的官员说，它的自由居民超过 30 万，国王可以从这里获得 6000 多塔兰特的收入。

然而，或许国王亚历山大让他的一位朋友负责建设亚历山大里亚，他处理完埃及的所有事务后，率军返回了叙利亚。

53

到大流士获悉亚历山大快要到来时，他已经从各方调集军队，做好了战争准备。与以前相比，大流士大大增加了剑和长矛的长度，他认为在西里西亚战役中，亚历山大在这方面占尽了优势。他还特意建造了 200 辆滚刀战车以打乱敌人的阵脚。其中在每辆战车的轭上装有弯刀；弯刀向外凸出于缰绳之外，长 3 跨距，刀锋向前。在轴套处还装有另外两把弯刀，它们径直朝外，

---

① 夏季的西北风。对亚历山大里亚的这一描述基于狄奥多罗斯的个人观察，在其他有关亚历山大的史作中并未提到。
② 同时代斯特拉波（Strabo, *Geography*, 17.1.7-10）的描述说有 30 弗隆远。古代城墙的周长无法探寻。
③ 100 英尺。

与其他弯刀一样，刀刃向前，只不过弯刀更长、更宽了。弯曲的刀刃非常适合这样装备。

国王为他的军队都配备了闪亮的盔甲和优秀的将领。从巴比伦出征时，大流士调集了 80 万步兵和不少于 20 万的骑兵。[①] 他沿着底格里斯河左侧、幼发拉底河右侧行军，行军通过的富饶地区，既能为战马提供丰富的草料，又能为如此庞大的军队提供充足的给养。他打算在尼尼微（Nineveh）附近的地区排兵布阵进行决战，那里的平原非常适合他的计划，它有足够大的空间供他调动庞大的军队。大流士在一个名叫阿柏拉（Arbela）的村庄扎营后，每天都训练他的军队，通过不断的训练以提升军队的战斗力。他最关心的就是，防止由众多民族组成的军队在战争中产生混乱，因为他们彼此语言不通。

54

另一方面，大流士先前曾向亚历山大派出使节，以让出哈莱斯河（Halys）以西的所有领土，外加送给亚历山大两万塔兰特白银为条件，向亚历山大请求和平，但他并没有接受。与上次一样，大流士又向亚历山大派出使节，赞扬他对自己母亲和战俘的仁慈，希望他成为自己的朋友。他许诺让出幼发拉底河以西的所有领土，给亚历山大三万塔兰特白银，并答应把自己的一个女儿嫁给他。亚历山大将会成为大流士的女婿，成为他的儿子，但却分享对整个帝国的统制权。亚历山大召集他的所有朋友举行会议，并把不同的选择摆在他们面前。他请每个人都自由发表意见。然而，其余的人都不敢在这一重要问题上发表见解。不过，帕尔曼尼昂公开表态，说道："如果我是亚历山大，我会接受他们提供的条件，与他们缔结和平条约。"亚历山大打断他说："如果我是帕尔曼尼昂，我也会这样做。"

亚历山大继续严词驳斥波斯人的观点，表示他宁愿选择荣誉而不是送给自己的礼物。随后，他告诉使节，如果天上有两个太阳，大地不可能保持原来的

[①] 波斯军队的数量，根据尤斯廷的说法为 50 万人（Justin, 11.12.5）；根据普鲁塔克的说法为 100 万人（Plutarch, *Alexander*, 31.1）；根据阿里安的说法为 100 万步兵和 4 万骑兵（Arrian, 3.8.6）。库尔提乌斯在稍后（Curtius, 4.12.13）给出的数目更为合理，总兵力为 4.5 万骑兵和 20 万步兵。

样子和秩序；只要有两位国王分享统治权，人类居住的世界就无法保持宁静、免于战争。亚历山大让使节回去告诉大流士，如果他想得到最高统治权，那么他应该同亚历山大在战争中一决高下，以决定谁将拥有唯一、普遍的统治权。另一方面，如果大流士轻视荣誉，而选择利益和安逸奢华的生活，那么请他遵从亚历山大的意志，他仍然是"万王之王"，因为亚历山大会慷慨授予他这一特权。

亚历山大解散会议，命令军队继续前行，他向着敌人宿营的方向挺进。在这关键的时刻，大流士的妻子去世，亚历山大对她进行了厚葬。①

55

大流士得到亚历山大的答复，放弃了用外交手段解决问题的任何希望。他继续每天练兵，使军队的作战训练达到令人满意的程度。大流士派他的朋友玛扎尤斯（Mazaeus）率领一队精兵去守卫河的渡口，占领并控制浅滩。他还派其他军队把敌人的必经之处变成一片焦土。大流士打算以底格里斯河为屏障，阻止马其顿人向前推进。不过，玛扎尤斯看到底格里斯河河深流急，认为它无法涉越，就放弃了警戒。他反而同正执行焚烧乡村任务的军队汇合，烧毁了一大片土地，他们断定，因缺少粮草，敌人无法利用它。

然而，亚历山大到达渡口时，从当地居民那里了解了浅滩的位置，把他的军队运至东岸。完成这项任务不仅困难，而且甚至是巨大的冒险。浅滩处的河水漫过了人的胸口，激流冲走了许多渡河的士兵，并使许多士兵东倒西歪；激流冲击着盾牌，使众多士兵偏离了线路，让他们陷入极端危险的境地。不过，亚历山大想出了一个抵御急流的方法。他命令所有士兵彼此手挽手紧紧地靠在一起以搭建一种渡桥。由于渡河非常危险，马其顿人死里逃生，亚历山大命令军队休整一天。第二天，他摆开战阵，向敌人推进，接着在离波斯人不远处扎营。

---

① 普鲁塔克（Plutarch, *Alexander*, 30）也把这一事件置于大流士派遣使团之后。库尔提乌斯（Curtius, 4. 10. 18-34）和尤斯廷（Justin, 11. 12. 6-7）把这件事置于大流士派遣使节之前。此时为公元前331年夏天。她在公元前333年11月被俘虏。不过，普鲁塔克（Plutarch, *Alexander*, 30. 1）说，她在分娩中离世。这也许反映了一种传统，就像普遍认为的那样，亚历山大并未精心照顾她。

56

由于成功与失败完全取决于他们的军事力量,亚历山大心中一直思考着波斯军队的数量和即将来临的决定性战争。他因思索第二天的战事,彻夜未眠。大约在第二天早晨时,亚历山大才入睡。他睡得如此酣甜,以至于到太阳升起的时候还没有醒来。起初,亚历山大的朋友们非常高兴。他们认为,国王完全放松地休息,会满怀激情地投入战斗。然而,随着时间一分一秒地过去,亚历山大依然在沉睡。他朋友中的长者帕尔曼尼昂,自己下令,命军队做好战争准备。由于亚历山大还在沉睡,他的朋友们来到他身边,最终把他叫醒。当所有人对这件事到很惊奇,极力要求他告诉大家为何这样不把战斗放在心上时,亚历山大说道,大流士把自己的所有军队都调集到一个地方,这打消了他的所有忧虑。现在,一切的问题都可以在一天内决定下来,他们不必再经历漫长的痛苦和危险的折磨了。尽管如此,亚历山大还是召集他的军官,以得体的语言激励他们勇敢参加即将来临的战争。接着,他下令把骑兵纵队部署在方阵的前方,率军以战斗队形向波斯人推进。

57

在军队的右翼,亚历山大部署了"黑克里图斯"(Cleitus the Black)(人们这样称呼他)指挥下的皇家纵队。接下去是帕尔曼尼昂的儿子菲罗塔斯指挥下的其他"伙友"及其他七个纵队。部署在这些军队之后的是,帕尔曼尼昂的儿子尼卡诺(Nicanor)指挥下的银盾牌(Silver Shields)步兵。他们以盔甲精良、作战英勇著称。与他们相邻的是,来自所谓的埃里米提斯(Elimiotis)的部队,由科埃努斯(Coenus)指挥。接下去,亚历山大部署了佩尔狄卡斯(Perdiccas)率领的奥列斯塔(Orestae)和吕克斯塔(Lyncestae)部队。迈里亚泽(Meleager)指挥着接下来的军队。此后是波里伯孔(Polyperchon)指挥的斯提姆法亚人(Stymphaeans)。接着是巴拉克鲁斯(Balacrus)的儿子菲利普指挥的军队,在他之后是克拉特鲁斯(Craterus)指挥的部队。至于骑兵,我提到的骑兵中队阵线,首先是伯罗奔尼撒和亚该亚(Achaean)联合骑兵;

接下去是来自弗提奥提斯（Phthiotis）和玛利斯（Malis）的骑兵；再接下去，是米提里尼人（Mitylene）埃瑞吉亚斯（Erigyius）指挥的罗克里亚和弗西亚骑兵。紧接着，亚历山大部署了菲利普指挥的瑟萨利骑兵。在所有骑兵纵队中，他们的骑术最优，战斗力最强。最后，亚历山大部署了格瑞坦（Gretan）弓箭手和来自亚该亚的雇佣兵。

在两侧，亚历山大保持两翼后撤，以防止数量占优的敌人包抄马其顿人较短的战线。为了对付滚刀战车的威胁，他命令方阵步兵，在敌人的战车向他们冲来时，迅速把盾牌合在一起，并以长矛敲击盾牌，用巨大的敲击声惊吓敌人的战马，使它们向后逃走。如果它们继续前进，那就分开队列，让其毫无伤害地通过。亚历山大亲自指挥右翼，成斜角向前推进，打算用自己的行动来赢得战争。

58

大流士根据本国军队的特点排兵布阵，他自己指挥着与亚历山大相对的一翼向马其顿人冲去。当两方阵线逐渐接近时，双方都吹响了进攻的号角，随即军队都高声呐喊着冲向对方。在波斯一方，滚刀战车率先全速冲击马其顿人，这在马其顿人中造成了巨大的惊恐和恐惧。与此同时，玛扎尤斯也率领着骑兵以密集队形进行支援，这更使战车的进攻令人害怕。就像国王命令的那样，马其顿方阵的士兵们合拢盾牌，用长矛敲击盾牌发出了巨大的响声。当拉战车的马匹因惊恐而躲开时，大部分战车调头转向，给自己的队伍造成了不可抗拒的危害。其他一些战车继续冲击马其顿人的阵线，不过，当士兵们分裂队伍，形成宽阔的通道时，战车从方阵中间通过。其中一些拉战车的马匹被标枪刺死；一些则幸免于难，顺利通过，成功逃跑；不过，还有一些则全力冲击马其顿的阵线，战车上弯刀的钢刃发挥了作用，给他们造成了重创。这就是弯刀的威力，它们设计独特，用于杀伤对方。它们割断了敌人的手臂，盾牌和其他一切东西。在多数情况下，有的人被割去头颅，头颅坠地时仍睁着眼睛，面部表情还没有变化；有的肋骨被割断，受了致命伤，很快就死去了。

59

双方的主力部队彼此接近时,投石器、弓箭、标枪都一齐发射。当投射物用完时,他们开始近距离搏斗。骑兵首先投入战斗。大流士指挥着左翼,他率领王室骑兵进攻右翼的马其顿人。精选的这些骑兵,不但作战英勇,而且十分忠诚,他们组成了千人中队。这些骑兵知道国王在注视着自己的表现,都兴奋地直面向国王射来的所有投射物。"苹果兵"(Apple Bearers)也与他们一起投入了战斗,他们人数众多,英勇善战。此外,力量强大且非常勇敢的玛尔迪人(Mardi)和科萨埃人(Cossaei),所有宫廷卫队以及最优秀的印度士兵也投入了战斗。他们高声呐喊,进行攻击,勇敢地同敌人搏斗,并以其数量占优的军队猛攻马其顿人。

玛扎尤斯指挥着波斯军的右翼。他率领着军中最优秀的骑兵,在第一次冲锋中斩杀了许多敌人。他命令2000名卡杜西(Cadusii)骑兵和1000名西徐亚精锐骑兵绕过敌人的侧翼,进攻他们的营地,夺取他们的辎重。这支骑兵迅速执行命令,当他们突然出现冲入马其顿军营时,一些战俘拿起武器帮助西徐亚人夺取辎重。这一始料不及的事件使整个营区陷入了一片混乱之中。大部分女俘虏冲出去欢迎波斯人。不过,大流士的母亲斯辛伽姆布利斯对于其他女俘虏发出的召唤无动于衷,只是平静地待在那里;她既不相信多变的命运女神,也不愿玷污对亚历山大的感恩之情。最终,西徐亚人夺取大部分辎重后,奔向玛扎尤斯,报告他们成功的消息。在此期间,大流士以其数量占优势的骑兵持续进攻与之相对的马其顿人,迫使他们撤退。

60

这是波斯人取得的第二次成功,亚历山大看到现在是他率领皇家骑兵中队和其余精锐骑兵卫队投入战斗以扭转战局的时候了,于是就率众向大流士冲去。波斯国王受到他们的攻击,从战车上向敌人投掷标枪。众将士同国王一起作战。当亚历山大和大流士彼此接近时,亚历山大向大流士投掷标枪,但未能击中他,不过却击中了站在他身边的驾车者。驾车者随即倒在地上。大流士周围的波斯人见状都惊叫了起来，在较远处的波斯士兵则认为大流士已经阵亡。他们首先开始逃跑，接着与他们相邻的波斯士兵也开始逃跑，保护大流士的坚固防线逐渐崩溃了。国王的两侧都暴露在敌人的攻击之下，他感到震惊，开始撤退。于是，大流士率领的一翼全部开始败退。波斯骑兵逃跑扬起了漫天尘土，亚历山大的骑兵中队紧随其后，由于他们数量有限，而扬尘太浓，他们无法判断大流士逃往哪个方向。空气中弥漫着负伤者的呻吟声、骑兵的嘈杂声和持续不断的马鞭声。

与此同时，波斯军右翼指挥官玛扎尤斯正率领着数量众多且最优秀的骑兵猛攻对面的敌人。不过，帕尔曼尼昂率领着瑟萨利骑兵和他的其余的部队进行了顽强抵抗。帕尔曼尼昂因瑟萨利人的战斗力，甚至似乎一度占据了优势，不过，玛扎尤斯指挥的骑兵人多势众，致使马其顿骑兵陷入了困境。波斯人对马其顿人展开了大屠杀。帕尔曼尼昂对抵抗波斯军的进攻感到绝望，于是派骑兵去请求亚历山大火速支援。他们迅速而有效地执行命令，但却发现，亚历山大已率军全速追击大流士，距离战场已经很远了。他们只好无功而返。然而，帕尔曼尼昂娴熟地运用瑟萨利骑兵，最终杀死了许多敌人，击溃了当时正因为大流士的撤退而心灰意冷的波斯人。①

61

大流士是一位有智慧的军事家。他没有像蛮族人那样向后撤退，而是迂回至相反的方向，充分利用大量的烟尘掩盖自己的行踪，成功逃脱，并把他的所有军队带到马其顿人后方的村子中。最后，所有波斯人都逃跑了。马其顿人不停地屠杀落在后边的波斯人，很快整个战场横尸遍野。在这次战役中，波斯一方有超过90000名骑兵和步兵丧生。马其顿一方有500人战死，伤无数。在最

---

① 关于这次事件，存在不同的说法。根据狄奥多罗斯的描述，亚历山大并未接到帕尔曼尼昂寻求帮助的请求。帕尔曼尼昂在没有获得帮助的情况下，自己摆脱了困境。根据库尔提乌斯（Curtius, 4. 15. 6-8; 16. 1-4）和普鲁塔克（Plutarch, *Alexander*, 32. 3-4; 33. 7）的说法，亚历山大接到了求助信息，但他没有返回，帕尔曼尼昂在没有获得帮助的情况下摆脱了困境。根据阿里安（Arrian, 3. 15. 1）提供的内容，亚历山大收到求助信息，率军返回帮助帕尔曼尼昂。

优秀的将领中,指挥着卫队的赫菲斯提昂手臂被长矛刺伤;佩尔狄卡斯、科埃努斯等将领和米尼达斯(Menidas)及其他一些高级指挥官也都受了伤。

这就是阿柏拉附近所发生战役的结果。

62

当阿里斯托芬(Aristophon)在希腊任执政官时,盖乌斯·多米提乌斯(Gaius Domitius)和奥鲁斯·科尔涅利乌斯(Aulus Cornelius)在罗马担任执政官。[①] 在这一年,阿柏拉战役的消息传到了希腊。许多城邦对马其顿力量的迅速增长感到震惊,于是决定,在波斯人的事业正在进行时,他们应该为自己的自由而战。他们希望大流士帮助自己并给予大量金钱,以使他们能够招募众多雇佣军,而此时亚历山大却无法分兵对付他们。另一方面,如果他们坐视波斯人被彻底击败而不管,那么,希腊人将会遭到孤立,休想再恢复自己的自由。

就在此时,色雷斯也发生了巨变。这似乎给希腊人提供了解放自我的机会。梅农(Memnon)是那里的全权长官。他既拥有军队,又很勇敢。梅农挑动部落叛乱,反对亚历山大,很快就拥有了一支庞大的军队,并公然准备战争。安提培特被迫将自己的全部军队由马其顿调往色雷斯,去对付他的叛乱。[②]

当安提培特正忙于此事时,拉栖代梦人(Lacedaemonians)认为发动战争的时机已经到来,请求与希腊人联合起来以捍卫他们的自由。在所有希腊人中,亚历山大最推崇雅典人,因此他们没有动摇。然而,大部分伯罗奔尼撒人和北希腊人达成一致意见,决定发动战争。根据各个城市的能力,他们征招最优秀的年轻人入伍当兵,这样他们招募了不少于 20000 名的步兵和大约 2000

---

① 公元前 330 年 7 月至公元前 329 年 6 月,阿里斯托芬在雅典任执政官。公元前 332 年,罗马执政官为 Cn. 多米提乌斯·卡尔维努斯(Cn. Domitius Calvinus)和 A. 科尔涅利乌斯·科苏斯·阿尔维纳(A. Cornelius Cossus Arvina)(Broughton, I. 141)。

② 在亚细亚战役开始之前,安提培特受到任命(Berve, *Alexanderriech*, 2, no. 499)。他是亚历山大在马其顿的总督。在梅农担任全权长官的前提下,战争以协约的方式结束。几年之后,梅农把援军带到亚历山大那里,并参加了他后来在东方的战役(Curtius, 9. 3. 21)。在其他的地方并未提到他的叛乱。

名骑兵。拉栖代梦人获得了指挥权,他们倾全力进行决战,其国王亚基斯担任总指挥。

63

当安提培特了解到希腊人的这一动向时,他以能接受的条件结束了色雷斯战役,然后率领全军进入伯罗奔尼撒半岛地区。安提培特从那些仍然忠诚的希腊人中征招士兵,扩充军队,使军队人数不少于 40000 人。[①] 战争全面展开时,亚基斯战死,不过拉栖代梦人进行了疯狂的战斗,在他们的阵地上坚守了很长时间。当拉栖代梦人的希腊盟友被赶出阵地时,他们自己也退回到斯巴达。在这场战役中,拉栖代梦人及其盟友损失了 5300 多人,安提培特的部队有 3500 人战死。

有一件趣事与亚基斯的死相关。亚基斯英勇作战,遍体鳞伤时,倒在了战场上。当士兵们正抬他回斯巴达时,亚基斯发现自己已被敌人包围。他对自己的生命感到绝望,于是命令其余的士兵全速逃离,以继续为他们的国家效力。亚基斯自己则拿起武器,跪在地上自卫。在杀死一些敌人之后,他被标枪刺死。亚基斯在位共九年时间。[②](第 17 卷第 1 部分描述至此结束)

既然我们已回顾了欧罗巴发生的情况,现在我们来看亚细亚发生的事情。

64

大流士在阿柏拉战役中失败后,直奔上部总督辖区,试图在自己与亚历山大之间拉开距离以赢得足够的喘息时间去组建军队。他首先取道米底的埃克巴特纳(Ecbatana),在那里稍作停留,集合战争中幸免的残余部队,重新武装那些丢盔弃甲者。他派人到附近的部落中征招士兵,派信使前往巴克特里亚(Bactria)和上部总督区的总督与将领那里,要求他们继续忠诚于自己。

战后,亚历山大埋葬了牺牲的士兵,之后,进入了阿柏拉,在那里找到了储藏丰富的食物,大量的蛮族人的服装和财富,还在那里得到了 3000 塔兰特

---

① 亚历山大送给安提培特 3000 塔兰特进行这场战役(Arrian, 3. 16. 10)。
② 此次战役发生在美加罗里斯(Megalopolis)附近。它很可能发生在高加米拉战役之前,而不是发生在它之后(Curtius, 6. 1. 21)。

白银。由于大量尸体未被掩埋，这一地区的空气受到污染。亚历山大很快继续推进，随后率全军抵达巴比伦。在那里，人们欢迎他的到来，为其军队安排住处，款待马其顿人。因为这里食物丰富、人民友善，亚历山大在此休整军队，在城中停留了30多天。

此时，亚历山大派皮德纳（Pydna）的亚加松（Agathon）带领700名马其顿士兵守卫要塞。他任命安菲波利斯（Amphipolis）的阿波罗多鲁斯（Apollodorus）和培拉（Pella）的米尼斯（Menes）担任巴比伦及远至西里西亚的其他总督辖区的军事长官，还给他们1000塔兰特白银，让他们招募尽可能多的士兵。他把亚美尼亚（Armenia）划为行省，让献给他萨地斯（Sardes）要塞的米特利尼斯（Mithrines）负责管理。[1] 亚历山大从夺得的金钱中抽出一部分分给士兵，每名骑兵获得6明那（Minas）的奖赏，每位联盟骑兵得到5明那，方阵中的马其顿士兵获得2明那，所有的雇佣兵都得到两个月的薪水。

65

亚历山大率军离开巴比伦后，在行军途中与安提培特派来的援军相遇。援军中有500名马其顿骑兵，6000名马其顿步兵，600名色雷斯骑兵，3500名特拉里亚人（Trallians）以及来自伯罗奔尼撒半岛的4000名步兵和将近1000名骑兵。国王在马其顿的朋友们还将自己的孩子送来作他的护卫，人数共有50名。国王对所有这些士兵都表示欢迎，此后继续行军，在第六天，他们进入了西塔科尼（Sittacenê）行省地界。[2]

这里物产丰富，各类物资供应充足，亚历山大在这里停留了多日，很想让军队从长途跋涉的疲劳中恢复过来，并检阅军队。他想提拔一部分军官，扩充军队，加强力量，提升指挥官的能力。他实施了这项措施。亚历山大仔细审视优秀行为的报告，并擢升了一批高级指挥官，他通过给予所有指挥官更高的荣誉，用很强的感情纽带把他们同自己联系在一起。亚历山大还考核每个士兵的

---

[1] Curtius, 5. 1. 44; Arrian, 3. 16. 5。亚美尼亚过去未被征服，此时也没有被征服，米特利尼斯并未赴任总督之职（Berve, Alexanderreich, 2, no. 524）。

[2] Curtius, 5. 2. 1。这一地区在底格里斯河左岸与巴比伦尼亚平行相对。

业务，明辨效用，给出提升之策。亚历山大通过这些举措，使全军都非常忠诚于他们的将领，服从他的指挥，使他们的执行力增强，渴望战争。

亚历山大由此进入苏西亚（Susianê），丝毫未遇抵抗，占领了国王们富丽堂皇的宫殿。总督阿布鲁提斯（Abuleutes）自愿将城市献给亚历山大。一些人认为，他这样做是遵从了大流士的命令。波斯国王希望通过这样的策略，使亚历山大沉迷于消遣和对繁华城市与巨额财富的占有之中，从而为他逃跑并重新进行战争准备赢得时间。①

66

亚历山大进入城中，发现王宫中储存的财富，其中包括40000多塔兰特的金条和银条，这是波斯的国王们为防命运不测而长期积累起来的财富。此外，这里还有9000塔兰特的大流克（darics）金币。

人们向国王展示宝物时，一件奇特的事情发生了。亚历山大坐在王座上，而王座很大，和他的身体不相称。当一个侍从看到他的双脚远远够不着王座的脚凳时，他就搬起大流士的桌子垫在了亚历山大悬着的脚下。它垫在脚下非常合适。国王对那个男孩的聪明表现感到高兴。不过，站在一旁的宦官看到这些心里非常难过，悲伤流泪，因为这使他又想起了命运无常。亚历山大注意到他，问道："你看到什么错误的行为，让你如此悲伤？"他答道："正如先前我是大流士的奴隶一样，现在我是您的奴隶。我生性忠诚于我的主子们。我看到您的前任最珍重的东西现在却变成了一件微不足道的家具而感到悲伤。"

宦官的回答让国王想起波斯王国突然发生了多么大的变化。亚历山大意识到，与他对俘虏的温和态度正相反，他做了一件傲慢自大的事。他找来搬那张桌子的侍从，令其挪开桌子。不过，当时在场的菲罗塔斯说道："这并非傲慢无礼。因为你并没有命令他这样做。这是天意所为，是神的意志。"亚历山大以他的评论为预兆，下令把桌子留在王座之下。

---

① 其他亚历山大史家并未提到这一传闻，它的来源不得而知。

67

此后，亚历山大把大流士的母亲、女儿和儿子留在了苏撒（Susa），并派人教他们希腊语。他自己则率军行进，在第4天到达了底格里斯河。底格里斯河发源于尤克西（Uxii）山，它首先奔流1000弗隆，穿越崎岖不平、大峡谷林立的地区；之后，横贯平原，静静流淌；接着，经过600弗隆的旅程后注入波斯湾。亚历山大渡过底格里斯河，进入富饶的尤克西地区。它受到多条河流浸润，盛产各种水果。在水果成熟的季节，它们被制成干果。在底格里斯河上航行的商人，会把适宜饮食的各种各样的甜食运到巴比伦。①

亚历山大发现，大流士的堂弟玛德提斯（Madetes）率重兵把守要道，这里易守难攻。陡峭的悬崖无法逾越，不过，一名熟悉当地情况的尤克西亚人，愿意带领士兵们通过一条狭窄而充满危险的小道，到达敌人的上方。亚历山大接受了他的建议，并让他率领一支部队前往那里。同时，他自己迅速调兵遣将，轮番攻击守军。马其顿人发动了猛烈的攻击，波斯人则全神贯注于战斗，但让他们感到惊愕的是，在自己的头顶上方出现了马其顿人的分遣队。波斯人感到害怕，仓皇而逃。因此，亚历山大占领了交通要道，并很快占领了尤克西亚地区的所有城市。

68

在此之后，亚历山大向波西斯（Persis）方向进军，在第5天到达了被称作"苏西亚要塞"（Susian Rocks）的地方。阿里奥巴扎尼斯（Ariobarzanes）率领着25000名步兵和300名骑兵守卫着要道。起初，国王想用强力突破，经崎岖地区的狭窄隘道，推进至要道处。不过，亚历山大行军时并未遇到干扰。波斯人容许他沿着要道行进了一段距离。但是，当他大约行进至要道中间，穿越最艰险的地段时，波斯人突然对他发动攻击，从上面滚下巨石，落入马其顿人密集的队伍中，造成了重大伤亡。许多敌人还从峭壁上向聚集的人群投下

---

① 关于这一地区的特点，可比较 Strabo, *Geography*, 15. 3. 6. 729。其他作家并未这样强调它的丰产。

标枪，他们枪无虚掷。还有一些人用石块儿近距离攻击继续前进的那些马其顿人。波斯人因地势险要占尽了优势，使马其顿人伤亡惨重。

亚历山大对如何避免士兵们遭受的痛苦无计可施。他看到敌人毫无伤亡，而自己的部队却惨遭屠戮，事实上所有进攻部队都失去了作战能力，于是他鸣号撤退。他从要道后撤 300 弗隆扎营，并试图从当地居民那里探知是否另有穿越山岭的道路。所有人都坚持认为，这里没有其他通道，不过，花费几天的行程倒是可能绕过山岭。然而对亚历山大而言，抛弃死者是可耻之举，请求他们有失体面，因为这一举动意味着承认了失败。所以，亚历山大下令带来所有俘虏。他看到了希望，因为俘虏中有一人会两种语言，懂波斯语。

他说自己是吕西亚人（Lycian），作为战俘被带到这里；他曾经多年在这些山中牧羊，对这一地区非常熟悉，自己可以带一支部队穿过灌木丛覆盖的小道，直达守卫要道的波斯军的后方。国王许诺将会对他重赏。在他的带领下，亚历山大确实在夜间成功穿越了积雪覆盖的山岭。在他们的行军途中，岗峦起伏，到处是深沟、险壑与峡谷。进入敌人的前哨阵地后，他们杀死了最前线的波斯人，俘虏了守卫在第二道防线的波斯人，击溃了处在第三道防线的波斯人，成功地夺取要道，消灭了阿里奥巴扎尼斯的大部分军队。

69

现在，亚历山大开始向波斯波里斯（Persepolis）进军。在行军途中，他收到城市长官提里达特斯（Tiridates）的来信。信中说，如果亚历山大先于打算为大流士防御城市的那些人赶到波斯波里斯，他将成为城市的主人，因为提里达特斯会把城市献给他。于是亚历山大率军全速前进。他在阿拉克塞斯河（Araxes River）上搭建桥梁，使自己的军队顺利到达河的对岸。

这时，在行军途中，国王看到了一个奇怪而可怕的景象，这激起了他对行凶者的愤怒和对不幸受害者的同情。[①] 他遇到了一群请愿的希腊人。波斯先王

[①] 库尔提乌斯（Curtius, 5. 5. 5-24）和尤斯廷（Justin, 11. 14. 11-12）对这个故事有稍微详细的描述。普鲁塔克和阿里安并未提到这则故事。

们把他们从家乡带到这里。他们大约有800人，其中大部分已经年迈。所有的人都受到了伤害，有的失去了双手，有的没有了双脚，有的失去了鼻子和眼睛。他们掌握了技术和手艺，在受教育的过程中进步很快。之后，他们被砍去了肢体，只留下对他们的职业至关重要的部分。看到他们年迈，看到他们的肢体残缺不全，所有士兵都同情他们不幸的命运。亚历山大最受感动，以至于无法抑制自己的泪水。

他们都哭泣起来，请求亚历山大帮助身陷不幸的他们。国王召见了他们的头目，以配得上他的伟大精神的敬意问候他们，并承诺把他们送回家乡，这将成为他最关心的事情。这些希腊人聚在一起进行了讨论，认为对他们而言，留在原地比返回家乡更为合适。他们如果被安全地送回家乡，将会分散在小群体中。他们生活在自己的城邦中时，会发现他们在命运女神的操控下受到的虐待，将成为被侮辱的对象。然而，他们如果作为不幸的同伴继续生活在一起，会从他人相似的伤残中为自己找到安慰。因此，他们再次面见国王，告诉他自己的决定，并请求国王给予他们适合这一建议的帮助。亚历山大同意了他们的决定，给每个人3000德拉克玛，5件男式长袍，每名妇女也得到了相同数量的钱和服装。亚历山大还给他们两对公牛，50只羊，50蒲式耳（Bushels）小麦。他还免除他们要缴纳给王室的所有税款，责成行政官员确保他们不受任何人的伤害。

因此，亚历山大通过与他天性仁慈相一致的善行减轻了那些不幸者的厄运。

70

波斯波里斯是波斯王国的首都。亚历山大把它向马其顿人描绘成最令人痛恨的亚细亚城市。除了宫殿之外，他放手让自己的士兵们抢劫城市。波斯波里斯是世界上最富有的城市，私人房屋都装饰有多年积累起来的各种各样的宝物。马其顿人冲进城中斩杀他们遇到的所有男子，劫掠居民住所。许多房屋属于普通百姓，它们外表华丽，内部家具丰富。这里大量的黄金白银遭到掠夺，大量海紫色或饰有黄金的鲜艳华丽的服装现在成了胜利者的战利品。享誉整个文明世界的巨大宫殿遭到凌辱，甚至全然被毁。

马其顿人进行了一整天疯狂劫掠，然而仍不能满足他们的贪欲。他们对战利品如此贪得无厌，以至于掠夺者之间彼此争斗，甚至杀死了自己的许多同伴，因为后者侵吞了较大份额的战利品。一些人用剑把最珍贵的战利品砍成几份，以使自己能获得其中的一份。有人为抢夺有争议的战利品，在激情的促使下变得疯狂，甚至砍断了自己同伴的手臂。他们扯走妇女的衣服并抢走所有一切，把他们的战俘变成了奴隶。①

波斯波里斯的繁荣富饶超越其他所有城市，它遭受的悲惨命运也因此超过了其他所有城市。②

71

亚历山大登上要塞的露台，夺取了那里的财富。这些财富是从波斯第一位国王居鲁士起一直到现在所积累起来的国家税收。宝库里堆满了金银。如果将黄金折合成白银，那么这些金银的总数为12万塔兰特。亚历山大想带走一部分来支付战争开支，把其余的全部储存在苏撒，并派兵看守。因此，他从巴比伦、美索不达米亚征集了大量的骡子，从苏撒调来大包、带挽具的驮兽和3000匹骆驼。亚历山大用这种方式把其余所有的财富都运到了目的地。他对当地居民怀有很深的敌意，③不信任他们，打算完全毁掉波斯波里斯城。

这座城市王宫区域的建筑富丽堂皇，我想，对该区进行简要介绍并不为过。④要塞就是非常引人注目的一个，它被三重围墙环绕。第一道围墙建在精心设计的地基上。它高16腕尺，顶部为城垛。第二道围墙在其他所有方面都和前者相似，只不过它的高度是前者的两倍。第三重围墙被设计成了矩形，高

---

① Curtius, 5. 6. 1-8。在任何陷落的城市中，杀死男子，把妇女变为奴隶，是一种惯例。在这里，因为无与伦比的奢华，华丽的东西成为首先盯上的对象。妇女因所穿的衣服而遭到劫掠。

② 狄奥多罗斯并未说亚历山大是否接受提里达特斯向他献出波斯波里斯（chap. 69. 1）。这座城市仿佛被当做攻占的城市来对待。库尔提乌斯说（Curtius, 5. 6. 11），提里达特斯因献出王室的财富而得到奖赏。

③ 狄奥多罗斯说"当地人"，指的是波斯波里斯及其附近的居民。亚历山大越来越多地使用其他波斯人在军中服役。

④ 其他地方并未给出对波斯波里斯的描述。可以把它和芝加哥大学发掘的城市遗址相比较。

60腕尺。①它由坚硬且耐用的石头建成。每一边都有一座大门，门板用青铜浇铸而成。每座门的两侧都矗立着20腕尺高的青铜柱。这是为了吸引观赏者的注意力，而青铜大门则是出于安全考虑。

在露台东侧四普勒特拉（Plethra）的地方，有一座所谓的王室小山，山中有波斯国王们的陵墓。它是一块光滑的岩石。岩石被凿空，形成许多墓室，去世的国王们就葬在里面。除了下葬国王石棺（用某种机械提升装置吊起来）的入口之外，它们没有其他入口。在皇室露台周围是国王、皇室成员的居所以及大贵族的住处。它们都装饰豪华，为拱卫皇家财富而建。

72

亚历山大为庆祝胜利举行了运动会。他对众神进行了奢华的献祭，慷慨热情地招待自己的朋友。举行宴会时，他们饮酒过量。当他们开始酒醉时，疯狂左右了醉酒宾客的意志。此时出现了一位妇女。她名叫泰斯（Thais），出生于阿提卡。泰斯说，对亚历山大而言，如果他能够加入他们的胜利游行，放火烧毁宫殿，允许妇女们立刻毁掉波斯人负有盛名的成就，那将是在亚细亚最大的功绩。那些还很年轻且因饮酒而激动的士兵们听到了这些，正如所预料的那样，有人高喊着司酒宴之神的名字，并点燃了火把，号召所有人为雅典神庙遭到毁灭复仇。另一些人则应和说，这是亚历山大唯一值得做的事情。当国王因这些话而燃起激情时，所有人都从长椅上站了起来，高呼举行纪念狄俄尼索斯（Dionysus）的胜利游行。

他们很快聚集了许多火把。亚历山大把那些在宴会上表演的女乐师加入他们的队伍，为司酒宴之神歌唱、演奏笙箫管笛。妓女泰斯领衔表演。她在国王之后第一个将燃烧的火把掷向了宫殿。当其他所有人也都这样做时，火势如此凶猛，整个宫殿区域很快就化为灰烬。最值得注意的是，波斯国王薛西斯毁坏雅典卫城的邪恶之举，在许多年后遭到了报应，而这一行为，系出生于遭受那场浩劫的土地上的女子在寻求开心中所为。

---

① 90英尺。波斯波里斯所留存的围墙的地基，最高有18米或者约60英尺。

73

当这一切都结束时，亚历山大参观了波西斯的城市。他通过武力占领其中的一部分城市，通过公平交易赢得了另一些城市。在此之后，亚历山大开始追击大流士。波斯国王本打算调集巴克特利亚和其他总督区的武装部队，但对大流士而言，亚历山大的速度太快了，他还没来得及集合军队。大流士率领 30000 名波斯人和雇佣军径直逃往巴克特拉（Bactra）城。不过就在撤退的过程中，他被巴克特利亚总督伯苏斯（Bessus）逮捕并杀死。在他死后，亚历山大率领骑兵全速追击。他在追击的过程中，发现大流士已死，于是按照王室规格对他进行厚葬。然而也有人写道，亚历山大追上大流士时，发现他奄奄一息，对他的灾难深表同情。大流士请求亚历山大为自己报仇，后者同意了大流士的请求，并开始追击伯苏斯。不过，伯苏斯早已开始逃跑，遁入巴克特利亚，因此，亚历山大暂停追击返回驻地。

这就是亚细亚的局势。

在欧罗巴，拉栖代梦人因在决定性战争中的失败，被迫向安提培特示好。安提培特把自己的答复提交给希腊联盟议会。当代表团在科林斯会面时，双方进行了长时间的讨论，他们决定将悬而未决的问题提交给亚历山大。安提培特把 50 名最尊贵的斯巴达人留作人质，拉栖代梦人派使团前往亚细亚请求亚历山大宽恕他们错误的行为。

74

这一年结束后，科菲索芬（Cephisophon）任雅典执政官，盖乌斯·瓦勒利乌斯（Gaius Valerius）和玛尔库斯·达利乌斯（Marcus Dareius）在罗马任执政官。[①] 这一年中，大流士已经死去；伯苏斯和纳巴涅斯（Nabarnes）、巴尔克塞斯（Barxaës）以及其他伊朗贵族，为躲避亚历山大的追击，逃到了巴克特

---

① 公元前 329 年 7 月至公元前 328 年 6 月，科菲索芬在雅典任执政官。公元前 331 年罗马的执政官为 C. 瓦勒利乌斯·波提图斯（C. Valerius Potitus）和 M. 克劳狄乌斯·马克鲁斯（M. Claudius Marcellus）（Broughton, 1. 143）。

利亚。伯苏斯先前被大流士任命为这一地区的总督，因负责管理事务，大家对他都很熟悉。现在，伯苏斯号召人们保护他们的自由。他指出，这一地区的自然环境将会大大地帮助他们。恶劣的环境使敌人不易进入这一地区，而他们自己有足够多的兵力维持独立。在"人民"的支持下，伯苏斯宣称将亲自指挥战争，并自封为国王。他开始招募军队，制备充足的武器，忙着为即将到来的时刻做好各项准备。

就亚历山大而言，他意识到，马其顿人把大流士的死亡作为战争结束的标志，并且迫不及待地想返回家乡。亚历山大召集所有将士举行会议，以令人鼓舞的言辞向他们发表演说，使他们都乐意继续追随自己参加剩下的战争。不过，他召集希腊城邦联军，赞扬他们在军中的服役，免除了他们的军事义务。他发给每名骑兵1塔兰特、每名步兵10明那的奖金。除此之外，他还付给他们到目前为止的薪金，并且还把从这些人离开军营直至返回家乡的时间也算在内。对于继续留在皇家部队的那些士兵，亚历山大发给每人3塔兰特赏金。他对士兵们如此大方，部分是出于他慷慨的本性，部分是因为他在追击大流士的过程中得到了巨额财富。他从王室宝库中得到了8000塔兰特的财富。此外，他分给士兵的财富包括衣物、酒杯等多达13000塔兰特。不过，人们认为，被偷窃或被据为己有的财富甚至更多。

75

亚历山大开始向赫尔卡尼亚（Hyrcania）进军。行军的第三天，他们在赫卡敦塔皮鲁斯（Hecatontapylus）城附近扎营。这座城市非常富有，各种供应充足，适宜娱乐。因此，亚历山大在那里停留几天休整军队。之后，他率部行军150弗隆，在巨型岩石附近扎营。在岩石下方有一个巨大的洞穴，那里就是著名的大河斯提波埃特斯（Stiboeites）河的源头。急流翻滚奔腾3弗隆之后，被河中的胸状岩石一分为二。在岩石之下，有一座巨大的洞穴。河水咆哮着冲入洞穴，撞击岩石，泛起一片白沫。它在地下奔流了300弗隆后，又冲出地面。

亚历山大率军进入赫尔卡尼亚，占领了远至卡斯皮亚海（Caspian Sea）（有人称之为赫尔卡尼亚海）的所有城市。他们说那里不但出产许多大蛇，而且产出各种鱼，不过鱼的颜色与我们的鱼非常不同。亚历山大越过赫尔卡尼亚，到达了所谓的"幸运之村"（Fortunate Villages），它名副其实，因为这片土地盛产各种农作物，其产量远比其他任何地方都多。他们说每株葡萄树能产出 1 米特里特斯（Meretes）的葡萄酒，无花果树所结的果实能产出 10 麦德姆努斯（Medimni）的干无花果。① 收获庄稼时，因疏忽而掉落在地的谷物，生根发芽，无需播种，就能带来丰收。当地还有一种树，其外形与橡树相似。它的叶子能够产出蜂蜜。一些人搜集蜂蜜，从中获得了无穷的乐趣。这个地区还有一种带翼的动物，他们称之为安特里顿（Anthredon），其形体比蜜蜂小，但非常有用。它们徜徉于山中，搜集各种花蜜。它们栖息在中空的岩石或被闪电击中的树中，搭建蜡状蜂房，酿制出无比甜蜜的汁液，它们毫不逊色于我们的蜂蜜。

76

亚历山大这样赢得了赫尔卡尼亚和与它毗邻的部落。许多同大流士一起逃跑的波斯指挥官，纷纷来到亚历山大这里，向他投诚。亚历山大友善地接受了他们，并因公平地对待他们赢得了广泛的荣誉。例如，曾经效力于大流士的 1500 名富有经验的希腊士兵，也毫不犹豫地向亚历山大投诚。他们以前的敌对行为完全得到了宽恕，并被编入他的军队，获得与其他士兵一样的薪水。

亚历山大沿海岸线向西推进，进入玛尔狄亚人（Mardians）所在的地区。他们以自己优秀的作战能力而自豪，因此对强大的亚历山大无所顾忌，既没有对他有所请求，也没有向他表达敬意。相反，他们却以 8000 名士兵据守要塞，满怀信心地等待着马其顿人。亚历山大率军参战，对敌人发动进攻，斩杀了其中的绝大部分，迫使其余的人遁入山中要塞。

当亚历山大正在烧毁乡村时，他的侍者将王室的战马留在离国王较远的地方，一些当地人突然冲过去，掳走了其中最好的一匹战马。这匹马是科林

---

① 斯特拉波（Strabo, *Geography*, 11.7.2）（比较 Strabo, *Geography*, 2.1.14）说，1 米特里特斯大约等于 4.5 加仑；1 麦德姆努斯约合 1.5 蒲式耳。

斯的德玛拉图斯（Demaratus）送给亚历山大的宝物，国王骑着它参加了亚细亚的所有战争。只要它还没有佩戴马饰，它只允许马夫乘骑，然而，它佩戴上皇家马饰后，甚至不让马夫乘骑，唯独让亚历山大乘坐，它静静地站着，甚至低下身体帮助国王坐上马背。由于这匹战马非常优良，国王失去它后勃然大怒。亚历山大下令砍倒所有树木，并通过译员警告当地人，如果不归还战马，他将摧毁整座村庄，将居民斩尽杀绝。正当亚历山大立刻开始实行这样的威胁时，当地居民感到恐惧，归还了战马，并给亚历山大送去了最珍贵的礼物。他们还派去50名代表请求国王的宽恕，亚历山大把其中最为重要的人物留为人质。

77

当亚历山大返回赫尔卡尼亚时，统治着发希斯河（Phasis）和塞尔摩顿河（Thermodon）之间广大地区的亚马逊人（Amazons）的女王泰勒斯特利斯（Thallestris）前来拜见他。她非常美丽，力量过人，以勇气受到她本国妇女的敬仰。她把自己的大部分军队留在了赫尔卡尼亚边界地区，[①] 仅率领300名全副武装的亚马逊卫队去见国王。国王对她的不期而至和高贵感到惊奇。当他问泰勒斯特利斯为何要来见自己时，她回答说，其目的是为国王生育一个子嗣。亚历山大以其功绩向世人展示了他是最伟大的男子，而她的力量和勇气在所有女子中无人能比。因此，这样杰出父母的后代，很可能会比其他所有凡人都更为优秀。国王听到这些话语非常高兴，满足了她的请求，陪伴她度过了13天时间，然后给予她珍贵的礼物，并把她送回家乡。

对亚历山大而言，他似乎已经完成了目标，在他的王国之内无人与之争雄，他开始效仿波斯人的奢华和亚细亚国王们的铺张了。首先，亚历山大在宫廷中任用亚细亚人做服务工作；接着，他让最卓越的亚细亚人担任他的护卫，

---

① 如果我们接受泰勒斯特利斯和她的亚马逊人存在，且听说过亚历山大，那么下面的假定就不难理解：她们从黑海之滨的塞勒摩顿出发，穿过发希斯河与居鲁士河（Cyrus Rivers）河谷，沿着卡斯皮亚海海滨行进。她们会经过新近被征服的玛尔狄亚人地区，在赫尔卡尼亚（或者如普鲁塔克所言帕提亚）赶上了亚历山大。比较斯特拉波在《地理学》中的描述，见 Strabo, *Geography*, 11.5.4。

其中就有大流士的弟弟奥克萨特里斯（Oxathres）。① 然后，他戴上波斯王冠，着波斯白袍，系波斯腰带，除了裤子和长袖上衣之外，他穿戴过其他一切式样的衣服。他分给伙友镶有紫边儿的斗篷，为战马佩戴波斯式样的马具。除了所有这些之外，亚历山大依照大流士的做法，从全亚细亚挑选貌美出众的女子作他的妾，其数量不少于一年的天数。每晚这些女子在他的床前列队，以使他能够挑选一位与他同榻而眠。事实上，亚历山大非常谨慎地采用这些习俗，他保持着自己的大部分传统习惯，因为他不希望冒犯马其顿人。

78

事实上，许多人为此对亚历山大多有责备，不过，他都用礼物让他们保持了沉默。在这样的关键时刻，亚历山大得知，阿莱亚（Areia）总督萨提巴扎涅斯（Satibarzanes）处死了留守在他那里的士兵，② 与伯苏斯联合起来，准备攻击马其顿人。于是，他率军进攻萨提巴扎涅斯。萨提巴扎涅斯将自己的军队调集至科尔塔卡纳（Chortacana）。它天然险要，是那一地区的名城。不过，当国王兵临城下时，萨提巴扎涅斯看到数量庞大的马其顿军队，想起他们的作战声誉，感到惊恐。他自己率领2000名骑兵驰向伯苏斯寻求保护，请求他全速支援，同时命令自己其他的追随者逃往……山③中避难，那里地形险要，为那些不敢直面敌人的人提供了安全的避难所。他们进入山中之后，占据了一座高而陡峭的"要塞"。国王以自己惯有的精神，集中对付此地，猛烈地攻击他们，迫使其投降。在此后的30天内，他降服了这一总督区的所有城市。接着，亚历山大离开赫尔卡尼亚，向德兰吉纳（Danginê）的首府进军。在那里，他休整了军队。

---

① 他在伊苏斯之战中表现卓越（chap. 34. 2）。大流士死后，他投靠了亚历山大（Curtius, 6. 2. 11; Berve, *Alexanderreich*, 2. no. 586）。

② 萨提巴扎涅斯是杀死大流士的凶犯之一。不过，亚历山大击败他之后，确认了他的总督区，并在他身边留守一队马其顿士兵，以确保他行为"端正"（Berve, *Alexanderreich*, 2. No. 697）。

③ 山的名字在手稿中脱落了。

79

与此同时，亚历山大卷入了与他善良本性毫不相关的卑鄙行为当中。国王的一位伙友名叫狄姆努斯（Dimnus），他因某种原因指责亚历山大，并在一怒之下策划了反对亚历山大的阴谋。他劝服自己的恋人尼科玛库斯（Nicomachus）参加这一阴谋行动。这名年轻的男孩把计划告诉了自己的哥哥科巴利努斯（Cebalinus）。然而，他的哥哥因害怕同谋者中会有人首先向国王告密，于是决定自己把阴谋告诉国王。

科巴利努斯去了王廷，遇到了菲罗塔斯，就把整个事情都告诉了他，并请他尽快禀报国王。或许菲罗塔斯本人就是阴谋的参与者，或许是他还没来得及告诉亚历山大。无论如何，他漠不关心地听了科巴利努斯的话，尽管他见到了亚历山大，并就许多问题进行了长时间交谈，但对于科巴利努斯所说的话却只字未提。菲罗塔斯返回科巴利努斯那里时，说没有找到合适的机会告诉国王，不过，他保证会在第二天单独面见国王并把所有事情都告诉他。可是，第二天，菲罗塔斯又用同样的话向他许诺。科巴利努斯为防止别人抢先告密而置自己于危险境地，就放弃了菲罗塔斯，与国王的一名侍从搭讪，并告诉他所发生的一切，请求他立刻报告国王。

侍从把科巴利努斯带进武器库并藏在其中。[①] 当国王沐浴时，他觐见国王并告诉他整个事件，还说自己把科巴利努斯藏在附近的武器库中。国王反应强烈，立即逮捕狄姆努斯，从他那里了解到事情的经过，然后派人去找科巴利努斯和菲罗塔斯。他们调查了整件事情，查明了事实。狄姆努斯当场自杀。[②] 不过，菲罗塔斯只承认自己的疏忽，拒不承认他参与任何阴谋活动，并同意将自己交给马其顿人判决。

80

马其顿人在听取了许多辩论之后，判处菲罗塔斯及其他被指控者死刑。其

[①] 库尔提乌斯说这个侍从名叫米特隆（Metron），他恰巧负责国王的武器。
[②] 其他作家说，狄姆努斯自杀（Curtius, 6. 7. 29-30）或是在拒捕中被杀（Plutarch, *Alexander*, 49. 4）。

中就有帕尔曼尼昂。他似乎在亚历山大的伙友当中地位最高。帕尔曼尼昂并没有跟随军队，不过人们认为，他通过自己的儿子菲罗塔斯策划了阴谋。此后，菲罗塔斯首先受到拷问，供认了密谋。接着，他和其他被判有罪的人按照马其顿的方式被处死。

这次事件，为审理莱塞斯提安·亚历山大（Lyncestian）的案件提供了契机。他被指控密谋反对国王，并被监禁了三年时间。他因与安提戈努斯（Antigonus）的关系而被推迟审理。[①]但现在，他也被带到马其顿人的法庭上，由于不能为自己辩护，被判处了死刑。

亚历山大派人乘迅疾的骆驼在菲罗塔斯受惩罚的消息传到帕尔曼尼昂那里之前，赶到他所在的地方并杀死了他。帕尔曼尼昂受命管理米底，并负责储存在埃克巴特那的多达18万塔兰特的王室财富。亚历山大把马其顿人中对他有敌意言论的那些人，对帕尔曼尼昂之死感到悲伤的人，以及在给马其顿亲属的信中有任何违背国王利益内容的那些人，都挑了出来，把他们编成一个所谓的"惩戒性纵队"（Disciplinary Company），以使其余的马其顿人不至于被他们不当的言论和批评影响。

81

亚历山大在处理完这些事情、解决完德兰吉纳的问题之后，率军向过去被称为阿里马斯皮亚人（Arimaspians）的部落进发。不过，现在他们被称为救助者。这是因为居鲁士从米底人手中夺权建立波斯人统治的过程中，曾在沙漠里进行了一次战役；当时他们耗尽了所有给养，处境极其危险；因缺少食物，士兵们甚至被迫彼此相食。正在这时，阿里马斯皮亚人运来了30000辆马车的给养。居鲁士从绝境中得救后，不但免除了阿里马斯皮亚人的赋税，赐给他们其他荣誉，而且还改变了他们先前的名字，称其为"恩人"（Benefactors）。所

[①] 上文提到逮捕亚历山大（chap. 32. 1）。如果王位空缺，他将是成为国王的合法人选，因此他的继续存在，使国王亚历山大处于某种危险之中。他的妻子是安提培特的众多女儿之一（Curtius, 7. 1. 7），但他与安提戈努斯的关系不得而知。后者是国王亚历山大在福瑞吉亚的代表。他的名字很可能是安提培特名字之误写，因为莱塞斯提安·亚历山大是他的女婿（Curtius, 7. 1. 7; Justin, 11. 7. 1）。

以，现在，当亚历山大率军进入"恩人"所在地区时，他们友善地接待了他。亚历山大也以合适的礼物表达了对该部落的敬意。

"恩人"的邻居所谓的科德罗西亚人（Cedrosians）[①]也对亚历山大表示了欢迎，他们同样得到了相应的敬意。亚历山大让提里达特斯（Tiridates）管理这两个部族。亚历山大正忙于这些事情时，得到消息说，萨提巴扎涅斯已率领一支数量庞大的骑兵从巴克特里亚回到阿莱亚，并促使当地人反叛亚历山大。他听到这些消息后，派遣埃利尤乌斯（Erigyius）和斯特萨诺（Stasanor）率一支军队前去镇压，自己则率军征讨阿拉克西亚（Arachosia），并在几天后降服了它。[②]

82

这一年结束时，尤提克利图斯（Euthycritus）成为雅典的执政官，卢契乌斯·普拉提乌斯（Lucius Platius）和卢契乌斯·帕比里乌斯（Lucius Papirius）则成为罗马的执政官。第113届奥林匹克运动会举行。[③]这一年中，亚历山大率部向所谓的帕罗潘尼萨德人（Paropanisadae）进军。他们所在的地区处在最北方，终年积雪覆盖，因极端寒冷，其他部落很难到达那里。它的大部分地区是平原，少树，被分成了许多村庄。村中的房屋，屋顶用瓦砌成，在最高处形成一个很尖的拱顶。每个屋顶中间都留有一处开口供排烟使用。因为房屋完全封闭，所以人们能够不受恶劣天气的侵袭。这里积雪深厚，他们在一年的大部分时间里都生活在户内，屋内有充足的给养。他们把土壤堆在葡萄树和其他果

[①] 他们的名字常常被拼写为"Gedrosians"。
[②] Curtius, 7. 3. 2; Arrian, 3. 28. 2-3. 他们都说，埃里尤乌斯和卡拉努斯（Caranus）指挥着马其顿军队。斯塔萨诺接替叛乱的总督阿尔萨米斯（Arsames）掌管总督区。
[③] 公元前328年7月至公元前327年6月，尤提克利图斯在雅典任执政官。公元前330年罗马的执政官为L.帕比利乌斯·克拉苏斯（L. Papirius Crassus）和L. 普老提乌斯·维诺（L. Plautius Venno）（Broughton, 1. 143）。奥林匹克运动会指的是公元前328年7月举行的那届运动会。狄奥多罗斯遗漏了竞走获胜者的名字。根据尤西比乌斯（Eusebius, *Chronikon*）的说法，竞走获胜者为马其顿的克里顿（Cliton）。到目前为止，狄奥多罗斯的事件编年严重脱离实际。它不可能晚于公元前330年秋天，"在昴宿星（Pleiades）落下时"（Strabo, *Geography*, 3. 28. 6）。

树的周围度过冬季，待它们发芽时，再把土壤移开。这里的景象毫无朝气蓬勃或耕作的气息。由于存在冰雪，一切都呈白色，令人目眩。鸟儿不在这里停留，也没有任何动物从这里经过。整个地区都难以接近，无法到达。

然而，尽管军队面临着所有这些困难，国王还是发挥马其顿人一贯的大无畏精神，克服了这一地区的所有困难。许多士兵和随营人员都精疲力竭了，落在后面。一些人也因为雪的耀眼和强烈的反光而丧失了视力。他们根本无法看清远处的东西。即使马其顿人正站在那些村庄的上方，他们也只能根据村庄中升起的烟雾来判断居所在何处。马其顿人通过这种方式占领了那里的村庄。由于那里给养充足，他们从困境中恢复过来。不久，国王就降服了整个地区。

83

亚历山大一路推进，在高加索山（Caucasus）[有人称它为帕罗潘尼苏姆山（Mt. Paropanisum）] 附近扎营。① 他用16天的时间翻越了这座高山，并在通往米底②的道路上修建了一座城市，把它命名为亚历山大城。在高加索山的中部有一座"岩石"（Rock），周长10弗隆，高4弗隆。当地人说，里边有普罗米修斯（Prometheus）洞穴。他们还指出了故事中老鹰的巢穴以及锁链的痕迹。

亚历山大在距离亚历山大城一天行程的地方，又建了几座城市。他在那里安置了7000名当地人，3000名随营人员以及自愿留下来的雇佣兵。亚历山大在得知伯苏斯已经称王并且正在招募军队后，率军进入巴克特里亚。

以上是亚历山大有关事务的情况。

亚历山大派回阿莱亚的将领们发现，在萨提巴扎涅斯的指挥下，反叛者已经汇聚成一支大军，并且萨提巴扎涅斯非常勇敢，指挥才能出众。他们在敌人附近扎营。一段时间内，小规模冲突持续不断，发生了多次小型战斗；最后决战的时刻到来了。伊朗人严阵以待，他们的指挥官萨提巴扎涅斯举起双手，脱

---

① Curtius, 7. 3. 19-23; Arrian, 3. 28. 4. 兴都库什山（Hindu Kush），古人往往把它与高加索山相混淆（Arrian, 5. 3. 1-4; Strabo, 11. 5. 5）。

② 显然它是印度的讹误，或许是一个抄写错误。赖斯克（Reiske）之后的编辑都按此修改了原文。这座城市被认为是高加索山的亚历山大城。

去头盔，以使所有人都能看清他为何人。他挑战马其顿的将领们，有谁敢同他单独交锋。埃利尤乌斯迎接挑战，随之一场争雄之战开始了。结果埃利尤乌斯获得了胜利。伊朗人失去将领后灰心沮丧，为安全计，他们向亚历山大投降。

伯苏斯自称为王，向众神献祭，并邀请他的朋友们参加一场宴会。在饮酒的过程中，他同一位名叫巴戈达拉斯（Bagodaras）的人争吵起来。他们的争吵越来越激烈，伯苏斯暴跳如雷，想置巴戈达拉斯于死地。他的朋友们劝他三思而后行。巴戈达拉斯逃过此劫后，连夜投奔亚历山大。巴戈达拉斯受到欢迎，并获得了安全保证，亚历山大还许诺给予他礼物，这吸引了伯苏斯的高级将领。他们联合起来逮捕了伯苏斯，把他带到亚历山大那里。国王给予他们丰厚的礼物，并把伯苏斯交由大流士的弟弟及其他亲属处置。他们对他百般羞辱、折磨，最后把他碎尸万段，散于野外。

******

84

双方在这些条件的基础上签订了停战协定。女王钦佩亚历山大的宽容，送给他珍贵的礼物，并许诺在一切事情上都遵从他的吩咐。[①]

按照条约规定，雇佣兵们立刻离开城市，不受干扰地在离城 80 弗隆远的地方扎营，他们并不知道将要发生什么事情。然而，亚历山大对他们怀有难以平息的敌视态度。他让自己的军队做好战斗准备，尾随雇佣军，并突然攻击他

---

① 我们的原文所依据的手稿，在狄奥多罗斯的公元前 328/7 年年末至公元前 327/6 年年初之间，脱漏了很长一段内容。现在已是公元前 327 年的秋天。西徐亚战役、巴克特里亚战役、索格迪亚战役，以及大家熟知的事件，诸如亚历山大与克莱图斯（Cleitus）的争吵，与引进顿首礼和侍从的阴谋相关逮捕卡利斯提尼斯（Callisthenes），亚历山大与罗克珊娜结婚，都已经结束。亚历山大现在正沿着喀布尔（Cabul）谷地前往印度。在阿萨科尼亚人（Assacenians）所在地区［现在的斯瓦特（Swat）］的马扎加城（Mazagae）（Curtius, 8. 10. 22）或马萨加城（Massaga）（Arrian, 4. 26. 1），亚历山大俘虏了美丽的女王克丽奥菲斯（Cleophis），不过又恢复了她在自己王国中的地位。更加浪漫的说法是，亚历山大与她育有一子（Curtius, 8. 10. 22-36; Justin, 12. 7. 9-11）。

们，进行了大屠杀。起初，雇佣军不停地高呼这一攻击违反了条约，并召唤亚历山大冒犯的众神为证。亚历山大回应说，他授权他们离开城市，但并非承认他们永远是马其顿人的朋友。

雇佣兵并没有对他们所面临的巨大危险感到沮丧，他们组成战斗队形，构筑了一道圆形阵线，把妇女和孩子置于中间，以使他们直面敌人从四面八方进行的攻击。雇佣兵充满了极大的勇气，以天生的刚毅和久经沙场的经验顽强作战；他们的对手马其顿人，则唯恐自己在战斗力方面的表现输给蛮族人，于是一场恶战开始了。他们短兵相接，因竞争者互相攻击，士兵们死的惨状、受伤的种类各异。马其顿人用长矛刺穿雇佣兵轻薄的盾牌，铁矛头直插他们的肺部，而雇佣兵则将标枪掷向队形密集的敌人。他们离目标很近，因此枪无虚发。

雇佣兵伤亡惨重，妇女们抓起已经倒下士兵的武器同男人们并肩作战。巨大的危险和猛烈的作战，激发出她们超越本性的勇敢。有的妇女披上盔甲，与自己的丈夫一起躲在同一块盾牌后面；有的妇女未穿盔甲，冲向前去，抓住敌人的盾牌，让他们无法使用。最终，作战的妇女和所有其他战斗人员被数量占优的敌人制服、杀死，他们光荣战死而没有苟且偷生。亚历山大把身体虚弱、手无寸铁的人员及幸存下来的妇女调集到另一个地方，让骑兵去对付他们。

85

亚历山大在攻占了许多城市，屠杀了它们的守卫者之后，抵达奥尔努斯（Aornus）要塞。它因守卫力量强大成了幸存居民的避难所。据说老年的赫拉克利斯想围攻这座要塞，但是由于发生了强烈的地震及其他神兆，他终止了行动。亚历山大听到这样的说法，更渴望攻下这座要塞，以与神的声誉相媲美。

这座要塞的周长100弗隆，高16弗隆。它的四周呈圆形，表面光滑。它南临印度最大的河流——印度河，其余各侧被深谷和陡峭的悬崖围绕。亚历山大看到这些困难后判断，靠强攻无法达到目标。不过，在此时，有一位老人带着他的两个儿子来见亚历山大。这位老人生活非常贫困，长期在这一地区谋生。他们居住在一座山洞中。洞中有三张床，凿岩石而成。老人与两个儿子在此宿营，对这一地区非常熟悉。他觐见国王时，讲述了自己的故事，并称愿意做向导，带国王穿越山岭，直达占领要塞的居民的上方。

亚历山大许诺给他丰厚的礼物。他以那个老人为向导，首先占领了通往要塞的道路。因为没有其他出口，所以防御者被围困其中。接着，亚历山大又令士兵们填平要塞脚下的深沟，并率军逼近要塞，展开猛攻。部队轮番攻击，一直持续了七天七夜。起初，守卫者居高临下，占据优势，杀死许多鲁莽进攻的马其顿士兵。然而，在堤坝筑起后，他们架起投石器和其他器械，国王也明显表现出将不会解除围攻，于是，印度人惊恐起来。亚历山大敏锐地预见到将要发生的事情，撤走把守通道的士兵，允许愿意撤离要塞的那些人离开。由于害怕马其顿人的作战能力和国王的决心，印度人在夜幕的掩护下离开了要塞。

86

因此，亚历山大使用虚假的战争警报，在战术上胜过了印度人，从而不用进一步的战斗就获得了要塞。他兑现了许诺给向导的报酬，之后率军继续前进。

大约在此时，某一位名叫阿夫利克斯（Aphrices）的印度人，率领20000军队和15头战象在附近扎营。他的一些追随者谋杀了他，并砍去头颅，把它送给亚历山大。他们以这一行动挽救自己的性命。国王把他们编入自己的军队，并聚拢了在乡村中四处游荡的战象。

现在，亚历山大向印度河进军。他发现，下令建造的30桨座的战船已经竣工，并已装备完毕。于是，他在河上搭建了浮桥。亚历山大在此休整军队30天，并向众神献进了丰厚的祭品，然后率军越过印度河。在这里，他们经历了一场虚惊。国王塔克西里斯（Taxiles）已经去世，他的儿子摩菲斯（Mophis）继承了王位。早在亚历山大还在索格迪亚纳（Sogdiana）时，摩菲斯就送信给他，承诺与他一起同自己在印度人中的敌人作战。现在摩菲斯又派信使告诉亚历山大，将把自己的王国献给他。当亚历山大距离自己还有40弗隆远时，摩菲斯就如进行战争一样把军队排成战阵向前推进。他的战象装饰华丽，他自己被朋友们簇拥着。亚历山大看到一支庞大的军队摆开战阵向他逼近，认为印度人许下诺言是为了欺骗自己，以使马其顿人受到猝不及防的攻击。于是，他命令号手吹响战争的号角。士兵们呈战斗队形，迎着印度人前进。摩菲斯看到马其顿人的反应如此强烈，猜到了其中的原因。他撇下军队，仅带领少数骑兵跃马前进，消除了马其顿人的误解，向国王投诚。亚历山大感到如释重负，把王国又归还给他，自此以后把他当作自己的朋友和盟友。摩菲斯也把自己的名字改为塔克西里斯。

那一年发生了上述事件。

87

当克勒米斯（Chremes）在雅典任执政官时，罗马人选举普布利乌斯·科涅利乌斯（Publius Cornelius）和奥鲁斯·波斯图米乌斯（Aulus Postumius）担任执政官。[1] 这一年中，亚历山大在塔克西里斯的辖区内补充军队，然后向相邻的印度人的国王波鲁斯（Porus）进军。他有40000多名步兵，约3000名骑兵，1000多辆战车，130多头战象。波鲁斯还赢得了另一个邻邦国王埃姆比萨鲁斯（Embisarus）的支持，他的兵力稍逊于波鲁斯。

当亚历山大获悉波鲁斯距自己有400弗隆远时，他决定在其盟友到来之前攻击这位国王。他逐渐逼近印度人。波鲁斯得知后迅速摆开战阵。他把骑兵部署在两翼。为给敌人造成恐惧，他沿前沿阵线部署战象，把它们按相等距离成"一"字排开。在这些战象之间，波鲁斯部署了其余的步兵，其任务是辅助战象，以使它们免遭来自两侧标枪的攻击。波鲁斯的整个战阵看起来很像一座城市，大象犹如塔楼，它们之间的士兵构成了"城墙"。亚历山大根据敌人的部

---

[1] 公元前326年7月至公元前325年6月，克勒米斯在雅典任执政官。公元前328年的罗马执政官并不完全确定（Broughton 1. 145）。其中一名是 C. 普劳提乌斯·狄契亚努斯（C. Plautius Decianus）或者 P. 普劳提乌斯·普罗库鲁斯（P. Plautius Proculus），另一名是 P. 科涅利乌斯·斯卡普拉（P. Cornelius Scapula）或者 P. 科涅利乌斯·西庇阿·巴尔巴图斯（P. Cornelius Scipio Barbatus）。没有证据表明，这一时期存在名叫波斯图米乌斯的执政官。根据 M. J. 丰塔纳 [Fontana, *Kokalos*, 2（1956），42 f.] 的推断，亚历山大同波鲁斯的战争约发生在公元前326年7月，这与狄奥多罗斯给出的日期一致。不过，阿里安（Arrian, 5. 19. 3）把这场战争置于较早的时期，即它发生在阿提卡（Attic）赫格蒙（Hegemon）年穆尼契昂（Munichion）月（公元前326年4/5月）。然而，他却说时间在夏至日以后（Arrian, 5. 9. 4）。

署相应地排兵布阵。

88

战斗打响了。实际上，亚历山大的骑兵使印度人的所有战车都失去了效用。接着，波鲁斯的战象部队发挥了作用，它们受训充分利用高度与力量的优势。一些马其顿人连同盔甲和一切都被大象踩在脚下，他们即刻丧命，骨头都被踩得粉碎。另一些马其顿人被大象用鼻子高高卷起，然后又被猛摔地上，惨死而亡。还有许多马其顿士兵被象牙刺穿整个身体，即刻死亡。然而，马其顿人勇敢地面对危险局面。他们用长矛有效地攻击部署在大象旁边的印度人，保持着战争的平衡。大象因两侧被标枪刺中，伤口疼痛，印度骑手无法控制它们的行动。骑手难以驾驭大象，它们突然改变方向，转向自己的阵线，踩踏自己的军队。

波鲁斯看到自己军队的队列越来越混乱时，就登上最大的一头战象，并集合另外40头还在掌控之中的战象，一起猛攻敌人，给他们造成了不小的损失。波鲁斯身高5腕尺，宽广的胸膛是军中最强壮士兵的胸膛的两倍，力量超群。他投掷的标枪力量极大，不亚于投射器上发射的标枪。同他作战的马其顿人都惊愕于他的战斗力，不过，亚历山大调来弓箭手和其他轻装部队，命他们集中火力攻击波鲁斯。他们立刻执行命令。众多投射物同时飞向波鲁斯，因为他体型庞大，所以马其顿人弹无虚发。他继续英勇战斗，直到自己因多处受伤、失血过多而昏迷，倒在象背上，最后跌落在地。国王战死的消息传开后，其余的印度人都四散而逃。

89

许多士兵在逃跑中被杀，不过，亚历山大对自己取得的辉煌胜利非常满意，于是下令鸣号收兵。在印度人一方，有12000多人在战争中丧生，其中包括波鲁斯的两个儿子和他最优秀的将领与指挥官；有9000多名士兵和80头战象被俘虏。波鲁斯奄奄一息，被移交给印度人救治。在马其顿人一方，损失了280名骑兵和700多名步兵。国王埋葬了战死的士兵，对那些在战斗中表现卓越的士兵论功行赏，并向让他征服东方地区的赫利乌斯（Helius）献祭。

在不远处有大山，山上生长着大量的冷杉、雪松、松树以及其他丰富且适宜造船的树木，亚历山大建造了大批战船。他打算到达印度的边界，征服它的所有居民，然后顺流而下抵达海洋。亚历山大创建了两座城市，一座在他所渡河流的对岸，另一座在他击败波鲁斯的地方。因为这里劳力资源丰富，两座城市很快就竣工了。在波鲁斯恢复健康之后，亚历山大出于对他勇气的认可，让他仍然担任国王，管辖着原来统治的地区。这里给养充足，所以马其顿人在此地停留 30 天时间以休整军队。

90

他们在山上看到奇异的现象。除了适宜造船的树木之外，这里还有许多体型硕大的蛇，它们身长达到 16 腕尺。这里还有种类繁多、体型各异的猴子。是它们自己教会了印度人捕捉它们的方法。它们模仿所看到的一切行为，不过，因为它们力量强大而又聪明，所以不易用强力捕捉。然而，猎人看到这些动物时，把蜂蜜抹在自己的眼上，或者把凉鞋紧紧地绑在脚踝上，又或者把镜子挂在脖子上。他们把鞋子系在一起，把蜂蜜换成了粘鸟胶，在镜子上系上有活结的套索，然后离开了。因此，当猴子试图模仿所看到的一切时，它们陷入了无助的境地，眼睛被粘在了一起，双脚被牢牢地捆在了一起，身体也不能动弹了。这就是捕捉它们的比较容易的方法。

国王撒西比萨里斯（Sasibisares）未能及时行动，在战争中帮助波鲁斯。他感到害怕，亚历山大迫使他遵从自己的命令。此后，亚历山大继续向东推进，渡过河流，穿越富饶的地区。这里有我们不熟悉的树种，它们高达 70 腕尺，非常粗大，以至于 4 人难以合抱，能投下 3 普勒斯拉（Plethra）的树荫。

这一地区有大量的蛇，它们体型小，颜色各异。其中一些看起来像青铜棒，一些蛇有浓密而蓬松的羽冠，被它们咬伤的人会即刻死亡。被蛇咬伤的人疼痛难忍，满身血汗。马其顿人深受蛇咬之害，于是他们把床吊在树上，几乎整夜不眠。不过，后来，他们从当地居民那里学会了使用药物的根茎，这才使他们不再有这些恐惧。

91

在亚历山大继续行军时，传来消息说，国王波鲁斯（被击败的波鲁斯的堂兄）离开自己的王国，逃至甘达拉族（Gandara）那里。这激怒了亚历山大。他派赫菲斯提昂率军进入他的统治区域，并下令把他的王国交给友好的波鲁斯管理。

亚历山大发动了对亚德里斯提亚人（Adrestians）的战役。他或是通过武力，或是通过协议，得到了他们的城市。接着，亚历山大进入卡塔亚人（Cathaeans）的地区。在他们中间，流行妻子为丈夫陪葬的习俗。由于一个妇女毒死了自己的丈夫，这项法令才开始生效。在这里，亚历山大经过一场恶战后，攻下了这一地区最大且力量最强的城市，并把它付之一炬。他正在围攻另一座名城时，印度人前来哀求他的宽恕，于是他停止了对他们的进一步攻击。

接下来，亚历山大进攻索培提斯（Sopeithes）治下的城市。这些城市政通人和。国家的所有职能都旨在获取美誉。当地人把美貌看得重于一切。他们的孩子一出生就要接受挑选。那些天生发育良好，外貌英俊和体魄强健的孩子被留下来抚养成人；而那些先天有缺陷的孩子，被认为不值得抚养，遭到处死。他们谈婚论嫁不考虑嫁妆和其他金钱的问题，而只注重美丽的外表和出众的体格。因此，这些城市的居民比其他任何地区的居民享有更高的声誉。

他们的国王索培提斯英俊至极，高大无比，身高超过 4 腕尺。[1] 他亲自出王城向亚历山大投诚，把自己的王国也交给亚历山大。不过，仁慈的征服者又把王国赐给了他。索培提斯满怀诚意慷慨地款待整个军队达几天之久。

92

索培提斯送给亚历山大许多令人印象深刻的礼物，其中有 150 只犬，它们体型硕大，十分凶猛，并且还有其他优良特性。人们说它们具有老虎的血

---

[1] Curtius, 9. 1. 28-30. 塔恩（Tarn）推测，他与波鲁斯身高相等，只不过是用于测量他们身高的"腕尺"不同而已。

统。索培提斯想让亚历山大检验一下它们的勇猛，于是，下令把一头成年的狮子和两只瘦小的犬带进了角斗场。他让它们开始攻击狮子。当它们难以对付狮子时，他又释放另外两只犬去帮助它们。在角斗中，四只犬取得了对狮子的优势，这时索培提斯派人用弯刀去砍一只犬的右腿。亚历山大对此愤怒地高声呼喊，警卫们冲上去抓住那个印度人的手臂。不过，索培提斯说，作为赔偿，他会再给亚历山大三只犬。驯犬师紧握犬腿，慢慢地把它砍断。在此期间，那只犬既没有尖叫，也没有啜泣，只是继续紧紧地咬住狮子，直到它因失血过多而昏厥，最后死在狮子身上。

93

当所有这些事情正在发生时，赫菲斯提昂率军凯旋。他征服了一大片印度领土。亚历山大表彰他的成功，接着，侵入弗古斯（Phegeus）的王国。当地居民兴高采烈地接受了马其顿人。弗古斯亲自带着丰厚的礼品迎接亚历山大，后者确认了他的统治地位。亚历山大和他的军队受到两天盛情款待后，向希发西斯河（Hyphasis）推进。希发西斯河宽 7 弗隆，深 6 法图姆（Fathoms），并且水流湍急，很难渡过。

亚历山大询问弗古斯有关印度河①对岸国家的情况。他了解到，过河之后要经过一座 12 天才能穿越的沙漠，接着会遇到恒河（Ganges）。它宽 32 弗隆，并且是印度最深的河。在恒河对岸生活着塔布拉西亚人（Tabraesians）和甘达里德人（Gandaridae），他们的国王是克撒德拉米斯（Xandrames）。他有 20000 名骑兵，20 万名步兵，2000 辆战车和用于作战的 4000 头战象。亚历山大对此消息表示怀疑，派人去请波鲁斯，问他这些报告是否真实。波鲁斯向国王确认，所有其余的描述都非常正确，不过甘达里德人的国王平凡而普通，据说他是一个理发师的儿子。他的父亲很英俊，深为王后所爱。王后杀死她的丈夫后，王国就落在了他的手里。

亚历山大明白，对甘达里德人的战争将不会容易，不过，他也并没有丧失

---

① 这条河［比亚斯河（Beas）］刚刚被称为希发西斯河，编辑们倾向于把"印度"（Indus）一词去掉。

信心。他对马其顿人的战斗力充满信心，对自己得到的神谕也深信不疑。亚历山大不会忘记皮提亚（Pythia）说他是"不可战胜的"，也深深记得阿蒙神赋予他整个世界的统治权。

94

亚历山大看到，连续不断的战争已经耗尽了士兵们的精力。他们在辛劳与危险中已度过了近八年时间，如果要远征甘达里德人，很有必要以有效的呼吁来激起他们的战斗激情。许多士兵已战死沙场，而停止战争的希望又很渺茫。长期行军已使马蹄磨薄了，他们的武器已钝，盔甲已破；他们的希腊衣服已经破烂不堪，不得不使用外邦人的衣料，重新裁剪印度人的服装。这里恰巧也是雨季，大雨夹杂着电闪雷鸣，一直持续了70天。

亚历山大认为所有这一切都对他的事业不利，唯一能够拯救他的希望的是，通过感恩赢得士兵们的巨大善意。因此，他允许士兵们劫掠充满财富的敌人的国家。在此期间，当士兵们忙着抢劫财富时，他把士兵们的妻子和孩子召集起来，向士兵的妻子们分发每月的口粮，按照孩子父亲的战功发给他们相应的服役奖金。当士兵们从远征中满载财富而归时，亚历山大把他们召集在一起开会。他向士兵们发表了精心准备的关于远征甘达里德人的演讲，但是马其顿人并未领情，于是他放弃了这项事业。

95

亚历山大考虑怎样才能最好地在这里标示他远征的界限。他首先竖起了高50腕尺的祭拜12位神明的祭坛；然后，以现有营地的三倍大小划定军营地界。他在此挖掘了50尺宽、40尺深的地沟，把土堆在内侧，筑起一道牢固的围墙。他命令步兵建造营房，每座营房中有两张5腕尺长的床。除此之外，骑兵还建造了两个两倍于正常尺寸的马槽。按照同样的方式，他把留下来的每一样东西的尺寸都扩大了。他这样做的目的，是要为英雄的军队留下相称的军营，给当地人留下士兵们身材高大的证据，展示巨人们的力量。

亚历山大完成所有这一切后，率全军沿原路返回，到达了阿克西尼斯河

（Acesines）。他在那里见到了此前下令建造的战船。他装备了这些船只，并下令再建造一些战船。此时，前来增援的希腊联军和雇佣兵在他们各自将领的率领下抵达这里，其中有30000多名步兵和将近6000名骑兵。他们还带来了能够装备25000名步兵的精致盔甲和100塔兰特的药物。亚历山大把这些物品分给了士兵们。此时，海军舰队已经装备完毕，其中有200艘大型战舰和800艘服务船只。亚历山大命名了在河两岸建造的两座城市，称其中一座为尼卡亚（Nicaea），目的是为了庆祝他在战争中的胜利；称另一座为布塞发拉（Bucephala），目的是为了纪念他的战马，它在与波鲁斯的战争中丧生。

96

亚历山大和他的伙友们乘船顺流而下，驶向南方的海洋。格拉特鲁斯（Graterus）和赫菲斯提昂率领主力部队沿河岸行军。

当他们到达阿克西尼斯河与希达斯皮斯河（Hydaspes）的交汇处时，亚历山大命令士兵们登陆进攻西比亚人（Sibians）。他们说，这些当地人是追随赫拉克利斯（Heracles）进攻奥努斯（Aornus）要塞士兵们的后代。赫拉克利斯围攻要塞失败后，就把他们安置在这里。亚历山大在一座非常优美的城市旁边扎营。市民中的高级贵族出城拜见亚历山大。他们被带到亚历山大的面前，述说他们之间的亲缘关系，作为亚历山大的亲属，他们答应在各方面全力帮助他。他们还带给亚历山大宝贵的礼物。亚历山大接受了他们的善意，宣布其城市为自由城市，然后继续进攻别的部落。

亚历山大发现，被称为阿加拉塞斯人（Agalasseis）的部落严阵以待。他们有40000名步兵和3000名骑兵。他与之交战，征服并斩杀了他们中的大部分人。有些人逃至邻邦的城市，亚历山大包围并攻克这些城市，把他们都卖为奴隶。当地居民的其他团体也都集合起来。他强攻一座大城市，城中有20000人避难。印度人封锁了街道，从自己的房子里进行了坚决抵抗。亚历山大为胜利付出了代价，许多马其顿士兵丧生。这使他非常愤怒。他放火烧城，大部分居民被烧死。幸存的3000名当地人逃到了要塞中，他们从那里哀求宽恕。亚历山大赦免了他们。

97

亚历山大和他的伙伴们再次登船，继续沿河顺流而下，一直到上面所提及的几条河与印度河的交汇处。这些湍急的河流交汇在一起，形成了许多危险的漩涡，它们使战船互相撞击，造成了许多损害。河水流急汹涌，舵手们难以应对。两艘大船沉没，其他许多船只搁浅。旗舰被卷入激流中，国王身陷极端危险的境地。死亡的威胁近在咫尺，亚历山大扔掉衣服，赤身裸体跳入水中，尽最大努力挽救自己。由于亚历山大的旗舰正在下沉，他的伙伴们都向他游过去，一心帮国王摆脱危险。下沉的船上一片混乱。船员们尽力同强大的水流作战，但河流胜过了所有的人类技术和力量。然而，亚历山大和他的舰队还是艰难地到达了岸边。亚历山大险些丧命，在经历了极端的危险之后，向众神献祭。这反映出，他像阿喀琉斯一样，与河流进行了战争。

98

接下去，亚历山大发动了对塞德拉卡人（Sydracae）和玛里亚人（Mallians）的战役。他们人口众多，是好战部落。亚历山大发现他们动员军队，军力包括 80000 名步兵，10000 骑兵和 700 辆战车。在亚历山大到来之前，他们彼此互相攻伐。不过，当他到来时，他们停止内战，达成和平，送出和接受 10000 名女子，通过婚姻建立了他们之间的友好关系。即便如此，他们也未能共同作战，反而因指挥权问题产生了争吵，并撤退到与他们相邻的城市中。

亚历山大接近第一座城市，想攻占它。不过一位名叫德摩丰（Demophon）的预言家来到亚历山大面前报告说，自己看到的许多征兆都表明，在进攻这座城市的过程中，国王会受伤，并遭遇巨大的危险。他乞求亚历山大暂时不要围攻这座城市，可以考虑其他行动。国王斥责他打击士兵们的战斗热情。随后，他部署军队发动进攻，并身先士卒，向城冲去，渴望一举攻下它。战争器械也逐渐被调至前线，不过，亚历山大已攻破了城市的一座后门，率先冲进城中。他斩杀了许多抵抗者，驱赶了面前的敌人，并迫使其躲入要塞。

马其顿人正忙着在城墙沿线作战。亚历山大搬起一把攻城梯，把它斜靠在要塞的围墙上,将轻型盾牌举过头顶,迅速爬上攻城梯。他的行动非常迅速,在敌人阻止他以前,就爬到了城墙顶部。印度人不敢靠近他,不过,他们从远处向他射箭、投掷标枪。在敌人的强攻下,亚历山大摇摇晃晃。此时,马其顿人竖起两把攻城梯,一拥而上,但是两把梯子都折断了,士兵们摔在了地上。

99

就这样,城墙上只剩下国王一个人了。亚历山大令人意想不到的胆大行动,很值得提及。似乎对他而言,无功而返,从城墙上回到他的部队中,同他一贯的成功不相称。相反,他身穿盔甲,只身一人跳入城中。当印度人一拥而上时,亚历山大毫无畏惧地抵抗着攻击。在左侧,他以靠近城墙的一棵大树为屏障;在右侧,他以城墙作掩护。他这样保护着自己,使印度人无法靠近,并展示出你所能想象的一位拥有辉煌功业的国王所具有的勇气。如果这是他生命中最后一次壮举,那么他渴望使它成为具有至高无上荣耀的行动。亚历山大的头盔和盾牌上遭受了许多重击。最后,他被一支箭射中胸部下方,跪倒在地,被重击压服。射中他的印度人以为亚历山大已无能为力,立即冲上去攻击他。亚历山大用剑刺入印度人的侧部,给他致命一击。那名印度人倒下了。国王抓住附近的一根树枝,挣扎着站起来,同来犯之敌战斗。

正在这时,国王的侍卫普塞斯特斯(Peucestes)通过另一把攻城梯登上城墙,跳入城中,第一个用盾牌保护着国王。在他之后,许多士兵一起冲到国王面前,击退了敌人,挽救了亚历山大。[①] 最后这座城市陷落了。国王受伤,使马其顿人非常愤怒,他们杀死了所遇到的每一个人,敌人横尸遍城。

国王无助地躺着,疗伤多日。被安置在巴克特里亚和索格迪亚纳的希腊人

---

① 大家普遍赞同,普塞斯特斯因这次挽救亚历山大的性命而赢得了信任。库尔提乌斯(Curtius, 9. 5. 14-18)说,提迈乌斯(Timaeus)、利昂纳图斯(Leonnatus)和阿里斯图努斯(Aristonus)也在现场。普鲁塔克(Pllutarch, *Alexander*, 63)提到了利姆纳乌斯(Limnaeus)。阿里安(Arrian, 6. 10-11)说利昂纳图斯和阿布利亚斯(Abreas)在现场。根据克莱塔尔库斯(Cleitarchus)的说法,托勒密也在现场,不过托勒密否认了这一说法(Curtius, 9. 5. 21; Arrian, 6. 11. 8)。托勒密仅被普鲁塔克提及[Plutarch, *De Fortuna aut Virtute Alexnadri*, 1. 2. 327 B 和 2. 13. 343D-345(他还提到了利姆纳乌斯和利昂纳图斯,但却遗漏了普塞斯特斯)]。

很早就对生活在异族人中间感到厌烦。此时，他们获得消息，称国王受伤致死，于是就叛离马其顿人。他们一行3000人在返回家乡的途中历尽艰险。后来，在亚历山大死后，他们遭到马其顿人的屠杀。

100

亚历山大恢复健康后，向众神献祭，并举行盛大的宴会宴请他的伙友。饮酒过程中发生了一件值得提及的奇事。在国王的朋友中，有一位名叫科拉古斯（Coragus）的马其顿人，他身强体壮，屡次在战争中表现出色。饮酒使他的脾气暴躁起来，他挑战雅典人狄奥克西普斯（Dioxippus）进行决斗。狄奥克西普斯是一名运动员，曾在最重要的一次运动会上赢得了桂冠。就如你们所期望的那样，在场的宾客不断怂恿他们，狄奥克西普斯接受了挑战。国王设定了决斗的日期。既定日期到来时，许多人前来观看他们决斗。马其顿人和亚历山大支持科拉古斯，因为他是马其顿人，然而希腊人支持狄奥克西普斯。两人走进了荣誉的决斗场。马其顿人盔甲辉煌，而雅典人赤身上阵，只在身上涂了油，手提一根质地均匀的棍棒。

两个人体格健壮，充满战斗激情，看起来状态极佳。可以说，每个人都期待着这场神明之战。马其顿人看到科拉古斯的仪态和精良的装备，发出令人生畏的呐喊声，仿佛他就是战神阿瑞斯（Ares）；狄奥克西普斯在力量和体格方面更胜一筹，而且他的棍棒使他颇像赫拉克里斯。

当他们彼此接近时，马其顿人在一个合适的距离向狄奥克西普斯投掷标枪，不过，他稍一侧身就躲过了科拉古斯的标枪。接着，马其顿人手持长矛直刺过去，但希腊人在对方靠近时用自己的棍棒把长矛击得粉碎。科拉古斯在遭遇这两次失败后，被迫用剑继续作战。不过在他伸手拔剑时，狄奥克西普斯已经跳至他身旁，用左手握住他的剑柄，同时用右手将他摔倒在地。当他倒地时，狄奥克西普斯用脚踩着他的脖子，高举棍棒，望着观众。

101

由于狄奥克西普斯速度极快，战斗技术精湛，观众中响起了一片喝彩声。

国王示意放开科拉古斯，然后解散观众，离开了决斗场。显然，他对于马其顿人的失败感到愤怒。狄奥克西普斯松开倒地的对手，离开了为胜利者欢呼的场地，同胞们为他戴上了丝带，这为所有希腊人赢得了共同的荣誉。然而，命运女神不允许他长时间地夸耀自己的胜利。

国王对他的敌视与日俱增，亚历山大的朋友和所有其他在宫廷的马其顿人都嫉妒他的成功，于是说服一名侍从秘密地把一只金杯藏在他的枕头之下。他们在下一次宴会的过程中，指斥他偷窃并假装找到了杯子，置狄奥克西普斯于羞愧和尴尬的境地。狄奥克西普斯看到马其顿人勾结起来对付自己，就离开了宴会。不久后，他回到住处，写信告诉亚历山大他们对自己施展的阴谋，并派侍者把信送给国王，然后就自杀了。他在别人的唆使下进行了决斗，不过更为愚蠢的是，他以这样的方式结束了自己的生命。因此，许多辱骂他的人嘲笑他愚笨，说头脑简单、四肢发达的人命运悲苦。

国王看了他的信件，对他的死非常生气。他经常想起狄奥克西普斯的高贵品质。狄奥克西普斯生前，国王不予重视；他死后，国王却追悔不已。狄奥克西普斯去世后，亚历山大发现，他的美德同诬告者的卑劣形成了鲜明的对比。

102

亚历山大命令军队沿着河岸行进以护卫海军，他自己则继续沿河向着海洋航行，并顺流而下至所谓的萨姆巴斯塔人（Sambastae）[①]所在的地区。在这些人中，无论是男子数量，还是他们优秀的体格，决不逊于任何一个印度民族。他们生活在城市中，实行民主统治。他们得知马其顿人到来的消息后，征召了60000名步兵，6000名骑兵和500辆武装战车。

海军抵达这里时，当地人都惊愕于他们以这样陌生而又意想不到的方式到来，对马其顿人的巨大荣誉战战兢兢。除此之外，他们中的长者劝告大家不要冒险进行战争，因此，他们派出由50名重要公民组成的使团去请求亚历山大

[①] 在库尔提乌斯的原稿中，他们被称为萨巴拉卡人（Sabarcae）。关于这一故事，可比较 Curtius, 9. 8. 4-7. 阿里安（Arrian, 6. 15. 1-4）给出了完全不同的名字和事件。无法协调两种描述。

善待他们。国王赞扬他们并赐予其和平。他们则送给国王大量的礼物,称赞他英勇。

此后,亚历山大接受了居住在河两岸居民的投诚。他们是索德拉人(Sodrae)和玛萨尼人(Massani)。亚历山大在河畔修建了一座亚历山大城,并移入10000人居住。接着,他到达穆西卡努斯(Musicanus)国王统治的区域。亚历山大诱使他落入自己手中,将之处死,并降服了整个地区。然后,他又侵入波提卡努斯(Porticanus)的王国,攻克两座城市,听任士兵们抢劫民宅,并将它们付之一炬。波提卡努斯逃到一座要塞中,亚历山大攻克要塞,杀死了他。战争仍在继续。此后,亚历山大夺取并摧毁了该王国境内的所有其他城市。"亚历山大"这一恐怖的名字在整个地区传播开来。

接下去,亚历山大劫掠了萨姆布斯(Sambus)的王国。他把大部分城市人口都卖为奴隶。攻破城市后,他杀死了80000多名当地居民。① 婆罗门(Brahmins)部落也遭遇了相似的灾难。他们中的幸存者手持橄榄枝去恳求亚历山大饶恕自己。在惩治了罪大恶极者之后,亚历山大宽恕了其余人。国王萨姆布斯带着30头大象成功逃至印度以外的地区。

103

婆罗门部落的最后一座城市名叫哈尔玛特里亚(Harmatelia)。城中居民勇敢,城池坚固,人们充满信心。亚历山大派遣机动灵活的一支小队挑衅敌人,如果敌人出城攻击他们,就进行撤退。这支分遣队有500人,他们攻城时遭到敌人的鄙视。于是约3000名敌军士兵冲到城外,分遣队假装害怕而逃跑。国王立即对追击之敌发动了突然袭击,猛烈地攻击他们,斩杀了其中的一部分,俘虏了其余全部敌人。

国王的许多士兵负伤,他们遇到了新的、非常严重的危险。婆罗门在他们的武器上涂抹了剧毒。这是他们在作战中充满信心的原因。剧毒是从某些蛇体中提取出来的。他们捕到毒蛇后,把它们杀死并置于太阳下暴晒。在高温下蛇

---

① 根据库尔提乌斯(Curtius, 9.8.15)的说法,这一数据来源于克莱塔尔库斯。

体蒸发形成水珠儿，蛇毒就在其中。当人受伤时，身体迅速失去知觉，剧痛跟随而来，浑身抽搐颤抖。皮肤变得冰凉乌青，伤者不断呕吐，甚至吐出胆汁。伤口中流出黑色的液体，并开始腐烂。这种状况迅速传播，蔓延至身体的重要器官，受伤者悲惨地死去。受伤者的伤口不论大小，即便是轻微擦伤都会产生同样的结果。

受伤者都正在以这样的方式结束自己的生命，亚历山大对于其他人并没有太多伤心。不过，他为托勒密（他深受亚历山大喜爱，后来成了国王）深深悲痛。与托勒密相关，发生了一件有趣且非同寻常的事情，有人把它归为神意。托勒密的性格和他对所有人的友善使他受到众人的爱戴；他的善行也让他获得了相应的救治。国王梦到一条蛇口中衔着一种植物，它还向他说明了这种植物的性质、功效和产地。亚历山大醒后，找到了这种植物，并把它碾成粉末敷在托勒密身上。他还把这种植物制成汤剂让托勒密服用，这使他恢复了健康。

既然这样的治疗经验证非常有效，所有其他受伤者也得到了救治，恢复了健康。亚历山大准备进攻并夺取防守坚固的大城市哈尔玛特里亚。不过，城中居民持橄榄枝哀求亚历山大宽恕他们，并自愿臣服于他。亚历山大使他们免受一切惩罚。

104

亚历山大继续与伙友沿河航行并驶入大海。他在那里发现了两座海岛，在岛上进行了隆重的献祭。亚历山大向大海洒酒祭奠，之后把许多金质大酒杯抛入海中。他为特提斯（Tethys）和海洋之神奥克努斯（Oceanus）建立祭坛，以为他计划的远征画上句号。他从那里启航，上溯而行到达了优秀的城市帕塔拉（Patala）。这座城市的政府组织形式与斯巴达非常相似。两位国王分别来自两个王室，他们继承了父辈的职位。他们负责与战争相关的所有事务，而长老会议是最重要的管理机关。

亚历山大烧毁了被损坏的船只，把其余的舰队交给尼阿库斯（Nearchus）及其他伙友，命令他们沿着海岸航行，观察沿途的一切情况，然后在幼发拉底河口与他会师。① 他调动军队不断征战，征服了大片领土，击败了一切抵抗之敌，不过对于投诚者非常友善。他不战而屈人之兵，征服了所谓的阿布里塔人（Abritae）和科德罗西亚人。接着，亚历山大长途跋涉穿越干旱缺水地区和一大片沙漠地带，到达奥雷提斯（Oreitis）边境。在那里，他分兵三路，第一路由托勒密指挥；第二路由利昂纳图斯指挥。他命令托勒密洗劫沿海地带，利昂纳图斯摧毁内陆地区。他自己则毁坏上部地区和山区。许多地区同时被毁，到处充斥着烧杀抢掠，一片荒芜。士兵们迅速暴富，当地居民被杀者不计其数。看到这些部落遭灭顶之灾，所有附近的部落都感到恐慌，纷纷向国王屈服。

亚历山大想在沿海地区修建一座城市。他在附近发现了一处具有合适地理位置的避风港，并在那里建造了一座亚历山大城。

105

亚历山大经过通道推进至奥雷塔人所在的地方，并迅速征服了整个地区。这些奥雷塔人在其他方面和印度人的风俗相同，不过他们有一项习俗非常奇怪，令人难以相信。死者的亲属赤裸着身体、携带树枝把死者抬到野地里。他们把尸体放在灌木丛中，脱去他们的衣服，等待着野兽去享用。他们撕碎死者的衣服，向阴间的英雄们献祭，还宴请自己的朋友。

接下去，亚历山大率军进入科德罗西亚。他们行进至沿海地区时，遇到了怀有敌意并且十分野蛮的民族。当地居民留着长长的手指甲，自出生至老年从不修剪脚趾。他们的头发蓬乱，缠结在一起，仿佛毛毡。他们的皮肤被太阳晒得黝黑；以兽皮为衣，以搁浅的鲸鱼为生。他们用……② 建起房屋墙体，

---

① Plutarch, *Alexander*, 66. 2; Arrian, 6. 21. 1-3。根据库尔提乌斯的说法，尼阿库斯受命探索海洋，然后经过印度河或者取道幼发拉底河（Curtius, 9. 10. 3）同亚历山大会师。库尔提乌斯说，舰队由尼阿库斯和欧尼西克里图斯（Onesicritus）指挥。普鲁塔克说，欧尼西克里图斯仅是首席领航员。阿里安（从尼阿库斯那里得来信息，比较 Arrian, 8. 20. 5）称，尼阿库斯是唯一指挥官。舰队一直等到印度洋季风结束，在秋天［根据 Arrian, *Indica*, 21. 1 提供的消息，在波埃德罗米昂月（Boedromion）20 日；不过，阿里安给出了错误的年份］或者公元前 325 年 9 月 20 日前后启碇航行。

② 阿里安描述（Arrian, 6. 23. 3）说，房屋墙体用贝壳筑成（分析注释 2），不过，狄奥多罗斯似乎只想到了源自鲸鱼的材料。所有这些逸闻趣事很可能源于尼阿库斯（比较 Strabo, 15. 2. 2. 720）。

以鲸鱼肋骨（长达18腕尺）为椽修建屋顶，用鲸鱼鱼鳞①代替瓦片铺在屋顶上。

由于缺乏给养，亚历山大艰难地穿过了这一地区。接着，他进入沙漠地带，这里缺乏维持生存的一切物品。许多士兵被饿死。马其顿军队十分沮丧，亚历山大沉浸在极度焦虑和悲伤之中，装备精良、战力出众之师却因缺乏食物而耻辱地葬身沙漠，是可怕的事情。因此，他决定派信使火速前往帕提亚、德兰吉纳（Drangine）、阿莱亚以及其他与沙漠相邻的地区，命令这些地区用迅疾的骆驼和其他驮兽把食物及其他必需品快速运到卡尔曼尼亚（Carmania）门户。使者们迅速赶到这些行省总督那里，把大量的给养运送到指定地点。然而，亚历山大损失了许多士兵，这首先是因为难以缓解的给养缺乏问题；其次，在行军过程的后期，部分奥雷塔人袭击了利昂纳图斯（Leonnatus）的分遣队，给马其顿军队造成了严重损失。他们在袭击后逃回到自己的地区。

106

亚历山大历尽艰险穿越了沙漠地带，之后进入到人口稠密、物产丰富的地区。他在此地休整军队。在7日的行军过程中，军队士兵都穿着节日的盛装。亚历山大主持了祭祀酒神的活动，行进途中不断宴饮。

在庆祝活动结束后，亚历山大得知自己的许多官员滥用职权，中饱私囊，作奸犯科，就惩治了一大批总督和将领。亚历山大义愤地惩治犯罪下属的消息传开之后，许多将领收敛了此前的放纵和违法行为，变得惊慌起来。一些拥有雇佣兵的将领反抗国王权威，另有一些人则携巨款逃跑。亚历山大得知这些消息后，写信给亚细亚地区的所有将领和总督，让他们立即解散雇佣军。

这时，国王在海滨城市萨尔姆斯（Salmus）休假，正在剧院举行一场戏剧比赛，突然一支舰队驶入海港。这支舰队曾奉命取道海洋返回以探查沿岸水域。军官们即刻进入剧院向国王致意，并向他汇报了自己的行动。马其顿人对

---

① 当然，鲸鱼并没有鱼鳞。

他们的到来感到非常高兴，对他们安全返回报以热烈的掌声，整座剧院欢声笑语，沸腾起来。

水手们讲述了他们怎样遇到令人惊奇的海洋的潮落潮起。潮落时，沿岸许多巨大且未被察觉的岛屿露出了"容貌"；潮起时，汹涌的海水淹没了所有这些地方并一直冲向岸边，海面上泛起一片白沫。不过，他们最非同寻常的经历是，遇到了一大群大得难以置信的鲸鱼。水手们非常恐惧，对他们的生命感到绝望。他们以为船只和所有一切顷刻间会被击得粉碎。不过，当他们齐声高喊，吹起嘹亮的军号，敲击他们的盾牌，喧嚣震天时，鲸鱼受到奇怪声音的惊吓，潜入到深海中。

107

戏剧比赛之后，国王命令军官们率领舰队继续航行至幼发拉底河，他自己则继续率军长途跋涉，到达了苏西亚纳（Susiane）边境。在此地，印度人卡拉努斯（Caranus）以非凡的方式结束了自己的生命，他的哲学造诣很高，备受亚历山大推崇。他一生73年来从未生病，由于他已经享受了大自然和命运女神赋予他的最大限度的幸福，现在他决定结束自己的生命。卡拉努斯生病后，日渐衰弱。他请求国王为他堆起一大堆柴火。在登上柴垛之后，他让侍者点燃了柴堆。

起初，亚历山大极力劝阻他的计划，不过失败后，就同意了他的请求。在大家都知道这一计划后，柴垛已经堆起，每个人都来观看这非凡的一幕。卡拉努斯忠于自己的信仰，愉快地地登上了柴垛，结束生命，和柴堆一起化为灰烬。在现场的人中，有人认为卡拉努斯疯了，也有人认为他对忍受痛苦的能力自命不凡，不过，还有一些人仅惊奇于他的坚韧和视死如归的精神。

国王为卡拉努斯举行了隆重的葬礼，之后继续向苏撒进军。在苏撒，他同大流士的长女斯特苔拉（Stateira）结婚，把她的妹妹德利佩提斯（Drypetis）嫁给了赫菲斯提昂。他还劝服自己最优秀的伙友迎娶最尊贵的波斯妇女为妻。

108

　　这时3000名波斯人来到苏撒，他们都很年轻，经过精挑细选，英俊健壮。遵照国王的命令，他们被编入军队，并且只要有必要，就在监督者和教师的指导下训练战争技能。他们全部配备精良的马其顿装备，在这座城市前面扎营。在表演作战技能之后，他们受到国王的热烈赞扬。马其顿人不但在接到命令渡过恒河时发生反叛，而且经常在奉命集合时无视军纪，并嘲笑亚历山大自命为阿蒙神之子。由于这些原因，亚历山大从同一年龄的波斯人中组建了这支力量，使它能够平衡马其顿方阵的势力。

　　这些是亚历山大担心的事情。

　　哈尔帕鲁斯（Harpalus）奉命管理巴比伦的财富及所获税收。不过，国王刚一开始进入印度作战，哈尔帕鲁斯就认为亚历山大再也无法回来了，于是就沉湎于堕落的生活之中。尽管他受命作为总督[①]管理广阔的地区，但却带头放纵，凌辱妇女，同当地女子保持不正当的关系，肆意挥霍自己掌握的财富，贪图无节制的快乐。他下令从遥远的红海运来大量的鱼，过着奢侈的生活，结果他成为千夫所指的对象。后来，更有甚者，哈尔帕鲁斯派人从雅典招来当红妓女皮托尼塞（Pythonicê）。她活着时，哈尔帕鲁斯送给她配得上皇后的礼物；她去世时，他为她举行了隆重的葬礼，并在她的坟前竖起了一座昂贵的阿提卡式的纪念碑。

　　此后，哈尔帕鲁斯又招来第二个阿提卡妓女格莱塞拉（Glycera），让她过着极度奢侈的生活。同时，哈尔帕鲁斯鉴于命运多变，通过向雅典人捐赠为自己寻求避难所。

　　当亚历山大果真从印度返回，并处死那些被指控玩忽职守的总督时，哈尔帕鲁斯担心自己受到惩罚，于是卷走5000塔兰特白银，召集6000名雇佣军离开亚细亚，渡海至阿提卡。那里没人接受他时，他就把军队运往拉高尼亚（Laconia）的塔纳鲁姆（Taenarum），自己带着一些金钱投入雅典人的怀

[①] 事实上，哈尔帕鲁斯并非总督，而是皇家财富的主管将领。

抱。安提培特和奥林匹亚斯（Olympias）要求哈尔帕鲁斯投降，[①] 尽管他送给替自己说情的那些人大量的钱财，但是他还是被迫溜走，到塔纳鲁姆和他的雇佣兵那里。随后，哈尔帕鲁斯又航行至克利特岛，在那里被自己的朋友提布隆（Thibron）杀死。在雅典，人们清算了哈尔帕鲁斯的基金，并宣布德摩斯梯尼和其他接受这一基金的政治家有罪。

109

当奥林匹克运动会正在举行时，亚历山大让人在奥林匹亚宣布，除了受指控亵渎神灵或犯谋杀罪的那些人之外，所有被流放者都应该回到自己的城市。他还挑选年龄最大的马其顿士兵，让他们退伍。退伍的士兵共计10000名。亚历山大得知他们中的许多人都负债累累，在一天之内就替他们偿还了债务，其总数将近10000塔兰特。

留下来的马其顿人变得桀骜不驯，当亚历山大召集他们开会时，他们以吼声打断了他。亚历山大非常愤怒，指责他们并没有考虑他个人的险境；然后威胁群集的士兵，从讲台上跳了下去，亲手抓住那些鼓动骚动的头目，把他们交给自己的侍从进行惩罚。这导致士兵们的敌视态度更加尖锐，结果，国王从特意挑选的波斯人中任命指挥官，对他们进行擢升。马其顿人看到这些又后悔起来。他们哭泣着极力请求亚历山大原谅他们，费尽周折才重获国王的青睐。

110

安提克里斯（Anticles）在雅典任执政官时，罗马人任命卢契乌斯·科涅里乌斯（Lucius Cornelius）和昆图斯·波庇里乌斯（Quintus Popillius）为罗马执政官。[②] 这一年，亚历山大从波斯人中挑选士兵填补了退伍士兵的空缺，并

[①] Curtius, 10.2.1-3。安提培特与奥林皮亚斯合作很奇怪，因为他们彼此敌视对方。

[②] 公元前325年7月至公元前324年6月，安提克里斯任雅典执政官。L.科涅里乌斯·伦图鲁斯（L. Cornelius Lentulus）和Q.普布利乌斯·菲罗（Q. Publilius Philo）为公元前327年的执政官。在这一描述中，狄奥多罗斯的时间实际上已经到了公元前324年夏天的末期。库尔提乌斯对由此至亚历山大去世之间故事的描述遗失了。

选派1000名波斯士兵在宫廷中担任护卫。亚历山大在所有方面都对他们充满信心，就如同对马其顿人充满信心一样。此时，普塞斯特斯（Peucestes）率领20000名弓箭手和投石器手到了这里。亚历山大把这些士兵和其他士兵一起编入军队。通过这种革新，他建立了一支完全听命于自己的混合部队。①

马其顿人和被俘的女子生有儿子，亚历山大查明这些人的准确数量，共约10000人。他为他们留出税收收益，这笔资金足够让他们按照适合于自由民之子的方式进行培养。亚历山大还给他们指派教师，对其进行合适的教育。

在此之后，亚历山大率军离开苏撒，越过底格里斯河，在卡拉村（Calrae）扎营。从那时起经过4天时间，他率军穿越斯塔塞纳（Sittacenê）到达了所谓的撒姆巴纳（Sambana）。在这里停留7天之后，亚历山大继续行军，并在第3天抵达科罗尼斯（Celones）。一直到我们生活的时代，那里都居住着彼奥提亚人（Boeotians）。他们在薛西斯征服时期被迁居至此。不过，他们仍然没有丢掉先祖的习俗。他们能说两种语言，一种是当地的语言，而在其另一种语言中，保留了大部分希腊语词汇。他们还保持着一些希腊传统。

亚历山大停留几日后，又继续行军。为了观光，他离开大道进入富饶的巴基斯坦纳（Bagistanê）地区。那里果树成荫，物产丰富，适宜生活。接着，他到达了一个水草丰美的地方，那里有许多马群。他们说，过去当地曾牧养16万匹马，不过到亚历山大拜访此地时，此地仅有60000匹马。他在当地休整军队30天后，继续行军，并在第7天到达了米底（Media）的埃克巴特那。他们说它的周长有250斯塔德（Stades）。埃克巴特那有一座宫殿，它是整个米底最豪华的宫殿，府库里堆满了大量的财富。

亚历山大在这里休整军队一些时日，庆祝了戏剧节。期间，他不断地宴饮自己的朋友们。在此过程中，赫菲斯提昂饮酒过多，生病而死。国王对此极度悲伤，让佩尔狄卡斯把他的尸体运往巴比伦，准备在那里为他举行隆重的葬礼。

---

① 普塞斯特斯挽救了亚历山大的性命（Diodorus, 99.4），作为回报，他得到了波西亚总督区。在亚历山大的所有将领中，普塞斯特斯最乐意安抚波斯人。阿里安在早些时候（Arrian, 7.11.3-4）描述了这些新型部队，但把这件事情置于1年之后（Arrian, 7.23.1）。

111

　　这一时期,希腊爆发了骚乱和革命运动,并由此发展成为拉米亚(Lamian)战争。①原因如下:国王命令所有总督解散雇佣兵。总督们执行他的命令后,整个亚细亚到处是退役的雇佣兵,他们以抢劫为生。当时,他们从各方汇聚于拉高尼亚的塔纳鲁姆(Taenarum)。战争中幸免的波斯总督和将领们也带着钱财和士兵汇集于此。结果,他们组成了一支联合军队。最终,他们推选雅典人列奥斯提尼斯(Leosthenes)为最高指挥官。他智慧过人,完全反对国王的事业。列奥斯提尼斯秘密同雅典议会商谈,获得了50塔兰特军费和一批满足急需的武器。他还派使节到埃托利亚人(Aetolians)那里(他们对国王怀有敌意),以期与他们建立同盟。除此之外,他做好了各项战争准备。

　　列奥斯提尼斯正忙于备战,毫无疑问这与即将到来的严重冲突有关,不过亚历山大此时运用机动部队发动了对科萨亚人(Cossaeans)的战争,因为他们没有向他屈服。这个民族非常英勇,他们盘踞于米底山区,依靠地势险要和作战能力,从不接受外来统治者,在整个波斯国王时代都保持着独立。现在,他们十分自信,并不畏惧马其顿军队。然而,国王在科萨亚人察觉之前就占领了通往他们所在地区的交通要道,摧毁了科萨亚(Cossaea)的大部分地区。他在每一次交锋中都占据优势,斩杀了许多科萨亚人,俘虏了多倍于此的敌人。

　　因此,科萨亚人被彻底击败了。他们悲痛于大量人口被俘,被迫以民族投降为代价赎回俘虏。他们接受亚历山大的统治,对他唯命是从,以此换得了和平。亚历山大至多用40天的时间就征服了这个民族。他在战略要地修建了防守坚固的城市,然后休整军队。

---

① Justin, 13.5.1-8。实际上,这场战争直到亚历山大死后才爆发,狄奥多罗斯随后(Book, 18.8ff.)对它进行了描述。不过他的描述重复了此处的一些资料。

*****

112

亚历山大结束与科萨亚人的战争后,率部从容地向巴比伦进军。他频繁地在沿途停留,休整军队。当他距离巴比伦城还有 300 弗隆时,被称为迦勒底人(Chaldaeans)的智者们(他们以擅长占星术闻名于世,并习惯于在长期观测的基础上预言将来的事情)挑选了他们之中最年长、最富经验的人。通过观察星星的构成,他们得知国王将要死在巴比伦。他们派代表向国王禀报危险所在,还告诉使者力劝国王决不能进入巴比伦城;如果能重建被波斯人毁坏的伯鲁斯(Belus)的坟墓的话,他将会逃过一劫,但他必须得放弃既定路线,绕过该城。

迦勒底人使团的首领贝勒芬特斯(Belephantes)不敢直接向国王禀报,而是私下拜会了国王的伙友尼阿库斯,告诉他一切详情,并请求他告知国王。因此,当亚历山大从尼阿库斯那里得知迦勒底人的预言时,他非常焦虑。他越是想到这些人的预言能力和盛誉,就越来越不安。亚历山大犹豫再三,最后让他的大部分伙友前往巴比伦城,自己则改变路线,以避开巴比伦城,在距离该城 200 弗隆远的军营中设立了总部。

大家普遍对这一举动感到惊奇,许多希腊人前去看望国王,其中包括著名的哲学家阿纳克萨库斯(Anaxarchus)。他们发现他的行动的原因时,就大量引征哲学观点来说服他。这使他改变巨大,以至于他鄙视一切预言艺术,尤其是迦勒底人所推崇的占星术。国王的精神似乎已受到创伤,而哲学家的话语又使他的精神恢复了健康,结果,他此时率军进入巴比伦城。正如先前一样,城中居民殷勤地接待了军队,所有人都尽情地享受着欢乐和放松。因为在这里,所需要的一切物品都很充裕。

这一年中发生了上述事情。

113

当阿基西亚斯(Agesias)在雅典任执政官时,罗马人任命盖乌斯·普布利乌斯（Gaius Publius）和帕比利乌斯（Papirius）担任执政官。在这一年举办了第114届奥林匹克运动会，罗德岛人米西纳斯（Micinas）赢得了长跑比赛。[①]此时，几乎整个人类居住的世界都怀着各种目的派使团来觐见亚历山大：有人来祝贺亚历山大取得的胜利，有人送给他王冠，也有人同他缔结友好同盟条约，他们都带来了精美的礼物；还有人为他们自己遭受的指控进行辩护。除了部落、城市和亚细亚当地的统治者外，马其顿人在欧罗巴和利比亚（Libya）的对手也都派代表前来觐见。从利比亚来的使节，有迦太基人、利比腓尼基人（Libyphoenicians），以及生活在远至赫拉克里斯（Heracles）石柱的沿海地区的所有居民；欧罗巴的希腊诸城邦、马其顿人、伊利里亚人（Illyrians）、居住在亚德里亚海（Adriatic Sea）附近的大部分居民、色雷斯诸民族，甚至色雷斯人的邻居高卢人（Gauls）（希腊世界第一次知道了高卢民族）都派来了使团。

亚历山大草拟了一份使团名单，安排了回复他们请求先后顺序的日程表。他首先听取提出宗教问题的使团之报告；随后接见送礼品的使者；接下去，接待同自己邻邦有纷争的那些使团；之后，接见仅禀报自己内部问题的使团；最后，接待为拒绝召回自己城市的流放者进行辩护的那些使团。他首先答复了埃莱亚人（Eleians），然后依次答复了阿蒙尼亚人（Ammonians）、德尔斐人（Delphians）、科林斯人（Corinthians）、埃皮达里亚（Epidaurians）和其他一些民族，以圣所的重要程度为序接受他们的请求。在一切情况下，亚历山大都尽力给予令人满意的回复，竭尽所能让每个人都满足而归。

114

亚历山大送走使团后，认真准备赫菲斯提的葬礼。他对葬礼表现出极大的热情，以至于使它的隆重程度空前绝后。亚历山大对自己的伙友怀有很深的情

[①] 公元前324年7月至公元前323年6月，赫格西亚斯（Hegesias）（这一名字在阿提卡铭文中出现过）在雅典任执政官。公元前326年罗马的执政官为 C. 波埃特里乌斯·利波·维索鲁斯（C. Poetelius Libo Visolus）和 L. 帕比利乌斯·库索尔（L.Papirius Cuersor）（Broughton, 1. 146）。奥林匹克运动会在公元前324年夏天举行（chap. 109. 1）。尤西比乌斯（Eusebius）所给出的获胜者的名字为玛契纳斯（Macinnas）。实际上，时间为公元前323年春季。

感，而在伙友中，他最爱赫菲斯提昂。在赫菲斯提昂死后，亚历山大向他表达了最高的敬意。尽管克拉特鲁斯可以和赫菲斯提昂相媲美，在亚历山大的一生中，他最钟情于赫菲斯提昂。例如，当一位伙友说，亚历山大爱克拉特鲁斯不下于爱赫菲斯提昂时，他说道，克拉特鲁斯爱的是国王，但赫菲斯塔昂爱的是亚历山大。他们第一次同大流士的母亲会面时，她因不了解情况，错把赫菲斯提昂当成国王并向他鞠躬。有人向她指出这一错误，她感到尴尬。亚历山大说道："母亲，没有关系！事实上，他也是亚历山大。"

事实上，赫菲斯提昂依靠同亚历山大的友谊享有极大的权力和言论自由。当奥林匹亚斯出于嫉妒而疏远赫菲斯提昂，并写信尖锐地批评和威胁他时，他以强硬的语气回复奥林匹亚斯的指责，在信的末尾写道："不要再和我们争吵了，不要生气，也不要威胁。如果你坚持，我们也不会受到太多打扰。你知道亚历山大对我们来说比什么都重要。"

作为准备葬礼的一部分，国王命令这一地区的城市根据自己的能力做出贡献，增加它的辉煌。他宣布所有亚细亚民族都要熄灭波斯人所说的圣火，一直到葬礼的结束。这是波斯国王去世时他们的习俗，人们认为这一命令是不祥的征兆，上天已经预示了国王自己的死亡。此时，还出现了许多其他奇兆，都指向同一事件，我们描述完葬礼之后，将对其作简要叙述。

115

亚历山大的每一位伙友和将领都投其所好，用象牙、黄金和其他人们认为昂贵的材料为赫菲斯提昂制作雕像。亚历山大召集工匠和一群工人拆除了10弗隆长的城墙。他从各处运来瓦片，平整土地，把这里建成每边长1弗隆的方形广场。他把这个区域分成30个隔离间，在棕榈树干上铺设屋顶，把整座建筑建成方形；然后，又装饰了所有的外墙。在底层，240艘5排桨战船的金船首密集地排在一起。在每个船首的锚架上有两个跪着的4腕尺高的弓箭手，甲板上是身高5腕尺的全副武装的男兵形象，在它们之间是用红色毡毯制成的旗帜。在第二层，矗立着15腕尺高的火炬，它们的柄端饰有金环。在火炬烈焰的末端，栖息着展翅的雄鹰，它们俯视下方。在火炬的底部则是抬头注视着雄鹰的毒蛇。第三层上雕刻的是，猎人追击大群野兽的狩猎图。第四层上有用黄金雕刻成的半人半马雕像。第五层上有狮子和公牛交互相间的雕像，它们也由黄金刻成。更高一层上，雕刻满了马其顿军队和波斯军队，它见证着一个民族的英勇和另一民族的失败。在顶部，是中空的塞壬（Sirens），人们可以藏匿其中唱挽歌悼念死者。火葬用的柴堆高度超过130腕尺。

所有的将领、士兵和使节，甚至是当地的居民，都竞相为隆重的葬礼贡献力量，因此，据说葬礼的总费用超过12000塔兰特。为了同葬礼的辉煌和其他特殊的荣誉保持一致，亚历山大最终命令，所有人都应像对待神的助手一样向赫菲斯提昂献祭。事实上，恰巧在这时，亚历山大的伙友菲利普带着阿蒙回复的神谕回来了。神谕说，赫菲斯提昂应被当作神明崇拜。亚历山大非常高兴神灵认可了他的意见，于是亲自第一个献祭，慷慨热情地招待每一个人。献祭使用的各种祭品达10000件。

116

国王在举行完葬礼后，开始沉浸在娱乐和宴饮之中。不过，正当他似乎处在权力和好运的巅峰时，命运夺去了本应让他活着的时间。上天也立刻开始预示他的死亡，出现了许多奇怪的征兆。

一次，当国王把皇袍和王冠放在椅子上，往身上擦油时，一名被拘禁的当地人本能地挣脱束缚，逃过看守者的警戒，如入无人之境地穿越了宫门。他走到宝座前，穿上皇袍，束上带状头饰，静静地坐在宝座上。国王一看到这种奇怪的情况就非常害怕，他走到宝座前，抑制着自己激动的情绪，平静地问他是谁，这样做的目的是什么。当他无论怎样都默不作声时，亚历山大就以此征兆去询问预言家，根据他们的意见，把那个男子处以死刑，希望以此使他的行动所预示的灾难降临到他自己头上。亚历山大捡起那个人穿过的衣服向转移厄运的神明献祭，不过，他依然受到严重焦虑的折磨。他又想起了迦勒底人的预言，对说服他进入巴比伦城的那些哲学家十分生气。他对迦勒底人的技能和洞察力印象深刻，一直严厉责骂那些通过似是而非的推理把命运的力量搪塞过去的哲学家们。

不久之后，上天又一次向亚历山大降下有关他王位的征兆。他曾计划去看巴比伦尼亚大沼泽，随后就和自己的朋友们乘许多小船前往那里。亚历山大所乘的小船与其他朋友的船只失散了几天时间。他迷失了方向，孤立无助，害怕自己难以活着回去。有一条狭窄的水道，两旁生长着浓密的芦苇。当亚历山大的小船穿过这条水道时，他的王冠被一支芦苇刮掉，落入沼泽中。一名桨手游了过去，想安全地为国王拿回王冠，于是把王冠戴在自己头上，并游回小船。经过三天三夜的漂泊，亚历山大绝处逢生，正如他觉得毫无希望但却能重获王冠一样。他再次向预言家询问这一切所蕴含的意义。

117

他们让亚历山大迅速向神明隆重献祭，不过，当时他被伙友瑟萨利人米狄乌斯（Medius）叫去参加宴会了。为纪念赫拉克里斯的逝世，他在宴会上饮了大量纯酒。最后，亚历山大斟满一大杯酒一饮而尽。他当即高声尖叫，仿佛遭到了突然重击。他的伙友们扶住他，并把他搀回房间。国王的侍从细心地服侍他睡下，但是他的疼痛有增无减，不得不叫来医生。亚历山大一直处于巨大的痛苦之中，所有人都无计可施。最后，他对生命绝望，于是取下指环交给佩尔狄卡斯。他的伙友们问他："你准备把王国交给谁？"他答道："交给最强的人。"亚历山大还说，他所有重要的伙友将为庆祝他的葬礼举办一场盛大的赛会。这也是他最后的话语。在统治了12年零7个月之后，亚历山大就这样去世了。他建立的功业超越了任何一位国王。无论是在他之前，还是在他之后一直到我们生活的时代，在所有国王中，亚历山大的功业无人能比。

既然一些历史学家对亚历山大之死有不同看法，他们认为亚历山大是为毒药所害。我们似乎也有必要论及他们的描述。

118

他们说，亚历山大留在欧罗巴的总督安提培特和他的母亲不和。起初，安提培特并没有太在意她，因为亚历山大并不理会她对自己的抱怨。不过后来，随着他们之间敌意的不断增加，以及国王出于孝心，渴望在一切事情上满足他母亲的要求，安提培特已经多次表达了不满。这已足够严重，并且，杀死帕尔曼尼昂和菲罗塔斯，使安提培特同亚历山大的所有伙友一样感到恐惧。因此，他借助自己的儿子（为亚历山大斟酒的侍从）之手给国王下毒。[1] 亚历山大死后，安提培特成了欧罗巴的最高主宰。接着，他的儿子卡撒德继承了王国。因此，许多历史学家不敢述及毒死亚历山大这件事。然而，卡撒德以自己的行动清楚地表明，他是亚历山大政策的严酷的敌人。他杀死了奥林匹亚斯，让她死无葬身之地，并以极大的热情重建底比斯，而这座城市正是亚历山大摧毁的城市。

在国王死后，大流士的母亲斯辛伽姆布利斯为亚历山大的离世和自己的丧亲之痛哀伤至极。她大限将至，在绝食的第五天，痛苦但高贵地离开了人世。[2]

正如我们在本卷开头所计划的那样，在描述完亚历山大去世前的事件后，我们在接下去的章节中，将叙述亚历山大后继者们的活动。

（武晓阳 译）

---

[1] Justin, 12. 14; Plutarch, *Alexander*, 77. 1-3; Arrian, 7. 27。他的名字为伊奥拉斯（Iollas），不过，尤斯廷把他与他的哥哥菲利普（Philip）和后来的国王卡撒德（Casander）联系起来。库尔提乌斯并没有提到这一传统。

[2] Curtius, 10. 5. 19-25.

阿里安《亚历山大远征纪》

1）文献简介

阿里安（Lucius Flavius Arrianus，89？—？），生于罗马帝国比提尼亚行省（Bithynia）首府尼科米底亚（Nicomedia，今土耳其伊兹米特）。早年拜入斯多葛派哲学家爱比克泰德（Epictetus）门下。公元126年，元首哈德良（Hadrian）在雅典，阿里安与其相谈甚欢，并随之来到罗马。在这里，阿里安获得了罗马公民权，并担任多种职务。哈德良曾让他做卡帕多西亚（Cappadocia）的总督。最终，他在元首安东尼·庇护（Antonius Pius）时期担任罗马执政官。卸任后，阿里安返回希腊，担任了雅典的执政官。后来他回到故乡尼科米底亚，大约是在马尔库斯·奥利略（Marcus Aurelius，约公元180年）时期逝世。

阿里安的著作甚丰。他将老师爱比克泰德的言辞记录下来，编订成书，即《爱比克泰德论说集》。后又对其删减，命名为《手册》，风行于中世纪时期的欧洲。因此，在古代，阿里安通常以哲学家的身份出现。如今人们将阿里安看作史学家。他最著名的史学作品是七卷本的《亚历山大远征纪》。这是我们研究亚历山大的核心史料之一。现存的作品还有《尤克森海环行记》《论狩猎》等。已经散佚的作品有《比提尼亚史》《帕提亚史》等。

2）译文

亚历山大处理底比斯

底比斯人想联合希腊盟友阻止亚历山大南下，反抗马其顿霸权。此时亚历山大正在多瑙河流域征战。在得知消息后，他觉得不能放任这些人的行动，因此迅速回军包围底比斯城。兵贵神速。一些希腊城市甚至来不及反应，他们派出增援的部队在底比斯陷落之后还没赶到。进攻底比斯，既表现了亚历山大高超的军事技巧，也体现了他成熟的政治考量。摧毁底比斯城，是亚历山大即位之后对希腊城邦采取的最严厉的行动。而亚历山大想借此安定后方，保证远征亚洲期间马其顿和希腊本土的稳定。阿里安把进攻的责任推给帕尔迪卡斯，而亚历山大只是为了增援而不得不出击。因此这段描写明显体现了阿里安对亚历山大的回护。

1.7

［1］这边的战事还没结束，那边一些底比斯的流亡者在一些想要叛乱的市民的协助下，趁黑摸进城里。驻守卡德米亚①的是阿明塔斯和提莫劳斯。他们不在要塞里，没想到底比斯会有动乱，就这样被抓住杀掉了。［2］这些流亡者进入会场，用所谓的"自由""自治"等冠冕堂皇的古词②，煽动底比斯人反抗亚历山大，鼓舞他们彻底摆脱马其顿人的沉重压迫。这些人坚称亚历山大已经在伊利里亚阵亡。这一点很有说服力。［3］亚历山大的死讯早已风行。他久出未归，杳无音信。人们就都觉得他确已不在人世。通常，在不知实情的情况下，每个人推测的结果往往只是在迎合自己的心意罢了。

［4］亚历山大听说了底比斯的情况，觉得丝毫不能大意。他提防雅典已不是一天两天了。拉栖第梦人虽然没什么行动，但一直居心叵测。埃托利亚人和

---

① 卡德米亚（Cadmia）是底比斯的卫城。
② 这里阿里安是在嘲讽底比斯人。在公元前四世纪的希腊，"自由"是可以为之奋斗的政治口号。但在阿里安生活的罗马帝国时期，这个词所代表的价值观已经发生了变化。

伯罗奔尼撒地区的其他城邦也不可靠。如果底比斯的胆大妄为之举点燃了他们的星星之火，那么这就绝非一件小事。

［5］因此，亚历山大带着部队经过欧尔代亚和厄利苗提斯，越过斯台菲和帕拉维山，在第七天到达色萨利的派林那。再从派林那出发，部队又继续走了六天，进入彼奥提亚。直到他与整支大军出现在安且斯托斯时，底比斯人才意识到他已经穿过了塞莫皮莱南部。［6］即便这样，那些煽动叛乱的人依然嘴硬说这支部队是安提帕特的手下，而亚历山大早就死了。有些人来报信，说的确是亚历山大本人亲自带队。他们对这些信使很不满意，说这一定是另一位亚历山大，是艾洛普斯之子。

［7］第二天，亚历山大从安且斯托斯出发，带着部队奔向底比斯，在爱欧劳斯圣地宿营。他想给底比斯人更多的时间，去反省自己的错误，希望他们可以派个使者过来开诚布公地谈。［8］但他们毫无悔意，反而派大批骑兵和轻装步兵出城，朝着马其顿前卫岗哨射箭，打死了几个人。［9］亚历山大就让一些轻装步兵与弓箭手前去防御，在敌人接近营地时很轻松地将他们打回去了。第二天，亚历山大带着所有部队，来到朝向伊流希瑞和阿提卡的城门前。到了这个时候，他依然不攻城，而是驻扎在卡德米亚附近，以便随时援助守卫此地的马其顿部队。［10］他这样做是因为底比斯人已经在卡德米亚外面围起两道栅栏，派人盯着。里面的马其顿人没法获得外界支援。一旦双方在城外交手，他们不能与大部队会合。亚历山大只是在附近驻扎，耐心等待。他仍然希望与底比斯人和平共处，不愿相互对抗。

［11］这时，有些底比斯人心里清楚怎样做才符合他们自己的利益。这些人很想出城，请亚历山大原谅所有造反的公民。但那一伙流亡者，尤其是彼奥提亚同盟的官员，觉得亚历山大肯定不会饶了他们，所以千方百计煽动公民进行战争。即便如此，亚历山大依然不攻城。①

---

① 阿里安在这里反复描写亚历山大的隐忍，又在下一段将战斗的发起者写成帕尔迪卡斯。对比狄奥多罗斯的记载，阿里安这里有为亚历山大开脱罪责的嫌疑。

1.8

[1] 据拉古斯之子托勒密说，最初，帕尔迪卡斯带着手下的兵团奉命守卫马其顿营地。他们的驻地离敌军的栅栏不远。帕尔迪卡斯没等亚历山大下令，就擅自做主，向栅栏发起突袭，撕开一个缺口，攻击里面的底比斯前哨。[2] 和帕尔迪卡斯一起驻守在那的是安德罗米尼斯之子阿明塔斯。他看到帕尔迪卡斯攻进栅栏，也带着自己的部队跟了上去。亚历山大见此情形，怕他们被底比斯人截断退路，任人宰割，就带着剩余部队赶快支援。[3] 他命弓箭手与阿格瑞安部队冲进栅栏内，而卫队与持盾步兵仍在外边。帕尔迪卡斯在强攻第二道栅栏时被飞石击倒，伤势很重，抬回营地后好不容易才痊愈。而他手下的部队与亚历山大派出的弓箭手协作，将敌人围困在通往赫拉克勒斯神庙的一条壕沟里。[4] 他们不断追击，底比斯人也就不断后撤，一直来到神庙旁边。就在此时，底比斯人转过身来，咆哮着冲向马其顿人。双方混战在一起。马其顿方面，克里特弓箭手长官尤瑞包塔斯与七十名部下阵亡，剩下的逃回卫队与皇室持盾步兵队伍里。[5] 亚历山大看见自己的士兵在逃跑，但是底比斯人也在追击的过程中自乱阵形，就让方阵排成密集队形发起进攻，把敌人逼到城里。底比斯人太害怕了，进城之后都没来得及关上城门。马其顿人追亡逐北，冲进城内。底比斯人大多去前线了，无人守卫城墙。[6] 卡德米亚周围的马其顿人与要塞内的守军会合，一直追到安菲翁神庙，再从这里进入城市的其他区域。那些跟着底比斯人进城的马其顿部队，现在已经占领了城墙。他们将底比斯人逼到市场上。[7] 底比斯人在安菲翁神庙外的空地上停了一小会儿，发现亚历山大正带着马其顿人从四面八方围过来。他们的骑兵逃出包围圈，跑到城外的平原上去了，而步兵则各自想办法保命。[8] 然后，不仅仅是马其顿人，连福吉斯人、普拉提亚人以及其他彼奥提亚人，都在不加分辨地肆意屠杀底比斯人，发泄心中的怒火。有些手无寸铁的人死在了家里。还有些人被迫反抗。甚至那些在神庙中祈求庇护的人也没能幸免，连妇孺都不例外。

1.9

[9] 亚历山大让一同行动的盟友来处理底比斯事宜。最终，他们决定派兵驻守卡德米亚，再将底比斯城夷为平地。除圣地外，底比斯的所有土地均被瓜

分。除了男女祭司、腓力和亚历山大的朋友以及所有马其顿保护人以外，所有的孩童、女性以及幸存的男性都卖为奴隶。[10]据说，亚历山大出于对诗人品达的尊重，下令保护其房产，赦免其后人。此外，盟友们还决定重建并派兵驻守奥科美那斯和普拉提亚。

亚历山大进入亚洲

亚历山大在安定希腊之后，准备进入亚洲。在出征前后，亚历山大在马其顿和亚洲的特洛伊等地进行了多次献祭。阿里安等古典史家重点描写了这个过程。通常认为，这意味着亚历山大远征的正式开始，因此有着明显的标志性意义。

1.11

[1]处理完这些事情之后，亚历山大回到了马其顿。他向奥林匹亚的宙斯神献祭。尊奉宙斯是从阿克劳斯时代开始的习惯。亚历山大还在埃迦伊举办了奥林匹亚赛会。据说为了致敬诸缪斯女神，他又举办了一场公共竞赛。[2]有消息传来，说位于皮埃里亚的色雷斯人欧阿格罗斯之子欧菲亚斯的雕像一直在流汗。预言者们的解释五花八门。但泰密苏斯先知阿瑞斯坦德①鼓励亚历山大不要害怕。他认为这很明显是在说史诗诗人、抒情诗人、颂诗诗人都会创作大量作品，歌颂亚历山大本人及其成就。雕像流汗就是诗人们忙碌辛苦的象征。

[3]初春，亚历山大将马其顿及希腊事务交由安提帕特处理，自己带着部队进军赫勒斯滂。他的步兵包括轻装部队与弓箭手在内只不过三万多一点，骑兵只有五千多……[5]到埃雷昂后，他给普洛忒西拉俄斯的墓献祭。据说阿伽门农远征伊利昂时，普洛忒西拉俄斯是第一个登上亚细亚土地的希腊人。亚历山大这次献祭是希望自己在亚细亚登陆时比普洛忒西拉俄斯更顺利。

[6]帕曼纽已奉命把骑兵和绝大部分步兵从赛斯图斯带到阿卑多斯。他们

---

① 阿瑞斯坦德是腓力和亚历山大的御用占卜师。据说他的推断十分准确，从未出错。

乘坐的是160艘三列桨战船和很多商船。许多人都说，亚历山大从埃雷昂出发，朝亚加亚港驶去。他亲自在旗舰上掌舵。大约行驶到赫勒斯滂海峡中间时，他向波塞冬和涅瑞伊得斯献祭了一头牛，还用金杯奠酒。［7］他们还说，亚历山大全副武装，第一个下船，踏上亚细亚的土地。他在欧罗巴的出发地和亚细亚的登陆地建了两座祭坛，供奉保佑他安全着陆的宙斯神、雅典娜和赫拉克勒斯。然后他来到伊利昂①，向特洛伊雅典娜献祭。有些武器自特洛伊战争的时候就供奉在这里。他把这些装备取走。作为交换，他献上了自己的一套盔甲。［8］据说，每逢战事，持盾步兵都会带着这些装备在亚历山大前面列阵。②许多人还记载道，他在家庭守护神宙斯的祭坛上向普列阿莫斯献祭，求他息怒，饶恕纽多利马斯的后裔，也就是亚历山大自己。

1.12

［1］亚历山大到达伊利昂时，领航员墨诺提俄斯给他戴上一顶金冠。雅典人卡里斯从西革翁来到这里。与其同行的还有希腊人和西革翁本地人。据说，亚历山大给阿基琉斯墓献了一个花环。赫菲斯提昂也给普特洛克勒斯的墓献了一个。

格拉尼库斯河之战

亚历山大是出色的将军。无论是大型战役，还是攻城战、游击战、遭遇战等，他都能从容应对。在远征过程中，亚历山大一共进行了四次大型战役：格拉尼库斯河之战，伊苏斯之战，高加美拉之战和希达斯皮斯河之战。格拉尼库斯河之战是亚历山大同波斯总督们进行的战斗。亚历山大首战告捷。此战之后，亚历山大控制了波斯帝国的小亚地区。

1.13

［1］与此同时，亚历山大正在向格拉尼库斯河挺进。他将方阵分成两队，

---

① 即特洛伊。
② 后来在印度攻打马里亚人的时候，亚历山大就使用了这些盾牌。

在双翼布置骑兵，再让辎重队跟在后面。骑兵长官赫格罗卡斯带着配有长矛的骑兵及五百人的轻装部队，奉命探查敌军动向。①［2］大军来到格拉尼库斯河附近。一队侦察兵策马飞奔而来，报告说波斯人已经在河对岸列阵了。亚历山大下令准备战斗。帕曼纽来到亚历山大面前，这样说道：

［3］"王上，以如今的情势来看，我觉得比较明智的选择是就地在河边扎营。敌人的步兵没有我们的多，所以他们晚上是不敢在我们旁边宿营的。黎明时过河会更容易。那时候对方还来不及布阵。我们可以打他们一个措手不及。［4］我觉得现在就进攻有些危险。我们的前军比较松散。这样的队形不容易渡河。再者，您看，河水很深，河岸也是又高又陡。［5］我们就只好排成纵列渡河。而这种队形是最脆弱的。如果敌方骑兵用密集队形来冲击的话，只要我们从河里露头就会遇袭。一旦首战失利，就会影响当下的局势，甚至还会破坏整体的战略规划。"

［6］但亚历山大回答道："帕曼纽，你说得对。但我觉得，我们过赫勒斯滂海峡都没怎么费力，现在居然被这样一条小溪挡住去路（他这是在轻视格拉尼库斯河），真是丢人。［7］这有损马其顿人的声誉，也不能满足我冲锋陷阵的渴望。现在，波斯人还没败在我手里，没什么事情让他们害怕。要我看，他们也就现在还会斗志满满地认为自己还算是马其顿人的对手。

1.14

［5］双方在两岸伫立良久，小心翼翼，不敢妄动。战场上一片沉寂。波斯人等着马其顿人入水，想在他们露头的时候再出击。［6］亚历山大跃上战马，让身边的人跟着他去证明他们自己的勇敢……［7］亚历山大让右翼吹响号角、高喊厄尼阿琉斯之名②，开始入水。

---

① 这是马其顿部队的基本战斗队形。重装步兵（hoplite）位于中军，纵深 8 或 16 排。这里亚历山大"将方阵分成两队"，就是说将原本 8 排的步兵分成 16 排，中间留出空隙。方阵两翼是骑兵部队，也是马其顿人的主力所在。亚历山大位于右翼。辎重队位于全军的后方。同当时的希腊人相比，亚历山大更重视侦察兵的作用。往往在战斗之前，他会派出一支轻装部队去探查敌情，清理战场等。

② 厄尼阿琉斯是希腊的战斗之神。马其顿人在作战的时候，会喊着神灵的名字，以鼓舞士气。

1.15

［1］战斗开始了。首先上岸的是阿明塔斯和苏格拉底的部队。波斯人在高处射箭，或者在岸上朝河里扔标枪。还有些人从高处跑到水边。［2］双方骑兵互相推挤：一方想要上岸，另一方则拼命阻止。波斯的标枪漫天蔽日，马其顿人的长矛舞若游龙。但马其顿人寡不敌众，首战告负。因为他们尚未出水，脚步不稳，且身位更低；而波斯人身处河岸，居高临下。再者，这里都是波斯的精锐骑兵。门农本人和他的儿子们也在这里以死相搏。［3］首先与波斯人交手的马其顿人，虽奋不顾身，终难免一死。只有少数人看到亚历山大过来了，撤退到他身边，才幸免于难。亚历山大带着右翼部队进入战场，朝敌方指挥官及骑兵大部队冲锋。一场严酷的战斗在他周围爆发了。［4］这时，一队又一队的马其顿人过了河。此时过河容易了许多。虽然双方都在马背上，可这更像是一场步兵大战。战场空间狭小。马挨马，人挤人。马其顿人想要把波斯人从河边赶到后面的平地上去。波斯人想把马其顿人推到水里，不想让他们上岸。［5］最终，亚历山大的士兵由于孔武有力，经验老到，武器质量好，开始逐渐占据优势。亚历山大一方的长矛杆是用山茱萸木做的，而波斯一方使用的只是轻标枪。

［6］突然，亚历山大的长矛断了，于是就找护卫阿瑞提斯要一根。但阿瑞提斯的长矛也断了，正在拿着剩下的一半继续战斗。阿瑞提斯把这半根长矛给亚历山大看，让他到别人那里去找。伙友科林斯人戴玛拉托斯把自己的长矛给了亚历山大。［7］亚历山大接过武器，忽然看见大流士的女婿米特里达梯骑着马远远地走在前面，后边跟着一队排成楔形的骑兵。亚历山大单骑疾驰，用长矛刺中米特里达梯的脸，把他甩在地上。这时，罗萨西斯策马赶到，挥刀击中了亚历山大的头部。［8］头盔被削掉一块。但也幸亏有它挡了一下。亚历山大把罗萨西斯打翻在地，又回手一矛，洞穿铠甲，贯胸而出。斯庇特里达来到亚历山大身后，举刀猛劈。可他还没来得及碰到亚历山大的身子，德罗皮达斯之子克利图斯就抢先一步，起手一刀，砍断了斯庇特里达那握着刀的胳膊。双方混战之际，越来越多的骑兵过河上岸了，加入亚历山大的队伍里。

1.16

［1］现在，波斯人被马其顿骑兵逼着向后退。他们的人脸马面都遭到了长

矛的刺击。在后退过程中，骑兵中间夹杂着轻装步兵，两相踩踏，伤亡惨重。最先放弃抵抗的是受到亚历山大亲自攻击的那部分。中军溃散了，两翼的骑兵不攻自破，开始四处逃窜。[2]波斯骑兵只损失了约1000人。这是因为亚历山大没有深追，反而掉头攻击外国雇佣军。这些佣兵还留在最初的阵地上。与其说他们想做困兽之斗，不如说他们已经被急转直下的局面吓傻了。亚历山大让方阵出击，再让骑兵从四周包围。很快佣兵们就一败涂地了。除非有个别的躲在尸体里装死，否则是不会有人逃走的。约有2000人被俘。

[4]马其顿方面，首轮攻击时损失了25名伙友。利息普斯奉亚历山大之命为这些人在迪翁铸造了铜像。此人是亚历山大的御用雕像师。其他骑兵损失了六十多人，步兵约三十人。[5]第二天，亚历山大将这些人的遗体和武器装备等物品一同埋葬，另外还免除了他们父母儿女的土地税、劳役及财产税。亚历山大也非常关心伤员。他亲自探望每一个人，查看伤势，问他们是怎样受伤的，应该如何调理，听他们夸耀各自的功绩。[6]他也很尊重阵亡的波斯指挥官，为他们举办了葬礼。他还埋葬了那些替敌人卖命而死的希腊雇佣军。至于那些希腊俘虏，亚历山大将他们绑回马其顿去做苦力。他们虽然是希腊人，却站在蛮族的立场上对希腊反戈相向。这违背了希腊同胞在联盟会议上的共同决定。[7]他又把300套波斯战甲送到雅典，献给卫城的雅典娜神，并刻上这样的话："腓力之子亚历山大、除拉栖第梦人的所有希腊人，从亚细亚的蛮族人手里赢得了这些战利品，敬献给雅典娜。"

亚历山大在戈尔迪亚

在戈尔迪亚解开绳结，是亚历山大首次宣告自己对亚洲的诉求。解开戈尔迪亚的绳结意味着可以做亚细亚之主。无论通过什么方式，亚历山大总之是解开了绳结。这一事件有着明显的宣传意味。有学者认为，这个故事是亚历山大本人或者是他的继任者编造出来的，目的是证明自己统治的合法性。

2.3

［1］亚历山大来到戈尔迪亚。一个强烈的愿望驱使着他登上卫城。那里有戈尔迪亚斯和儿子迈达斯的宫殿。他还十分想看一看戈尔迪亚斯的马车以及拴着两轭的绳结。［2］当地流传着这辆车的故事：据说，在很久很久以前的弗里吉亚，有个穷人叫戈尔迪亚斯。他只有一小块地，四只牛。他用两只犁地，两只拉车。［3］有一次，他在犁地时，看见一只鹰落在牛轭上，停在那不走，直到晚上卸牛时才离开。他很惊讶，就去问泰密苏斯的预言家。泰密苏斯人很擅长解释神圣现象。他们的这种能力不只属于男人，女人和孩子也都有，而且是代代相传的。［4］戈尔迪亚斯来到泰密苏斯的一个小村庄附近，遇到了一个打水的小姑娘，就把那只鹰的事情告诉了她。这个姑娘也会解释预言。她让戈尔迪亚斯回到当时的地方，向宙斯王献祭。戈尔迪亚斯请她同去，指导仪式。戈尔迪亚斯按照她的指示献祭之后，就和她结婚了。后来，两人有了孩子，取名迈达斯。

［5］迈达斯长大了，出落得一表人才，品质高尚。在当时的弗里吉亚，人们矛盾重重。他们不胜其烦，就去求问神意。神告诉他们说，会有一辆车给他们带来一位国王，而那个国王能结束他们的纷争。他们还在为这件事争论不休时，迈达斯驾着车载着父母来到了会场。［6］弗里吉亚人觉得迈达斯就是神所说的那个驾车而来的人，就尊他为国王。迈达斯结束了纷争。为了感谢宙斯派给他们那只神鹰，他就把父亲的车供奉在卫城里。这辆车的故事里面还包含着一个预言：谁解开了车轭上的绳结，谁就是亚细亚的统治者。

［7］这条绳子是用山茱萸树皮制成的，不见首尾。亚历山大不知道怎么解，但又不想就此作罢，甚至还担心引起动乱。据说，亚历山大抽出佩剑砍断绳子，说了句："这就解开了。"但根据阿里斯托布卢斯的说法，亚历山大卸下车辕上的一个木楔子（这个楔子正好穿过车辕，绳结就系在木杆上面），这样车轭和车辕就分开了。［8］我也不确定亚历山大到底是怎样解开绳子的。至少当他和随从离开车辆的时候，神谕里说的条件肯定已经达成了。当晚雷电交加，更说明预言成真。亚历山大次日就去献祭，感谢上天降下预兆并告诉他如何解开绳结。

亚历山大在塔尔苏斯生病

亚历山大在塔尔苏斯生了一场大病。对大流士而言，这是他调动部队的好时机，可惜他没有抓住这个机会。阿里安在描写亚历山大生病的过程中，着重刻画了亚历山大相信朋友的高尚行为。这与他后来的猜忌形成了鲜明的对比。

2.4

[7]阿里斯托布卢斯说，由于过度操劳，亚历山大病倒了。还有人说，当时亚历山大觉得很热，流汗不止，很想洗个澡，就跳进了西德纳斯河里。这条河从城市中间穿过，源头在托罗斯山上。流域平坦，河水清寒。[8]亚历山大抽搐不止，伴有高烧，难以入眠。医生们都认为他命不久矣。只有阿卡纳人腓力不这么觉得。这位腓力是国王的值班医生，其医术深得国王信任。他在指挥方面也很有才能，在部队里的地位举足轻重。他想给亚历山大服一剂泻药。亚历山大同意了。[9]据说，当腓力还在准备药剂时，帕曼纽给他写的一封信送到了，里面提醒他要提防着腓力。帕曼纽听说大流士曾收买过这个医生，想给亚历山大下毒。亚历山大读完之后，一手拿着信，另一手接过药杯，再把信交给腓力。[10]在腓力读信的时候，亚历山大就把药喝下去了。腓力立刻说药没有问题。他看到信后没有仓皇不安，反倒劝说国王相信他的处方，说这药能救命。[11]亚历山大喝了药以后狂泻不止，病情逐渐好转了。就这样他向腓力证明了自己值得信任。这件事也让他的随从们明白，他从不怀疑自己的朋友，更不怕死。

伊苏斯之战

伊苏斯之战是亚历山大与大流士的第一次正面对抗。阿里安在描写这场战役时，将亚历山大和大流士两位主帅作为战斗胜负的关键因素。亚历山大出色的指挥才能以及不畏牺牲的精神，鼓舞着马其顿人的士气。而波斯的士兵虽然勇猛不屈，但看到大流士逃跑了，也都放弃了抵抗。这种描写方式在高加美拉之战中也有一定的体现。甚至在整部《亚历山大远征纪》中，亚历山大一直是战斗的核心所在。阿里安的这种英雄史观，深刻地影响了他的这部著作。毫无疑问，亚历山大是一位优秀的将军和战士，但阿里安无疑扩大了指挥官在战斗中的影响力。战后亚历山大带伤看望士兵，对大流士家人的宽大处理，都体现了亚历山大的高尚品质。

2.7

［1］大流士取道亚美尼亚关口，翻山越岭，进军伊苏斯，神不知鬼不觉地绕到亚历山大部队的后面。占据伊苏斯之后，他俘虏了许多落在后面的马其顿病号，把他们残忍地折磨至死。第二天他进军品纳拉斯河。［2］亚历山大并不相信大流士已经到了己方战线的后方。他让一些伙友乘一艘三十桨战船返回伊苏斯，去调查这消息是否属实。海岸在伊苏斯这里凹进去，形成了一个海湾。伙友们很容易就看到了波斯人，所以回复亚历山大说敌人已近在咫尺。

［3］亚历山大召集所有将军、骑兵长官以及盟军指挥官，鼓励他们从业已克服的艰难险阻中汲取信心。他说，对方已经输了一场，那么这将是征服者与被征服者之间的战斗。而且，上天的策略也对他们有利：大流士把部队从平川旷野转移到盈尺之地——这么小的地方，容得下他们的方阵，却容不下波斯大军。敌人的体能和斗志都不如他们。［4］马其顿人一直在战争的劳苦中摸爬滚打，出生入死。波斯人和米底人却只是耽于享乐。最重要的，这是自由人与奴隶的战斗。他继续说，双方队伍里都有希腊人，但这些希腊人的目的是不一样的。替大流士卖命的希腊人为的是钱，为的是那点可怜兮兮的钱。而他们这边的希腊人则是甘心为希腊而战。［5］至于他们手下的蛮族士兵（色雷斯人、潘奥尼亚人、伊利里亚人和阿格瑞安人），亚历山大指出，这些都是欧罗巴最强壮、最骁勇善战的部落，将要对阵亚细亚最懒惰、最软弱的部落。他，亚历山大，将亲自指挥，与对面的大流士决一死战。

［6］就这样，面对一触即发的局势，亚历山大细数了马其顿人的优点。他接着说，这次的冒险会有更大的收获。现在，他们要征服的，不是大流士的总督们，也不是在格拉尼库斯集结的骑兵，更不是那两万外国雇佣军，而是

波斯、米底以及他们手下亚细亚诸部落的精锐部队。他还说，大王本人也在这里。所以，此战以后，他们就不用再舟车劳顿了，可以安下心来治理亚细亚。[7]此外，他还提到了他们为集体利益而取得的非凡成就。如果有谁追求荣誉，战斗勇敢，功勋卓著，他都亲自点名表彰。然后他也简单概括了自己曾在战斗中经历的危险。

[8]据说，亚历山大还提到了色诺芬和那万人部队。他说，色诺芬的部队无论是在数量还是在质量上都不如他们。那些人没有骑兵，无论是色萨利、彼奥提亚、伯罗奔尼撒、马其顿还是色雷斯的骑兵，或者是像亚历山大手下其他地区的骑兵都没有。那些人也没有什么弓箭手和投石兵，就算是那少数克里特人和罗德岛人，还是在危难时刻色诺芬振臂一呼聚集起来的。[9]可就是这一万人，在巴比伦附近击溃了大王的手下；还是这一万人，在回到尤克森海的过程中，击败了沿途的所有部落。亚历山大说的这些，都是一个英勇的领袖在危难前夕为了鼓舞士气应该说的话。他的部下从四周来到他身旁，轮流握住国王的手，说着鼓励的话语，催促国王立刻带他们上战场。

2.10

[1]亚历山大如此调遣部队之后，就带着全军前进。他们走走停停，显得很是从容。因为大流士还停在原地，没有带着他的那些蛮族部队继续往前走，而是留在河岸边。那里有很多悬崖峭壁。在一些比较平缓、容易攀登的地方，大流士都设置了栅栏。在亚历山大的士兵们看来，大流士如此做显然是胆怯了。

[2]当两军即将交手时，亚历山大骑马四处奔走，鼓舞士气，呼喊着士兵们的名字和称号。他不止记得那些指挥官，更知道级别和功绩各不相同的中队长、连长以及雇佣军首领。各处的士兵们都喊着，让他别再耽误时间，赶快下令冲锋杀敌。[3]起初，虽然大流士的部队已经映入眼帘，但亚历山大还是让部队保持阵形，一步一步地谨慎前进。他担心一旦快速出击会打乱方阵的队列。但当双方相距一箭之地时，亚历山大本人及身边的右翼部队率先冲进河里，想要用这种突然进攻的方式来震慑波斯人。同时，这种快速移动也可以减少波斯弓箭手的威胁。一切均如亚历山大所料。[4]肉搏战一开始，波斯的左

翼就溃散了。亚历山大和手下打了一场漂亮的胜仗。但大流士手下的希腊雇佣军开始攻击马其顿方阵右翼部分出现的空隙。[5]这是因为亚历山大急匆匆地冲进河里,和波斯人肉搏,把对方打得节节败退。但方阵却没有这样高亢的激情。河岸很陡。方阵前线不能保持完整的阵列。[6]这里的战斗很激烈。波斯一方有些人正在逃跑。希腊人要重获胜利,想把马其顿人推回河里。而马其顿人看到亚历山大即将胜利,也不甘落后,更是不想让方阵的名誉蒙尘。马其顿方阵早已声名远播。人们都觉得方阵战无不胜。[7]在某种程度上,这也是希腊民族和马其顿民族之间的斗争。塞琉古之子托勒密光荣牺牲了。他证明了自己是一位勇士。阵亡的还有约120名马其顿显贵。

2.11

[1]这时,马其顿右翼部队发现对面的波斯军已经溃散,就掉头赶往马其顿人压力最大的中军那里,进攻大流士的希腊雇佣军。他们刚刚打散了波斯的阵线,现在开始冲击这些佣兵。[2]位于色萨利人对面的波斯骑兵,在战斗开始的时候没有坚守阵地,而是大胆地涉水而来,猛攻色萨利骑兵团。一场激烈的骑兵战爆发了。波斯人一直在战斗,从未放弃。直到他们发现大流士已经逃跑、雇佣军也被方阵击溃了,才开始撤退。[3]最终,波斯军开始全线溃逃了。波斯的马匹由于驮着装备厚重的骑兵,在撤退的时候遭了不少罪。至于骑兵本身,他们数量庞大,惊恐不安,又混乱无序,加之撤退的道路狭窄,所以他们相互踩踏。死在自己人脚下的比被敌人追杀的还要多。色萨利人也穷追猛打。对方在逃跑中损失的骑兵不比步兵少。

[4]至于大流士,他看见左翼遭受亚历山大的猛攻,混乱不堪,还与其他部队失去了联系,就第一个毫不迟疑地坐车逃跑。[5]路途平坦,他还能安全转移。但他遇到了崎岖不平的山路,就丢下盾牌和披风,连弓和马车都不要了,上马狂奔。不久,夜幕降临,他才算逃出生天,没被亚历山大俘虏。[6]时辰尚早,亚历山大可以全速追击。但天色暗下来了,亚历山大看不清路,就只带着大流士的马车、披风与弓返回了营地。[7]最初,方阵被冲散了,亚历山大就立刻调头支援。直到他看见希腊雇佣军和波斯骑兵在河边战败了,才开始追击。因此他追得太晚,没能抓住大流士。

2.12

［1］亚历山大的大腿中了一剑。但他还是在第二天去看望伤者。他还把阵亡将士的遗体收集到一起，让全军排成最壮观的战斗队列，举办了一场盛大的葬礼。对于每个人的英勇事迹，无论是亲眼所见还是亲耳所听，他都亲自致辞褒奖。他还按照功勋大小给每个人发奖金。

［3］亚历山大也没忘记大流士的母亲、妻子与孩子。有些作家写到，当晚亚历山大去追赶大流士，回来之后进入钦点御用的波斯大王的帐篷。忽然，他听见附近有像是女人哀嚎的声音。［4］他就问这些女人是谁，为什么她们的帐篷离国王大帐这么近。有人回答说："王上，这是大流士的母亲、妻子和儿女。她们听说您已经缴获了大流士的弓、披风和盾牌，就以为大流士已死，在哭着哀悼。"［5］于是亚历山大就让伙友利昂那塔斯去她们那里，让他传话说大流士还活着，只是在逃跑的时候将武器装备和披风留在战车里。亚历山大缴获的就是这些东西。利昂那塔斯走进帐篷，用一种很尊敬大流士的口吻告诉她们如今的事态，还说亚历山大批准她们保留王室的地位，使用之前象征身份的服饰器物，还可以沿袭王后、公主等头衔。因为这不是亚历山大和大流士的私人恩怨，而是在争夺亚细亚的统治权。［6］这些都是托勒密和阿里斯托布卢斯的记载。但还有一个故事：亚历山大那天进入帐篷的时候，只有赫菲斯提昂一人陪同。因为两人的衣着很像。大流士的母亲不能确定谁是国王，就起身走向更高一点的赫菲斯提昂，拜伏在他面前。［7］但赫菲斯提昂向后退了几步。她的仆人告诉她另一位才是亚历山大。老太后也惭愧地往后退。但亚历山大国王告诉她其实没有说错，因为赫菲斯提昂也叫亚历山大。

建立亚历山大里亚城与拜访阿蒙神庙

亚历山大里亚城是埃及重要的城市，是希腊化世界的文化中心。阿里安说亚历山大在建城之后，动身去往阿蒙神庙。有些作家也认为亚历山大是先去了阿蒙神庙，回来之后才建城。阿里安说亚历山大之所以想去阿蒙神庙，一是要与赫拉克勒斯争高下，二是将自己的世系追溯到阿蒙神那里。他又说亚历山大得到了满意的答案。对于亚历山大在神庙里究竟经历了什么,阿里安不置一词。其他作家则在此处大做文章。这表现了阿里安剪裁史料时的审慎态度。

3.1

[5]他来到卡诺布斯,又绕马里安湖转了一圈才下船。而他登陆的地方,就是以他的名字命名的、如今的亚历山大里亚城。忽然间,他意识到,这是个绝佳的定居点。建城于此,定会繁盛。一股强烈的渴望促使他破土动工。他亲自选定城墙的位置,指出哪里要建市场,要建多少神庙,要供奉哪些神灵(希腊的神和埃及的伊西丝神)。想到这些,他就去向神灵献祭,得到了喜人的征兆。

3.2

[1]还有一件事情,我是坚信不疑的:亚历山大想划出城市的范围,让建筑师们照此界限修筑城墙。但他手头没有做标记的工具。有个工人灵机一动,说可以把士兵手里的粗粉收集起来,装在容器里。国王走在前边,将粗粉撒在地上。这样城墙的位置也就画出来了。[2]预言家们,尤其是屡次正确预测的泰密苏斯人阿瑞斯坦德,仔细地思考了这件事情。他们说这座城市在各个方面都会很繁盛,尤其是土地会肥沃多产。

拜访阿蒙神庙

3.3

[1]这时,亚历山大又极其渴望去往利比亚的阿蒙神庙求取神谕。一来据说阿蒙神谕很灵验,二来珀尔修斯和赫拉克勒斯也曾来过。珀尔修斯是在波里德克特斯派他对抗高尔贡的时候来的。而赫拉克勒斯当时要去拜访利比亚的安提乌斯和埃及的布西瑞斯。[2]亚历山大想要和珀尔修斯与赫拉克勒斯一争高下。这两个人都是他的祖先。他还想把他的血统追溯到阿蒙神那里,就像传说中赫拉克勒斯和珀尔修斯也想把血统追溯到宙斯一样。因此他下定决心要去阿蒙神庙那,想要更确切地了解自己的身世,至少他可以说他了解过了。[3]根据阿里斯托布卢斯的说法,亚历山大沿着海岸前进,走了约1600斯塔德,来

到帕拉托尼亚。中间经过一片虽然有水却很是荒凉的沙漠。他从这里去往内陆的阿蒙神圣地。沿途亦是一片沙漠。黄沙漫天，几无水源。［4］但亚历山大却遇上了一场大雨。这是他尊敬神灵的结果。下面发生的事情也是神灵的恩赐：该地南风大作时，黄沙就会掩埋道路；路标也不见了，就像陷身于沙海中一样，无法辨认道路。若说航海时可以用星星辨别方位，那么在沙漠里也可以借助山脉、树木、小丘来寻找道路。但是这些都没有。结果，亚历山大的军队迷了路，连向导都不知道怎么走。［5］拉古斯之子托勒密说，有两条大蛇在军队前面爬，不断发出声响。亚历山大相信这是神意，就下令跟着它们。托勒密还说这两条蛇把他们带到了神庙那，又带着他们回来。［6］但阿里斯托布卢斯和大多数的记载都说是两只乌鸦在前面飞，给部队指路。

3.4

［5］亚历山大对此地（指阿蒙神庙所在地）很是赞赏。他在这里请求阿蒙神的神谕。他自己说他听到了符合心意的回答。[①]

高加美拉之战

阿里安将此战役称作阿柏拉之战。他着重辨析了这场战役的名称，认为战斗的地点位于阿柏拉这座大城市附近，而不是高加美拉那个小村子。而普鲁塔克则认为战斗地点就是在高加美拉。比较戏剧性的是，亚历山大在每次大战之前，都要反驳帕曼纽的建议。在《远征纪》中，帕曼纽的建议似乎一次都没被采纳。此次亚历山大说自己不要偷袭，要光明正大的战斗。实际上，亚历山大在远征过程中，通过偷袭而胜的战斗不在少数。他对奇袭的应用炉火纯青。这里阿里安通过自己的分析，赞扬了亚历山大的明智选择。可能是阿里安所运用的材料，如托勒密或阿里斯托布卢斯的记载，着力刻画了亚历山大的光辉形象，而掩去了亚历山大对战场形势的理性考量。

---

① 阿里安没有详细写亚历山大在神庙里的经历。上文写亚历山大来神庙的目的，一是与赫拉克勒斯争高下，二是想把自己的世系追溯到阿蒙神这里。因此这里的"符合心意的回答"，可以理解成这两个目的都实现了。

3.7

［4］亚历山大抓住了大流士的侦察兵，知道大流士就驻扎在底格里斯河附近阻止亚历山大过河。他们还说大流士的部队比当年西里西亚一役的部队还多。［5］听到这里，亚历山大全速向底格里斯河进发。但那里并无大流士的身影，也无人守卫。但那里水流湍急，即便无人阻止，渡河也不容易。［6］他让部队稍事休息。这时发生了月全食。[①]亚历山大献祭了月亮、太阳和大地。一般认为，月食是这三者共同作用的结果。阿瑞斯坦德认为此次月食对亚历山大及马其顿人而言是个好兆头。此月将会有一场大战。献祭的牺牲也预示着亚历山大会取得胜利。

3.10

［1］……据说，帕曼纽来到亚历山大的帐篷里，建议在晚上偷袭波斯人：那时对方疏于防备，阵列不整，可以引起更大的混乱。［2］当时在场的不止此二人。亚历山大回答说，那是偷来的胜利，不光彩。既然他是亚历山大，就要正大光明地决斗，而不是搞一些偷偷摸摸的事情。这并不是狂妄自大的夸口，而是面对危险的自信。我觉得，亚历山大这样说，是周密计划的结果：［3］在夜里发生的战斗，无论双方是否有充分的准备，其结果往往都是难以预料的。强者败而弱者胜，是屡见不鲜的事情。虽说亚历山大在战斗中屡屡冒险，但也知道趁黑出动并不安全。再者，对大流士来说，如果他又战败了，由于是在夜里受到突然袭击，他就有借口否认他自己和部队技不如人。［4］相反，如果亚历山大落败，就会陷入被包围的境地：己方不熟悉环境，而周围又都是敌人的同党。何况，如果马其顿没有取得明显的优势，那么之前抓到的俘虏也有可能趁黑出动，更不必说万一他们战败会是个什么结果。这样想来，除了亚历山大的英勇之外，我更要赞赏他的这些考量。

烧毁波斯波利斯

亚历山大一把火烧毁了波斯波利斯的王宫。后来他在返回波斯的途

---

① 这次月食发生在公元前331年9月20日晚9时12分。

中，对自己的这一行为表示后悔。火烧波斯波利斯是远征过程中的转折点。在之前的征战过程中，亚历山大打出的旗号是为希腊人而战。占领波斯首都，意味着亚历山大替希腊人复仇的目标基本完成了。即使大流士在逃，也不影响亚历山大已然奠定的胜局。随后亚历山大让希腊人自愿选择去留，将自己的目标由波斯帝国转为全世界。从此远征进入了第二阶段。阿里安在这里批评了亚历山大的行为。随着远征阶段的变化，阿里安对亚历山大的态度也发生了转变。从前阿里安更多的是对亚历山大的正面评价，但从这以后阿里安开始逐渐表露自己的不满。

3.18

[10] 亚历山大率领部队全速回到河边，发现桥已架好，就很轻松地通过了。随后他急忙奔向波斯波利斯，在守军洗劫国库之前入城。居鲁士一世在帕萨尔加德国库的财宝也落入了他的手中。[11] 亚历山大不顾帕曼纽的反对，一把火烧掉了波斯王宫。帕曼纽说，毁掉自己的财产本就不是件光彩的事情；再者，如果他没有统治亚细亚的想法，而只是不断侵略的话，亚细亚的人们就不会服从他。[12] 但亚历山大说，他要向波斯人复仇，报复波斯人侵略希腊时夷平雅典、烧毁庙宇的行为，惩罚波斯人对希腊人犯下的罪过。不过，我觉得，亚历山大这样做是不明智的。这也完全不是在惩罚古代波斯人的所作所为。①

处决菲罗塔斯和帕曼纽

帕曼纽是亚历山大之父腓力手下的老将。菲罗塔斯是帕曼纽之子，也是亚历山大的朋友，伙友骑兵长官。许多作家都记载了亚历山大除掉这两人的过程。但阿里安没有详细写菲罗塔斯阴谋的具体内容。亚历山大的这一举措，说明他在远征的中后期开始猜忌老将和朋友，目的是将权力集中在自己身上。

---

① 后来亚历山大返回波斯波利斯之后，对自己烧毁王宫的行为表示后悔。

3.26

[1]在扎兰伽亚,亚历山大听说了帕曼纽之子菲罗塔斯的阴谋。托勒密和阿里斯托布卢斯都说,之前在埃及的时候,就有人向亚历山大提到过此事。但是亚历山大当时似乎并不相信。一来他和菲罗塔斯是旧相识,再者他给菲罗塔斯之父帕曼纽的荣誉也很多,况且他相信菲罗塔斯。[2]根据托勒密的说法:菲罗塔斯当着所有马其顿人的面受审,而亚历山大很严厉地批评了他。另外他也曾为自己开脱。那些揭露此事的人也站了出来,举出了更明确的证据证明菲罗塔斯和同伙有罪。这些人特别强调,菲罗塔斯自己都曾承认知道一些针对亚历山大的阴谋。马其顿人考虑到他每天两次进入亚历山大的帐篷里问安,却依然知情不报,所以判他有罪。[3]马其顿人将菲罗塔斯和同伙用标枪刺死。至于帕曼纽那边,亚历山大派伙友坡利达米斯送信给米底的将军柯林德、西塔尔凯司和米尼达斯。这些人曾经都是帕曼纽的手下。[4]亚历山大想借这几人之手处决帕曼纽。可能亚历山大觉得菲罗塔斯要对自己图谋不轨,而其父帕曼纽却毫不知情,这不太可能。退一步来说,就算帕曼纽真的没有参与此事,处决了他的儿子,再留他活口也是个祸患。这还要考虑到他不仅在亚历山大心里,而且在马其顿军中、在雇佣军中都有很高的威望。而这些雇佣军有些本就是他的下属,甚至还有些是亚历山大特意交由他来领导的。

克利图斯之死

阿里安没有评价亚历山大处理帕曼纽和菲罗塔斯。但是这里能体现阿里安的褒贬。在上文,阿里安记载了亚历山大用非常残忍的手段处死了波斯帝国的叛徒贝苏斯。他觉得亚历山大不应该采用毁坏肢体等蛮族手段对待敌人。他的感情基调是批判的,是不满的。紧接着,他没有继续按照时间的顺序来记载亚历山大接下来的行动,而是进入了一个典型的"离题",叙述了三件事情,即:诛杀克利图斯、在马其顿人之间推行鞠躬礼以及处死卡利斯提尼。表面上看,阿里安是在为亚历山大辩护。但是,由于这三件事情紧承上面的批评,实际上这是他在隐晦地表达自己的不满。这不是直接的感情流露,而是暗含在他的叙述手法中。

4.8

［1］这里我还想写一写德罗皮达斯之子克利图斯的悲惨下场以及这件事给亚历山大带来的影响。虽然这发生在不久之后，但提前放在这里说也未尝不可。① 按照马其顿人的习惯，他们会在某一天纪念狄奥尼索斯。亚历山大要举办敬神献祭。［2］有人说，当年的那天，亚历山大没有向狄奥尼索斯而是向狄奥斯库瑞献祭。他这样做是有原因的。当天的酒宴也一直持续到深夜（这时的亚历山大已经染上了蛮族酗酒的风气）。在酒席上，他们聊到了狄奥斯库瑞诸神，想把这些神灵的身世从廷达瑞阿斯上转到宙斯那里。［3］有些人想奉承亚历山大，称坡拉克斯和卡斯特根本比不上亚历山大。这群人总是腐蚀国王，败坏国事。在酒宴上，他们甚至觉得赫拉克勒斯也不过如此，说是嫉妒心妨碍了活着的人接受同伴的赞誉。

［4］克利图斯早就不满亚历山大效仿蛮族行为，听取小人谗言。这是尽人皆知的。当时，借着酒劲，克利图斯说他绝不会让他们为了给亚历山大这种名不副实的荣誉而去亵渎神灵，侮辱宗教。他说亚历山大的事迹也不像这些人说得那样伟大辉煌。［5］这些功劳也不是亚历山大一个人的成就，而是马其顿人的共同努力。克利图斯这番言辞惹恼了亚历山大。我不赞成克利图斯的这一做法。我认为，在酒劲发作的时候，只要自己心里明白，不和那些奉承者同流合污，就足够了。［6］还有人说腓力的成就也不过尔尔。他们也是想借此取悦亚历山大。这下克利图斯坐不住了。他觉得腓力的成就是至高无上的，甚至开始贬低亚历山大及其所作所为。这时的克利图斯已经酩酊大醉了。他继续数落着亚历山大，还说他曾在格拉尼库斯河畔同波斯人的骑兵战中救过亚历山大的性命。［7］他居功自傲，伸出右手，说："亚历山大，这只手，救过你的命！"亚历山大再也不能容忍克利图斯这种酒后无礼的举动，怒气冲冲地跳向他，却被朋友们拦住了。可克利图斯仍喋喋不休。［8］亚历山大喊持盾步兵过来。但没人听话。亚历山大说他自己和那个被贝苏斯劫持的大流士毫无区别，空有国王

---

① 这是典型的"离题"（digression），即离开主线叙述，插叙其他内容。阿里安在上文刚刚记载了亚历山大处死大流士的叛徒贝苏斯，还批评那种残忍的刑法是蛮族行径。在一个批评的基调下立刻开始"离题"，记载克利图斯之死，很明显是表达对亚历山大行为的不满。

的名号。伙伴们也拦不住亚历山大。据说，亚历山大跳起来从一个卫兵手中抢来一杆标枪，刺死了克利图斯。[9]还有人说抢来的是长矛。阿里斯托布卢斯没写这场争吵的始末缘由，却把错误全推给克利图斯。当时亚历山大很生气，要宰了克利图斯。但是克利图斯被侍卫拉古斯之子托勒密拽走了。这次争吵发生在堡垒里面。二人穿过大门，越过城墙和壕沟。克利图斯无法控制自己，又翻身回来，恰好遇到亚历山大喊着"克利图斯"。他就回答说："克利图斯在这儿！我在这儿呢，亚历山大。"这样他就被刺死了。

4.9

[1]我认为，克利图斯侮辱国王，也是罪有应得。但是，考虑到克利图斯的不幸，我也要对亚历山大表示失望：在那种场合下，亚历山大是怒、醉二恶的奴隶。①一个理智的人是不会这样做的。[2]同时，我也要称赞亚历山大接下来的行为。他立刻意识到自己做了一件多么残忍的事。有些人说他把长矛抵在墙上，想倒上去自杀。因为他在酒精的刺激下杀了好朋友，不忍苟活于世。[3]但大多数史家没有提到这一点，只是说亚历山大躺在床上恸哭，喊着克利图斯及其姐妹、德罗皮达斯之女兰尼丝的名字。兰尼丝是亚历山大的奶妈。亚历山大说全赖她的养育，自己才能活到成年。[4]可现在她却眼睁睁地看着两个儿子献身疆场，国王又亲手杀了她的兄弟。他一遍又一遍地说自己是杀害朋友的凶手。三天了，他不吃不喝，全然不顾自己的身体。[5]一些预言者说这些事情是狄奥尼索斯的报复。因为亚历山大忘记向神灵献祭。最后，伙伴们好不容易才劝他吃了一点东西，让他稍稍顾及自己的身体。亚历山大还向狄奥尼索斯献祭，因为他想将这次的不幸归于神怨而不是他自己的堕落。[6]我认为亚历山大这一举动还是值得称赞的。他从不狂妄自大地无视自己的错误，更没有找各种理由来搪塞狡辩。他承认自己做错了事情，承认自己是人而不是神。

攻打欧克西亚提斯

这是亚历山大远征过程中的一次典型的围攻战。欧克西亚提斯的营寨

---

① 此处译法参考商务印书馆李活译本。

很坚固。阿里安这次反而是着力刻画了马其顿士兵的形象。马其顿突击队爬山的英勇颇具悲壮色彩。亚历山大和欧克西亚提斯之女罗克珊娜的故事,成为后世浪漫爱情的典范。亚历山大善待罗克珊娜和大流士的家人,为他赢得了很多声望。可能这也出自后代史家的杜撰。亚历山大真正的目的或许是和欧克西亚提斯结成政治同盟。

4.18

[4]春天,亚历山大进军索格底亚纳山区。他已经知道有许多索格底亚纳人躲到了那里。据说巴克特里亚人欧克西亚提斯的妻女也在里面。欧克西亚提斯已经叛变了,觉得该地易守难攻,才将家人送到这里保护起来。亚历山大觉得,如果能拿下这座山,就等于断了那些不安分的索格底亚纳人的念想。[5]亚历山大来到附近,发现山势四面陡峭,无法攻击。蛮族人准备了足够的给养,足以应付长期的围困。天降大雪,马其顿人难以靠近,还给蛮族人提供了充足的水源。即便如此,亚历山大还是决定进攻。[6]那些蛮族人的傲慢无礼惹恼了亚历山大,也激起他追求荣耀的雄心。亚历山大请他们来签订协议,允诺说如果他们放弃坚守,可以让他们安全回家。他们大笑,说着蛮族语言,让亚历山大去找一些插翅膀的士兵再回来进攻。除此之外,他们不把其他人放在眼里。[7]亚历山大下令,说最先爬上山的人赏12塔兰特,然后是二等、三等以此类推,最后一个登顶的赏300大流克。马其顿人早就摩拳擦掌,跃跃欲试。此令一出,更是士气高涨。

4.19

[1]有些士兵曾在之前的围攻战中受过攀岩训练。他们聚在一起,大约有300人,拿着固定帐篷用的铁钉,想把这些铁钉钉在冻结实的雪上,或者裸露的山体上,然后再将麻绳系在上面。趁着夜色,这些人就从山上最陡的地方往上爬。那里的守卫最少。[2]这些钉子有些打在裸露的山体上,有些打在看上去不容易崩裂的雪里。他们就从不同的地方爬上了山。攀登的过程中牺牲了30人。他们跌入雪里各处,甚至没法安葬他们的遗体。[3]幸存者在黎明时分爬上了山顶。占领那里后,他们按照亚历山大的要求朝着马其顿军营挥动亚

麻旗帜。亚历山大派一名传令官朝蛮族哨兵喊话，告诉他们插翅者已经占领了山顶，让他们赶快投降。传令官说着还指了指山顶上的士兵。[4]那些蛮族人吓了一跳，没想到结果会是这样。他们看到山上本没有多少人，但又怕不止有这些，想必对手都是全副武装的，于是就投降了。许多重要人物的妻儿都被俘虏了，其中也包括欧克西亚提斯的妻女。

[5]欧克西亚提斯有个女儿，叫罗克珊娜，尚未出嫁。亚历山大手下的士兵们都说，这个姑娘是除了大流士的妻子之外最美的亚细亚女人。他们还说，亚历山大对她一见钟情，不把她看成俘虏，也不认为娶她有损自己的高贵地位。[6]对于亚历山大的这一举动，我认为应该赞扬，而不是责怪。再者，对于大流士的妻子，那个号称亚细亚最美的女人，亚历山大也没什么激情，或者说他能控制住自己。亚历山大尚且年轻，事业如日中天，而这时的男人往往很是无礼粗暴。而亚历山大反而表现得很是谦恭有礼。这样既保全了她的名节，又给自己留了一个好名声。

4.20

[1]还有个很著名的故事：当年大流士与亚历山大之间的伊苏斯之战后不久，有个宦官，一直保护着大流士的妻子，前来见大流士。见到此人后，大流士的第一个问题是他的王子、妻子和母亲是否还活着。[2]知道她们不仅活着，还保留着王后等头衔，甚至受到的待遇也和在大流士身边别无二致，然后大流士就问他的王后是不是还忠贞。他依然得到了肯定的答复。他又问亚历山大是否曾强暴他的妻子。这个宦官首先发誓，然后回答说："国王陛下，您的妻子和离开您的时候一样。亚历山大是最好、最能克制的人。"[3]听到这里，大流士张开双手，朝向天空，祈祷说："宙斯王，人类的王权是您授予的。希望您能保佑我继续做波斯和米底之主。如您不愿如此，不让我继续统治亚细亚，那也一定要把我的权力交给亚历山大，而不要给别人。"哪怕是敌人，都对亚历山大赞赏有加。[4]欧克西亚提斯听说他的孩子们被俘了，亚历山大还很喜欢她的女儿，就鼓起勇气来见亚历山大。很自然地，他也受到了亚历山大的尊敬。

印度的狄奥尼索斯

阿里安多次记载了亚历山大将神灵、英雄或祖先当成竞争的对象。亚历山大的远征，尤其是在第二阶段，实际上就是不断超越神灵、超越先人的过程。狄奥尼索斯是传说中征服印度的神灵。亚历山大进入印度，就是想同狄奥尼索斯一争高下。

5.2

[1]亚历山大相信狄奥尼索斯曾在印度游历的传说。他也希望狄奥尼索斯真的建了这座奈萨城。狄奥尼索斯来过的地方，他也来过，甚至还会走得更远。他还觉得，马其顿人能跟他共患难，因为这是超越狄奥尼索斯的好机会。……[5]忽然，亚历山大心中涌现出一股强烈的愿望，想去看看奈萨人那引以为傲的狄奥尼索斯纪念物。因此他与伙友骑兵和步兵侍卫一同爬上了麦卢思山。映入眼帘的是漫山遍野的常青藤和月桂树，各种茂密丛生的树木，互相追逐的野生动物。[6]马其顿人看到常青藤后十分开心。他们已经很长时间没见到常青藤了。藤蔓植物在印度也有，但不是这种。他们高兴地把常青藤做成花环，戴在头上，唱着狄奥尼索斯的颂歌，念着神灵的不同名字来祈祷。亚历山大在这里向狄奥尼索斯献祭，并与部下大摆宴席。[7]有些人也写了一件事，但我不知道是否有人相信。他们说许多参加筵席的马其顿显贵都戴着常青藤，在祈祷的时候，被狄奥尼索斯的气息所侵染，说着"Evoi"一词，做出酒神巴库斯一样狂乱的动作。

亚历山大的演讲，决定班师

亚历山大经过近十年的远征，终于走到了印度河的支流希发西斯河沿岸。可能他自己都不知道最终目标到底在哪里。他想继续前进，但马其顿人苦于常年征战，也不熟悉印度的气候和环境，因此拒绝过河。这样亚历山大就面对全军将士，发表了一通演说。最终，伙友科纳斯的回答说出了全体马其顿人的心声。亚历山大觉得自己不能说服手下，就只好决定班师。至于这些演说是真实的记载还是阿里安的杜撰，目前尚不能断定。古典作品中的演说大多存在这种争议。亚历山大在希发西斯河沿岸建立了十二座高大的祭坛，作为远征结束的标志。这些祭坛的遗迹尚未被发现。

5.25

［1］亚历山大听说，希发西斯河对面富庶繁荣。其民善稼穑，好征战，政务井然：精英治理百姓，公正平允，宽和有度。那里的印度人也有大象。相较于其他地方而言，那里的大象数量多，个头大，也更勇猛。［2］这些消息激起了亚历山大继续向前的斗志。可是其他马其顿人却没有这么强的愿望。他们觉得跟着国王四处征战，就是在一次又一次地吃苦，一次又一次地冒险。他们一直在营帐里商议。一些秉性温和的人只是痛哭哀叹。其他人则斩钉截铁，说哪怕亚历山大亲自带队他们也不去。亚历山大听说了，担心军纪混乱、人心动摇，就在事态严重之前，将各营长官召集到一起，说了如下一番话：

［3］"马其顿朋友们，盟军朋友们：我知道，你们不愿意像之前那样饱含激情随我冒险了。所以，这次我把你们叫到一起，看看是我能说服你们继续前进，还是你们能说服我就此收兵。我们经历了风风雨雨才走到现在。［4］如果说，你们觉得先前的辛劳没什么价值，不同意我继续带你们奔波，那我多说无益。可如果说，我们这么大的付出，结果是占领了伊奥尼亚、赫勒斯滂、两弗里吉亚、卡帕多西亚、帕夫拉高尼亚、吕底亚、卡里亚、利西亚、潘菲利亚、腓尼基、埃及、希属利比亚、部分阿拉伯地区、叙利亚低地、叙属美索不达米亚，［5］还有巴比伦。苏萨人、波斯人和米底人，连同他们统治的其他各民族，也成了我们的附属。至于他们未能统治的地区，即卡斯皮亚诸关口以外、高加索以外、塔奈斯河以及更远的地方——巴克特里亚，赫卡尼亚和赫卡尼亚海——也都成为我们的领土。若说我们能把斯基泰人一路赶入沙漠蛮荒之地，若说我们还能让印度河、希达斯皮斯河、阿塞希尼斯河、希德拉欧提斯河在我们的国土上流淌，那么现在既然可以把希发西斯河另一侧的各地各民族都并入我们的帝国，你们反倒退缩了？［6］你们是担心那些蛮族人会顶住我们的攻击？可事实是，那些人要么自愿臣服了，要么想跑却被抓住了；就算他们真的

跑了,还给我们留下了一大片土地。这些土地我们都分给了同盟者或是甘心臣服于我们的那些人。

5.26

[1]"是什么,能让一个人,让一个高尚的人,固步自封?我倒觉得,哪怕千辛万苦,只要能换来辉煌的业绩,就没有什么能阻止我们前进。要是你们谁想知道,这场战争什么时候结束,那我告诉你,我们离恒河、离东海已经不远了。我保证,与这些水域相连的就是赫卡尼亚海,因为大海是环抱着大地的。[2]我要向马其顿人、向希腊盟友们证明印度湾与波斯湾是相连的,赫卡尼亚海与印度湾也是相连的。我们的舰队可以从波斯湾出发,环绕利比亚,一直到赫拉克勒斯石柱去。而以那些石柱为尽头的话,里面所有利比亚地区就都是我们的了。这样我们就能将整个亚细亚尽收囊中。到那时,我们帝国的边界,就只有上天在大地上划出的自然界限而已。

"可是,在东部希发西斯河与东海之间的地区,在北部的赫卡尼亚地区,甚至再往北的斯基泰境内,还有许多好战部落尚未臣服。有些部落虽然归附于我,但关系并不紧密。[3]倘若我们现在撤兵,就要担心,这些部落可能会跟着尚未屈服的人一起造反。[4]这样一来,诸多辛劳就前功尽弃了。甚至,我们还会像最初那样,再一次出生入死。

"马其顿朋友们,盟军朋友们:挺住!千辛万苦,赴汤蹈火,是为了我们的荣誉!生而无畏,死而不朽,岂不美哉![5]难道你们忘了,我们的祖先是怎么成神的,人们是怎么封他为神的呢?他不想止步于梯林斯或阿尔戈斯,伯罗奔尼撒或底比斯,所以他才有这样的荣誉。比赫拉克勒斯更为神圣的狄奥尼索斯,也是历尽艰险。但是,我们甚至经过了奈萨。连赫拉克勒斯都没占领的阿尔诺斯山也在我们手里。[6]整个亚细亚境内,我们没占领的地区只是很小一部分了。你们一定想把这些地方并入我们广袤的帝国版图里。话说回来,如果我们只是坐镇马其顿,保家卫国,又能有什么出息呢?无非是打一打色雷斯、伊利里亚和特里巴利入侵者,或者打一打没和我们结盟的希腊人罢了。

[7]"当然,如果,我命令你们跋山涉水,以身犯险,而我自己却安然地躲在后方,你们就会觉得自己是在为人作嫁,失去信心也是可以理解的了。实

际上，我们同甘苦，共患难。[8]土地是你们的，你们自己去做总督。大部分财产也都在你们手里。若宙斯保佑我们成功拿下亚细亚，我不仅要满足你们的要求，付给你们应得的财产，甚至还会多给一些。我还要把那些想回家的人都送回去，或者我亲自带队回去也可以。而那些愿意留下的人，我会给你们足够的荣誉，让那些离开的人羡慕不已。"

5.27

[1]亚历山大说的，差不多就是这些。众人默然。要是没有谁非让他们发言，那些人是决计不会反驳国王的。可他们又不甘心就这样顺从亚历山大的意思。亚历山大一遍又一遍地问有谁不同意他的观点。可依然是一片沉寂。良久，波利摩克拉提斯之子科纳斯鼓起勇气开口了：

"王上，您不愿意强迫马其顿人顺从您。而且您也说过，只有在您说服了我们之后，才会带着部队继续前进；或者正好相反，我们要是说服了您，您也不会诉诸武力，逼我们就范。这样的话，我倒真有些说辞。[3]这些话，不是为了在场的这些战友而说的。今天在场的诸位，受到其他人的尊敬，有着更高的荣誉。我们付出的辛劳，都有相应的回报。我们也正因为表现出众，更愿意在各个方面满足您的要求。可是现在，我要站在全体将士的角度来谈一谈。话说回来，即便如此，我也不想取悦他们，而是要说在当前环境下对您最有利的话，要说对将来而言最为稳妥的话。我年纪较长，您给我的荣誉，同胞们都很清楚。赴汤蹈火，我也从未迟疑。所以，我应该做的，就是开诚布公。

[4]我们取得了这么大的成就。这应归功于您的领导，归功于全体将士的浴血奋战。既然如此，我觉得我们不能无限地出生入死了。您也知道，当初追随您的马其顿人和希腊人有多少，现在还剩几何。[5]在巴克特里亚，您知道色萨利人不愿再吃苦，就把他们送回家去了。这件事情您做得很对。还有一些希腊人，您把他们安置在新城市里面。但他们也不都是真心愿意留在那里。与我们并肩作战的马其顿人和希腊人，要么在战斗中丧生，要么因伤无法再战，留在了亚细亚各地。[6]许多人也都病故了，剩下的只有一小部分。但这为数不多的人，身体也不像之前那样强健了，精神的萎靡更是严重。这些人盼望着您能恩准他们回去看看父母（他们的父母尚在），看看妻儿，看看故

土。他们想荣贵故里，衣锦还乡，不想失魂落魄，身无分文。这些想法，都是可以理解的。

［7］"现在，就别违背我们的意愿，非要走下去了。您也知道，在战场上，不情不愿的士兵是没有什么战斗力的。请您也回故乡走一走吧，看看您的母亲，处理一下希腊事务，把您的胜利成果带到父辈面前。做完这些，如果您愿意的话，可以重新组织一次远征，来攻打东方的这些印度人；要么就进军北边的尤克森海，或是西边的卡尔科顿乃至更远的利比亚地区也可以。［8］这支远征军还由您领导。您想去哪里都行。追随您的将会是另外一批马其顿人和希腊人。年轻的代替年长的，活力充沛的代替疲惫不堪的。这些新人经历得少，不会对战争有什么恐惧感。他们会满怀憧憬，奋勇向前。况且，他们若是看到先前随您远征的同志们，虽历尽艰险，但也脱贫致富，声名显赫，就更能激发他们的热情。

"王上，自制是最高的美德。您英勇无畏。有您的领导，我们也不怕任何敌人。可天意难料，实在没法未雨绸缪。"

5.28

［1］科纳斯话音刚落，在场的听众们就对他报以热烈的掌声。许多人眼含热泪，更说明他们很想回家，不愿继续冒险了。亚历山大愤怒于科纳斯的直白与其他人的胆怯就解散了会议。［2］第二天，他又把这批人叫到一起，怒气未消，说他还要继续走下去。马其顿人要是自愿的话，就跟着他一起走。否则，他也不会强求。他还说，那些想离开的人可以自便，回去后告诉家人，他们把国王一个人丢在敌军那里了。［3］说完这些，他又回到帐篷里面，连续三天，一个伙友也不见。他一直在等着谁能回心转意。以往发生这种事情的时候，一旦马其顿人与盟友妥协了，结果是大部队都能老老实实地听话。［4］可是这一次，整个营地里都是一片沉寂。士兵们听说亚历山大生气了，也很难过，但他们更不愿意低头。拉古斯之子托勒密说，亚历山大特地为了渡河之事去向神灵献祭，但没得到什么好兆头。［5］似乎一切都表明最好的选择就是止步于此。亚历山大就再一次召集了年长的伙友，以及自己最亲密的同伴，向全军宣布班师。

攻打马里亚人，亚历山大重伤

亚历山大的勇武，也是阿里安重点描写的。亚历山大要亲自上阵杀敌。这也是马其顿人对荣誉的追求。他宁可牺牲，也要死得其所。这次受伤是亚历山大远征期间的一次大难。马其顿人把马里亚人围到城市里。在进攻的过程中，亚历山大被一支箭射穿了肺叶，危在旦夕。但是凭借着顽强的生命力，他终于活了过来。为了防止部队叛乱，也为了给部下留一个坚忍不拔的印象，他忍着伤痛回到营地，接受大家的赞扬。

6.9

亚历山大带着一些人砸开大门，率先进入城市。[2]帕尔迪卡斯的部队紧随其后，开始艰难地攀爬城墙。扛梯子的人不多，因为他们看到城墙已无守卫，就觉得城市已经陷落了，所以就没有带梯子。但是，马其顿人发现堡垒还在敌人的手中，有人在前面守卫。有些人就开始挖城墙，还有些人在找合适的地方架梯子。[3]亚历山大嫌那些扛梯子的人太慢，就随手抓过一把，架在墙上，举着盾弯着腰往上爬。跟着他爬上来的是朴塞斯塔斯。此人一直带着亚历山大在特洛伊雅典娜神庙内拿来的盾牌，在之前的每一次战役中都站在亚历山大身前护卫。紧跟着朴塞斯塔斯爬上来的是亲信卫兵利昂那塔斯。领双份军饷的阿布瑞亚斯也从另一个梯子上爬了上来。

[4]现在国王来到了墙上的城垛这里。他举着盾牌，把那些印度人推到里面，还拔出剑杀掉了身边的敌人。持盾步兵十分担心国王的安危，情绪激动地往一个梯子上爬。突然梯子断了，正在爬的人都掉了下来。没人能爬上去了。[5]亚历山大站在墙上。印度人都不敢接近他，就从四周的塔上不断射击，还有人站在城里朝他投标枪。城墙里面恰好有个小土丘。亚历山大那闪亮的武器和非凡的胆识都让他十分醒目。他心想，如果继续留在这里，他肯定毫无作为，却依然会有生命危险；要是跳进城墙里，一定会震慑那些印度人。退一步想，就算没能吓到印度人，就算用生命去冒险，他也要光荣地死去。这样他也算死得其所，值得后人景仰。想到这些，他纵身一跃，跳进城内。[6]他紧靠

着城墙，挥剑杀敌，杀了许多印度人。甚至还在乱战中砍死了敌人的首领。有人过来的时候，他就朝他们扔石头。如果离得更近，他就用剑砍杀。这样那些蛮族人就都不敢上前了，只是把他团团围住，抓住机会朝他射击。

6.10

［1］在梯子断了之前，只有三个人爬上了城墙，即朴塞斯塔斯、领双份军饷的阿布瑞亚斯和后面的利昂那塔斯。他们也从城墙上跳了下来，挡在国王身前。阿布瑞亚斯被一支箭迎面射死，倒在那里。亚历山大胸部也中了一箭。这一箭穿透了他的胸甲，直插胸膛。据托勒密说，只要亚历山大一呼吸，血就从伤口中流出来。［2］虽然他已经虚弱无力，可血还是温热的。他一直在自卫。但他血流如注，只要呼吸就会流血。他觉得头晕目眩，倒在盾牌上面。在他倒下之后，朴塞斯塔斯在前面用特洛伊的盾牌保护着亚历山大。利昂那塔斯也在另一侧守护着亚历山大。这两个人也都受伤了。亚历山大失血过多，昏过去了。［3］这时马其顿人的进攻也很艰难。他们看到亚历山大站在城墙上战斗，还跳进了堡垒内，就很担心国王的这种大无畏行为让他身处险境。梯子断了，他们的处境十分窘迫。每个人都想尽办法往上爬。一些人把钉子打在城墙，还有人踩着同伴的肩膀。［4］一个又一个的士兵跳进城里，看到国王躺在那。他们痛哭不已，绝望地喊着号子。围着亚历山大的身边，一场激烈的战斗开始了。士兵们轮流用盾牌保护着亚历山大。有些人打碎了门闩。其他人见状就死死抵住大门往里冲。这样整个堡垒就门户洞开了。

6.11

［1］印度人开始惨遭屠杀。所有人，包括妇孺，无一幸免。亚历山大躺在盾牌上，被抬了出去。他很虚弱。人们不知道他还能不能活过来。有些人说，一名科斯籍的医生，叫克瑞陶狄马斯，出自阿斯克利皮亚斯家族。他切开亚历山大的伤口，把箭镞取出。还有人说，当时现场没有医生。是亲信侍卫帕尔迪卡斯按亚历山大的命令，用剑切开伤口，取出箭镞。［2］取箭的时候，亚历山大又因失血过多昏了过去。这样终于止住了血。

6.12

［1］亚历山大就一直留在这里疗伤。可最初传到营地的消息，却是他伤重

而死。就这样以讹传讹。全军哀痛。待情绪平稳之后，他们觉得失去了主心骨，开始考虑由谁来领导全军。[2]在亚历山大和其他马其顿人眼中，许多军官级别相同，功勋对等。他们也不知道还如何安全地回家去。在他们周围，尽是些好战民族。还有人没有臣服，要为自由而战。剩下的人一旦没有了亚历山大的威胁，无疑也会起兵造反。如今他们已势成骑虎。失去亚历山大之后，一切都变得难以预料。[3]亚历山大还活着的消息传来了。他们却根本不信，觉得不太可能。甚至连国王的信都送到了，说他不久就要返回营地这里。他们即便十分害怕，也还有许多人无法相信，觉得这信是卫队与将军们伪造的。

6.13

[1]了解了这些，亚历山大担心军队哗变，就在脱离危险后，让人送他到希德拉欧提斯河岸上，在那儿乘船到下游去。营地位于希德拉欧提斯河与阿塞希尼斯河的交汇处。里面的陆军由赫菲斯提昂率领，舰队由尼阿卡斯率领。船只来到营地附近，亚历山大让人把船舱的顶棚撤下去，让大家能看清船上的情况。[2]他们还是不信，觉得船里运来的是亚历山大的遗体。最后，船靠岸时，亚历山大向大部队挥手。人群一阵阵欢呼，朝着天上、朝着亚历山大挥手。甚至有人没想到会是这样，不禁潸然泪下。当亚历山大下船时，持盾步兵抬过来一个担架。可亚历山大却要把他的马牵过来。[3]人们看着他再次上马，都热烈鼓掌。声音在河岸上、树林中萦绕着，久久不散。亚历山大来到帐篷附近，从马上下来，步行前进。人们从四面八方走上前来。有人握住他的手，有人摸他的膝盖，有的人碰碰他的衣服，还有人只是来看看他，夸了几句就走了。有人朝他扔花环，还有人抛给他印度当季出产的花朵。[4]尼阿卡斯说，亚历山大的朋友责备他孤身犯险，觉得这是士兵的责任，而不是统帅该做的。这话让亚历山大很是恼火。我觉得，亚历山大之所以不满，是因为他觉得这话说得对，觉得他理当受到责备。然而，亚历山大难以抑制战斗的热情和对荣誉的渴望。这和其他人追求快感的想法没什么区别。况且，他实在是不知躲避危险。[5]尼阿卡斯还提到了一个彼奥提亚长者（没说他叫什么）。此人见亚历山大被朋友惹得不开心了，正绷着脸看他们，就来到了他身边，说了一句彼奥提亚方言："亚历山大，功勋卓著，方为英雄。"又朗诵了一首抑扬格韵语，

大意是若想获得极大的成功，就注定要历尽艰辛。亚历山大当下就表示十分赞同。随后两人还成为更加要好的朋友。

亚历山大在伽德罗西亚沙漠

阿里安认为，亚历山大在伽德罗西亚沙漠的行为是最高尚的。面对全军饥渴、部下给自己找来一点点饮水的情境，亚历山大没有自己享用，而是将水泼给全体将士。亚历山大对士气的掌控如此可见一斑。实际上不同的作家对这件事的记载不一。有人觉得这并非发生在伽德罗西亚沙漠境内。将士共患难的主题，在中国的历史上也有记载。春秋时期越王投醪的举动，即是君民一心的体现。

6.26

[1] 这里，我不想忽略亚历山大的高尚行为，甚至可能是他最高尚的行为。这件事可能发生在这里，或者可能根据某些人的记载发生在之前的帕拉帕米萨斯那里。烈日炎炎，酷热难耐，可部队还是要继续行进，去找前方的水源。路途遥远，亚历山大本人也强忍口渴，痛苦而艰难地带着部队往前走。同往常一样，士兵们和亚历山大一同忍受着苦难。[2] 有些轻装部队单独出去为大部队找水。他们在一个又小又窄的泉缝里发现了一点水，费了好大力气才收集了一点点，就飞快地跑到亚历山大身边，好像给他带来一份大礼似的。他们来到亚历山大附近，把水倒进一个头盔里，献给亚历山大。[3] 亚历山大接过头盔，称赞了取水的将士，当着所有人的面把水泼出去。众军见状，群情振奋。所有人都觉得每个人都喝到了这泼出的水。我最想称赞的就是此事。这充分展示了亚历山大的忍耐与自制，以及他掌控全军的能力。

亚历山大的征服欲

在阿里安的笔下，亚历山大的征服欲，在这里达到了顶峰。他想超越祖先，超越神灵，甚至当无人乃至无神可超越的时候，他也要超越自己。这种不断追求卓越的举动，是亚历山大最突出的特点。但是阿里安对这种思想却并不完全赞同。他承认甚至美慕亚历山大的成就，但是对亚历山大的欲望却始终保持着怀疑的态度。这可能与阿里安自己的斯多葛哲学思想相关。因为在这段话之后，阿里安立刻记载了印度的婆罗门对亚历山大的不屑。阿里安以此来表示对亚历山大无限欲望的否定。同时，亚历山大的欲望也反噬了自己。他对波斯的征服，反而让他成了波斯习俗的拥趸。因此，亚历山大或许能征服一切，但是无法征服自己。他被自己的征服成果侵蚀了，成了"被征服的征服者"。

7.1

［1］亚历山大到达帕萨尔加德和波斯波利斯后，突然又有一种强烈的渴望，想要顺幼发拉底河与底格里斯河而下到波斯海去，看看河流是在哪里入海的。他在印度河上也是这么做的。另外，他还想探索一下海岸附近的状况。［2］还有些人说，亚历山大正计划一次环行。他打算绕过阿拉伯的大部分地区、埃塞俄比亚和利比亚，再经过阿特拉斯山上的游牧民族，来到伽狄拉，再继续驶入我们的海；在征服利比亚和迦太基之后，他就的确可以名正言顺地自称亚细亚之王了。［3］（因为波斯和米底的国王统治的区域甚至连亚细亚的一小部分都不到，那么他们被称作是"大王"真是无凭无据。）这样，有些材料说他计划起航黑海，去斯基泰亚和迈欧提斯湖。还有些人说他的意思是到西西里和埃阿皮吉亚海角去；这些人说他已经因罗马的声名鹊起而坐立不安。［4］对我而言，我没法准确地判断亚历山大到底在计划着什么；我也没那个兴趣去猜。但我会毫不犹豫地说，他的想法绝不简单，更不平庸。无论他已经得到了什么，哪怕是将欧罗巴和亚细亚乃至不列颠岛都收入囊中，他也不会停止奋斗的脚步。所以，他会在已知的基础上继续探索未知。就算没有对手，他也会想办法超越自我。

亚历山大去世前的诸多征兆

亚历山大去世之前，出现了三次征兆。这些记载是阿里安《远征纪》最为精彩之处。亚历山大相信预言的力量。他尊重预言家，同时也惩罚对他不敬的下属。这些预言往往都出自后人的杜撰。事情发生了之后，人们才会想起当时有很多反常的事情，因此认为那些是上天降下的预兆。亚历山大的去世是一件大事。将领们在分割帝国、争夺统治权的过程中，会把亚历山大当成自己宣传的手段。因此这些预兆就成了供他们选取的说辞。例如认为给亚历山大取帽子饰线的是塞琉古，就是这种宣传手段的体现。

7.18

［1］阿里斯托布卢斯还记载了这样一件事：亚历山大有一个伙友，是安菲波利斯人阿波罗多洛斯。此人是位将军，之前与巴比伦总督马扎亚斯留在一起。亚历山大从印度回来时，曾见过他一面。他听说国王正在处理各行省的总督，就写信给自己的兄弟、预言家培萨高拉斯，求他问问神灵自己是不是有危险。这位预言家可以通过动物牺牲的内脏情况预测未来。［2］培萨高拉斯写信回去，问阿波罗多洛斯最怕谁，以便进行推算。阿波罗多洛斯回信说，最怕国王与赫菲斯提昂。培萨高拉斯第一次献祭，查看赫菲斯提昂的情况。可牺牲的肝脏上看不到肝叶。他就写了封信，密封好，从巴比伦送到他兄弟阿波罗多洛斯所在的埃克巴塔纳处。信中说完全没有必要担心赫菲斯提昂，因为很快他就要一命归天了。［3］阿里斯托布卢斯说，就在赫菲斯提昂去世的前一天，阿波罗多洛斯才收到回信。然后培萨高拉斯再次献祭，查看亚历山大的情况。牺牲的肝脏同样没有肝叶。于是他又给阿波罗多洛斯写了封信，说亚历山大与赫菲斯提昂的情况相似。阿波罗多洛斯没有隐瞒，把信的内容告诉了亚历山大。他想表忠心，就告诉亚历山大潜在的危险，好让他提前做准备。［4］阿里斯托布卢斯说，亚历山大向阿波罗多洛斯表示感谢。进入巴比伦后，亚历山大问培萨高拉斯，到底是什么预兆让他写了那样一封信。培萨高拉斯回答说，为他献祭的牺牲肝脏上没有肝叶。亚历山大又问这预示着什么。培萨高拉斯说这表示您会有大灾。国王完全没有责怪他，反而很尊敬他的坦诚。［5］阿里斯托布卢斯说这件事情是他本人从培萨高拉斯那里听说的。他还说，后来培萨高拉斯在为帕尔迪卡斯与安提柯预测时，也出现了和赫菲斯提昂与亚历山大同样的情况。帕尔迪卡斯同托勒密作战时丧生，而安提柯在伊普苏斯

之战中死于塞琉古与利西马科斯联军之手。[6]关于那位印度智者卡拉努斯，还有下面一段记载。他在准备登上柴堆离去之前，向所有伙友们致敬，唯独没到亚历山大那里告别，说他会在巴比伦与亚历山大重逢，到时候再来行礼。当时这一点确实被忽略了。后来亚历山大死于巴比伦。人们才回想这件事，觉得这确实说明亚历山大命不久矣。

7.22

[1]亚历山大在巴比伦没遇到什么不幸，离开城市的时候也平安无事，就觉得卡尔达亚人的预言不对。这样他就大胆地起航穿过沼泽回到岛上。巴比伦城在他的右侧。有些船只漂到了岔路里，急需一名领航员。直到亚历山大派了一个人过去才把船队带回运河。[2]接下来的故事是这样的：绝大多数亚述国王的坟墓都建在湖泊与沼泽之间。据说，亚历山大在沼泽中穿行时，亲自在三列桨战舰上掌舵。忽然起了一阵狂风，将他头上的kausia①和上面的饰线吹了下来。帽子偏重，掉进水里。而飘带却缠到了附近的一根芦苇上。而这芦苇偏又长在一座王墓顶上。[3]这就导致了接下来的事情：一个水手游过去把飘带从芦苇上摘下来。但他没有用手拿着，而是绑在了自己的头上，游回来之后交给了国王。这样飘带就没有被打湿。[4]许多作家说，亚历山大赏给那个士兵一塔兰特，奖励他的热情，但又把他斩首。因为预言者曾告诉亚历山大，戴过飘带的头颅是留不得的。而阿里斯托布卢斯说那个人的确收到了一塔兰特，但又因为飘带的事情而受到鞭刑。[5]阿里斯托布卢斯还说为亚历山大取飘带的是一名腓尼基水手。也有人说是塞琉古。而这就预示着亚历山大将亡，塞琉古要继承大帝国。

7.24

[1]亚历山大的末日又近了一步。阿里斯托布卢斯说接下来的事情也有预兆：当时亚历山大正在把朴塞斯塔斯从波斯带回来的部队以及腓罗克塞努斯和米南德从海边带回来的部队分配到马其顿阵列中。忽然亚历山大觉得口渴，离开了会议，王座就空了。[2]宝座两旁有两排长椅，镶着银椅腿。伙友们坐在

---

① 这是马其顿国王戴的一种宽檐帽。

上面。有个不知名的人，或者根据有些人的说法是个假释的罪犯，看到王座和两边的椅子上都没人，太监们也站在一边（国王去休息的时候，伙友们也离开了座位），就从太监的身边溜过去，爬到王座上坐着。[3]按照波斯人的习俗，太监们不能把他拽下来，只能撕扯自己的衣服，捶胸顿足，怒目而视，好像发生了某种灾难一样。亚历山大听说了这件事，下令对此人严刑拷打，想看看是不是蓄谋已久。可那人什么都没承认，只是说他一时兴起就那样做了。这样说来，那些预言家就更觉得亚历山大要有厄运降临了。[4]几天之后，亚历山大按照习俗、也听从预言者的建议，向神灵献祭，祈求好运，然后和朋友们举办宴会，一直喝到半夜。

（张弩 译）